À plus! 1

Nouvelle édition

Französisch für Gymnasien

Vokabel Trainer

Cornelsen

Vokabeltrainer-App

Verfügbar für: iOS, Android und Windows Phone

Cornelsen

À plus! 1 *Nouvelle édition*

Lehrwerk für den Französischunterricht an Gymnasien

Im Auftrag des Verlages erarbeitet von
Otto-Michael Blume, Gertraud Gregor, Catherine Jorißen, Catherine Mann-Grabowski

und der Redaktion Französisch
Dr. Yvonne Petter (Projektleitung), Vanessa Cousin, Yvonne Hildebrandt, Barbara Jantzen, Burcu Kiliç, Marie-France Lavielle, Nadja Hantschel (Bildassistenz)

Beratende Mitwirkung: Rita Beyer (Püttlingen), Dr. Martin Braun (Nürnberg), Anne Delacroix (Magdeburg), Hermann Demharter (Heidelberg), Herta Fidelak (Oberhausen), Marliese Frings-Mock (Köln), Anette Fritsch (Dillenburg), Renate Gegner (Nürnberg), Madeleine Hütten (Stuttgart), Thilo Karger (Frankfurt am Main), Prof. Ulrike Klotz (Stuttgart), Jens-Uwe Klün (Stockstadt am Rhein), Jutta Hanna Knoop (Hannover), Dr. Hans-Ludwig Krechel (Königswinter), Martina Mäsch-Donike (Düren), Klaus Mengler (Buseck), Prof. Dr. Jürgen Mertens (Ludwigsburg), Anke Rogge (Bonn), Peter Schmachtel (Lübeck), Heidi Schmitt-Ford (Bad Kreuznach), Anja Théry (Hamburg), Silke Topf (Frankfurt am Main), Verena Unmüßig (Heidelberg), Dr. Hanno Werry (Saarbrücken), Peter Winz (Wermelskirchen), Stefanie Wölz (Sinsheim)

Illustrationen: Laurent Lalo
Karten: Dr. Volkhard Binder
Umschlagfoto: © Getty Images / Everton (links); Cornelsen, Denimal/Uzel (rechts)
Gesamtgestaltung und technische Umsetzung: werkstatt für gebrauchsgrafik, Berlin

Begleitmaterial zu À plus! 1 *Nouvelle édition:*

Carnet d'activités + DVD-ROM ISBN 978-3-06-520243-5
Grammatikheft ISBN 978-3-06-520194-0
Vokabeltaschenbuch ISBN 978-3-06-520249-7
Audio-CD ISBN 978-3-06-021320-7
DVD ISBN 978-3-06-020804-3
Klassenarbeitstrainer ISBN 978-3-06-023266-6
E-Book ISBN 978-3-06-520266-4

www.cornelsen.de

Die Mediencodes enthalten ausschließlich optionale Unterrichtsmaterialien; sie unterliegen nicht dem staatlichen Zulassungsverfahren.

Soweit in diesem Lehrwerk Personen fotografisch abgebildet sind und ihnen von der Redaktion fiktive Namen, Berufe, Dialoge und Ähnliches zugeordnet oder diese Personen in bestimmte Kontexte gesetzt werden, dienen diese Zuordnungen und Darstellungen ausschließlich der Veranschaulichung und dem besseren Verständnis des Inhalts.

Alle Drucke dieser Auflage sind inhaltlich unverändert und können im Unterricht nebeneinander verwendet werden.

Druck und Bindung: Livonia Print, Riga

1. Auflage, 6. Druck 2017
broschiert
ISBN 978-3-06-520041-7

1. Auflage, 6. Druck 2018
gebunden
ISBN 978-3-06-520042-4

PEFC zertifiziert
Dieses Produkt stammt aus nachhaltig bewirtschafteten Wäldern und kontrollierten Quellen.
www.pefc.de
PEFC
PEFC/12-31-006

Bonjour!

Hier beginnt euer neues Sprachabenteuer. *À plus!* wird euch begleiten. In kleineren Etappen sollt ihr euer Ziel erreichen. Dazu erklären wir euch nun, wie die einzelnen Etappen aussehen.

Unité 3 Ma famille

5 a Chante le rap du verbe *avoir*.

b Lege eine Verbkarteikarte für *avoir* an. (▶ Méthodes, p. 169/22)

c *Être* ou *avoir*? Complète, puis réponds à Julien. (▶ Repères, p. 60/2) ▶ p. 154

Infinitif	Terminaison	Régulier / Irrégulier	Particularité
avoir			
	Présent	Impératif	Futur
	je/j' ai		
	tu as		Passé composé
	il/elle/on a		
	nous avons		Imparfait
	vous avez		
	ils/elles ont		
	se conjugue comme: ———		

Die einzelnen Etappen heißen ***Unités***.
Jede der ***Unités*** dreht sich um ein neues Thema (Familie, Schule, Ferien …). Die ***Unités*** sind rot gekennzeichnet.
Der direkte Weg zum Ziel führt über die roten Übungen.

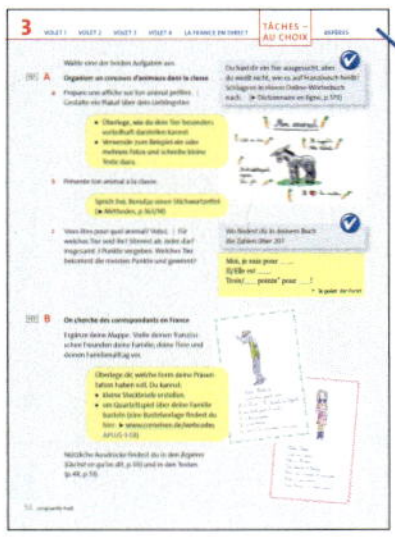

LA FRANCE EN DIRECT | TÂCHES – AU CHOIX | REPÈRES

Jede ***Unité*** bereitet euch auf eine Aufgabe (***Tâche***) vor. In den meisten ***Unités*** findet ihr sogar zwei ***Tâches***: Gemeinsam mit eurem Lehrer / eurer Lehrerin wählt ihr die aus, die ihr bearbeiten wollt. Deshalb steht im Buch ***Tâches au choix***.

Tâches – au choix
Am Ende dieser Unité kannst du

dich über Feriencamps in verschiedenen französischen Regionen informieren, ein Camp auswählen und

A in einer E-Mail deine Wahl begründen.

B eine Postkarte aus dem Feriencamp schreiben.

Compétences communicatives
Du lernst

- zu sagen, was du in den Ferien unternehmen wirst. (▶ V1)
- über verschiedene Ferienaktivitäten zu sprechen. (▶ V2)
- über das Wetter zu sprechen. (▶ V2)

Dazu brauchst du z. B.

- das Relativpronomen *où*.
- den Nebensatz mit *quand*.

Compétences interculturelles

- Du lernst verschiedene Möglichkeiten kennen, wo und wie du in Frankreich die Ferien verbringen kannst.
- Du bekommst Informationen darüber, was die Stadt Paris im Sommer zu bieten hat.
- Du lernst den französischen Nationalfeiertag kennen.

Apprendre à apprendre
Du lernst

- das Lesen von Texten zu trainieren.

Damit euch die Auswahl leichter fällt, findet ihr auf der ersten Seite jeder ***Unité*** eine Beschreibung der ***Tâches***.

Auf dieser ersten Seite findet ihr auch einen Überblick über das, was ihr in der ***Unité*** lernen werdet. So habt ihr eine gute Orientierung auf eurem Weg zum Ziel.
Zwischenetappen nennen wir übrigens ***Volet***.

France en direct

Bilan

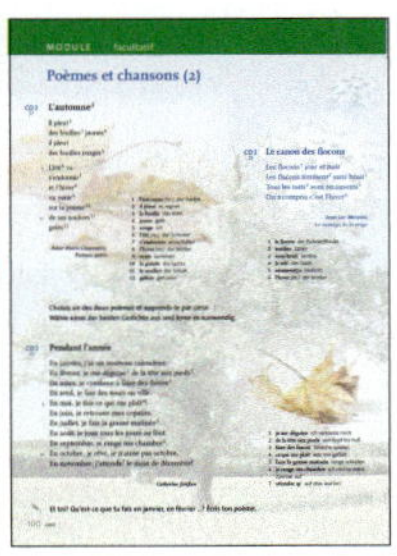

Module

Alles was in grüner Schrift erscheint (z. B. ***France en direct***, ***Fais le point***, ***Bilan des compétences***, ***Module***) ist ein interessanter Nebenpfad. Hier könnt ihr Frankreich besser kennen lernen (z. B. in einem ***France en direct***) oder überprüfen, was ihr alles schon könnt (***Fais le point, Bilan des compétences***). Da all dies kein Pflichtprogramm ist, könnt ihr auch ohne diese grünen Teile vorankommen.
Der Wortschatz und die Grammatik werden nicht für die ***Unités*** vorausgesetzt.

Und nun wünschen wir euch viel Spaß und viel Erfolg beim Französischlernen! *À plus!*

Die folgenden aufgelisteten Angebote sind nicht obligatorisch abzuarbeiten.
Die Auswahl der Übungen und Übungsteile richtet sich nach den Schwerpunkten des schulinternen Curriculums.
Grün gekennzeichnete Lektionsteile und Übungen sind fakultativ.

Inhalt

Annexe

Symbole und Verweise

Diese Symbole findest du in deinem Buch:

CD 1 2	Hörtext auf der CD (z. B. CD 1, Track 2)
DVD 3	Film auf der DVD (z. B. Filmsequenz 3)
(Stift)	schriftliche Übung
(Partner)	Diese Übung löst du mit einem Partner.
(Partner A/B)	Bei dieser Partnerübung haben beide Partner (A und B) unterschiedliche Informationen. Der Übungsteil für Partner B befindet sich im *Annexe* ab S. 148.
(Gruppe)	Diese Übung löst ihr in einer Gruppe.
Koop	Bei dieser Übung müssen alle zusammenarbeiten.
(Pfeile)	Hier bewegt ihr euch in der Klasse.
DELF	Diese Übung eignet sich besonders für die Vorbereitung auf die DELF-Prüfung.
PF	Portfolio/Lerntagebuch: Du dokumentierst deine Lernfortschritte.
C 2|3	Hier passt *Carnet d'activités* (z. B. S. 2, Übung 3).
GH 22	Ausführliche Erklärungen zu diesem Grammatikpunkt findest du im Grammatikheft (z. B. im Abschnitt 22).

Differenzierung:

○	leichte Übung
●	anspruchsvollere Übung
//●	Anspruchsvolle Übung mit Hilfestellung im *Annexe* ab S. 153.
//○	Hilfestellung im *Annexe* ab S. 153.

(Flaggen) Sprachmittlungsübung. Hier hilfst du jemandem, der kein Französisch / kein Deutsch kann.

www.cornelsen.de/webcodes Hier gibst du den jeweiligen Webcode ein (z. B. APLUS-1-20).
Dort findest du kostenlose Zusatzmaterialien und Arbeitsblätter.

Bienvenue à Strasbourg!

facultatif

1 Viele französische Wörter kennst du schon. Schau dir die Fotos rechts an und finde einige.

2 Kennst du weitere französische Wörter? Gestalte eine Collage mit Fotos und Etiketten von französischen Produkten.

DVD 1 **3** Schau dir die Filmsequenz an. Was erfährst du über Straßburg?

Unité 1 La rentrée

PF Tâches – au choix
Am Ende dieser Unité kannst du

A in einem Rollenspiel einen französischen Jugendlichen begrüßen und dich und deine Mitschüler vorstellen.

B eine Mappe anlegen, in der du dich und deine Mitschüler vorstellst.

Compétences communicatives
Du lernst

- jemanden zu begrüßen. (▶ V1)
- dich zu verabschieden. (▶ V1)
- zu sagen, wie es dir geht. (▶ V1)
- dich und jemanden vorzustellen. (▶ V2, V3)

Dazu brauchst du z. B.

- den Fragesatz und den Aussagesatz.
- die Personalpronomen *je, tu, il, ...*
- das Verb *être*.
- den bestimmten Artikel *le, la, les*.

Compétences interculturelles

- Du erfährst, wie der erste Schultag nach den Ferien in Frankreich abläuft.

Apprendre à apprendre
Du lernst

- wie du dich in deinem Französischbuch zurechtfinden kannst.
- wie du unbekannte Wörter erschließen kannst.

CD1 3

Salut, ça va?

Lire et comprendre

3|2 **1** **Regarde, lis et réponds.** | **Sieh dir die Fotos an, lies die Texte auf S. 12 und finde Folgendes heraus:**

1. Wie kannst du jemanden auf Französisch begrüßen?
2. Wie kannst du dich von jemandem verabschieden?
3. Wie fragst du jemanden auf Französisch, wie es ihm geht? Was kannst du darauf antworten?

Écouter et comprendre

CD 1 4 DELF 3|1 **2** **Écoute.** | **Hör zu. Begrüßen oder verabschieden sich die Personen? Wenn sie sich begrüßen, hebst du die Hand.**

Parler

3|4 **3 a** **Ça va?** | **Was könnten die Jugendlichen antworten?** (▶ Qu'est-ce qu'on dit, p. 22)

b **À vous.** | **Ihr seid dran! Fragt euch gegenseitig, wie es euch geht und antwortet darauf.**

CD 1 5 **4** **Écoute et chante le rap.** | **Hör zu und singe den Rap mit.**

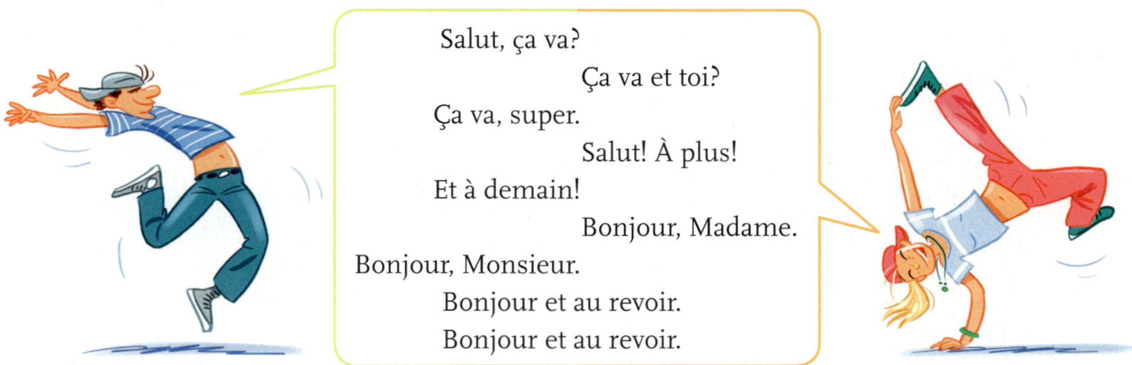

Activité

DELF 3|3 **5** **Geht durch euren Klassenraum, begrüßt eure Mitschüler und euren Lehrer / eure Lehrerin. Fragt sie, wie es ihnen geht und verabschiedet euch voneinander.**

CD 1 6–7

La classe de sixième A

C'est la rentrée. Voilà la classe de sixième A.

M. Martel: Albin, Simon …
Simon: Oui!
M. Martel: Fabre, Lara …
Clara: Clara, Monsieur. Je m'appelle Clara Fabre.
M. Martel: Ah, pardon! Fabre, Clara … Fournier, Lara!
Lara: Oui! C'est moi!
M. Martel: Alors, toi, tu es Clara et toi, tu t'appelles Lara … Goll, Lukas … Lucas avec un C, non?
Lukas: Non, Monsieur, avec un K. L-U-K-A-S. Je m'appelle «Loukass». Je suis …
Simon: Il est de Berlin, Monsieur!

M. Martel: Ah, très bien! … Schmitz, Amandine … Schmitz, Amandine … Elle est là?
Amandine: Euh … je m'appelle Amandine Schmitt, Monsieur. Schmitt, avec deux T!
M. Martel: Ah, pardon! … Taleb, Yasmine …
Yasmine: Oui.
M. Martel: Valin, Théo …

Écouter, lire et comprendre

CD 1 6–7 **1** Hör zu und betrachte das Foto. Wo und wann spielt die Szene? Worum geht es?

Koop **2** Corrigez. | Die Klassenliste enthält Fehler. Findet sie. Vergleicht eure Ergebnisse.

Classe: sixième A **Professeur de français:** Monsieur Martell

Nom[1]:	Prénom[2]:	Nom:	Prénom:
ALBIN	Simon	SCHMIDT	Amandine
FABRE	Klara	TALEB	Yasmine
FOURNIER	Lara	VALLIN	Théo
GOL	Lucas		

C'est Monsieur Martel, avec un L.

1 **le nom** der Nachname
2 **le prénom** der Vorname

Parler

3 Présente-toi. | Stell dich vor.

5|6

4|2
5|4

4 a **Présente ces jeunes.** | **Stell diese Jugendlichen vor und sage, woher sie kommen.**
Exemple: C'est **Clara**. **Elle** est de Strasbourg.

Noah = **il**
Clara = **elle**

b **À toi. Présente deux camarades de classe.** | **Du bist dran! Stell zwei Mitschüler vor.**

Découvrir

5|5

5 a **Welche Formen von *être* passen hier? Du findest sie im Text auf S. 14.**

1. C' ? la rentrée.
2. Je ? Stéphane Martel.
3. Alors, toi, tu ? Clara?
4. Il ? de Berlin, Monsieur.
5. Elle ? là?

b **Complète.** | **Ergänze die Sätze mit der richtigen Form von *être*.**

1. – Toi, tu ? Lara?
   – Non! Moi, je ? Clara.
2. – Lukas ? de Leipzig?
   – Non, il ? de Berlin.
3. – Clara ? de Paris?
   – Non, elle ? de Strasbourg.

Écouter et comprendre

CD 1
8

6 **Écoute et écris les noms.** | **Hör zu und schreibe die Namen der Personen auf.** ► p. 153

Activité

5|7

7 a **Sucht euch einen neuen Namen und eine Stadt aus und notiert sie zweimal: auf einen Zettel, den ihr als „Ausweis" behaltet, und auf ein Blatt. Sammelt die Blätter ein, mischt sie und teilt sie aus. Jeder sucht die Person, die auf seinem Blatt steht.**

1. – Salut! Lara, c'est toi?
   – Non, je m'appelle Clara.
   – Salut!
   – Au revoir!
2. – Bonjour! Tu t'appelles Lara?
   – Oui.
   – Tu es de Paris?
   – Oui. / Non, je suis de ____.

b **Stell nun deinen Partner / deine Partnerin mit seiner/ihrer neuen Identität vor.**

Voilà Lara. Elle est de Paris.

CD 1 9–10

La récréation

Nous sommes à Strasbourg, à l'école «Maxime Alexandre». C'est la récréation. Les élèves et les surveillants sont dans la cour.

In Frankreich werden die Klassen rückwärts gezählt:
La sixième (6e) entspricht der 6. Klasse bei uns.
La cinquième (5e) entspricht der 7. Klasse.
In welcher Klasse bist du?

Lire et comprendre

DELF 6|1

1 a C'est qui? Réponds. | Finde heraus, von wem die Rede ist.

C'est ___.

1. C'est l'ami de Noah.
2. C'est l'amie de Yasmine.
3. Il est nouveau à Strasbourg.
4. Elle est en sixième avec Clara.
5. Il est dans la classe de Karim.
6. Elle est aussi dans la classe de Noah et de Karim.

b Fais une liste. | Erstelle eine Liste. Wer geht in welche Klasse?

sixième A	*cinquième B*

Regarder et comprendre

DVD 2

2 Regarde le film. | Sieh dir die Filmsequenz an. Finde so viel wie möglich über die Personen heraus. Wo finden die Szenen statt?

Parler

8|8

3 a C'est qui? Faites les dialogues. | Stellt die Dialoge zusammen.

1.
– Voilà Clara.
– Et la fille avec Clara, c'est qui?
– C'est Yasmine. C'est l'amie de Clara.

1

2

2.
– Voilà Noah.
– Et le garçon avec Noah, c'est qui?
– C'est Karim. C'est l'ami de Noah.

1. Clara/Yasmine 2. Noah/Karim 3. Barbara/Marie 4. Pascal/Simon 5. Théo/Lukas
6. Lara/Sara 7. Sonia/Nora 8. David/Tim 9. Dario/Mohamed

b À vous. Jouez. | Ihr seid dran! Spielt weiter mit euren eigenen Namen.

Écouter et parler

CD 1 11
DELF

4 Écoute et réponds. | Kannst du über dich Auskunft geben? Hör zu und antworte in den Pausen.

▶ p. 153

Découvrir

Koop
7|4

5 a Ordne zu. Woran erkennst du, wenn von mehreren Personen die Rede ist?

il la fille les élèves l'ami les filles
elle les garçons l'élève les surveillants
ils les amis elles le garçon

b Tausche dich mit deinem Partner / deiner Partnerin aus: Vergleicht eure Ergebnisse und schreibt eure Lösung auf.

8|6

c Diktiert euch gegenseitig fünf Nomen im Singular. Schreibt die Nomen im Singular und dann im Plural auf. Überprüft gemeinsam, was ihr geschrieben habt. (▶ Liste des mots, p. 180–184)

CD 1 12

6 Achte auf den Unterschied zwischen Singular und Plural. Hebe die Hand, wenn von mehreren Personen oder Sachen die Rede ist.

S'entraîner

7 **Présente ces personnes. | Stell folgende Personen vor. Manchmal sind mehrere Kombinationen möglich.** (▶ Textes, p. 14, 16–17)
9|9
Utilise | Verwende *il est / elle est / ils sont / elles sont.*

Exemple: 1. Noah et Karim?
Ils sont en cinquième.

= ils
= ils
= elles

1 Noah et Karim? **2** Yasmine et Clara? **3** Lara? **4** Théo? **5** Lukas? **6** Théo et Yasmine? **7** Noah et Jade?

à Strasbourg — en sixième — cool — dans la classe de Karim — à l'école — en cinquième — de Berlin — nouveau/nouvelle — dans la cour — dans la classe de M. Martel

CD 1 13 **8** **Écoute et chante. | Mit diesem Rap kannst du die Formen des Verbs *être* auswendig lernen. Hör zu und singe mit.**

7|5 **9** **Complète. | Ergänze die Sätze mit den passenden Formen von *être*.** (▶ Repères, p. 23/2)

1. – Le garçon, c' ? qui?
   – Je ne sais pas. Je ? nouveau à l'école.
2. – Tu ? en sixième B?
   – Non, je ? en sixième A.
3. – Clara et Yasmine ? en cinquième?
   – Non, elles ? en sixième.
4. – Et vous, vous ? en cinquième A?
   – Non, nous ? en cinquième B.
5. – Lukas ? dans la classe de Noah?
   – Non, il ? dans la classe de Clara.
6. – Jade ? nouvelle à l'école?
   – Non, elle ? en cinquième avec Karim.

Médiation

10 **Du hast eine E-Mail von Flore aus Frankreich erhalten. Du erzählst deiner Freundin, die kein Französisch lernt, was du verstanden hast.**
9|12

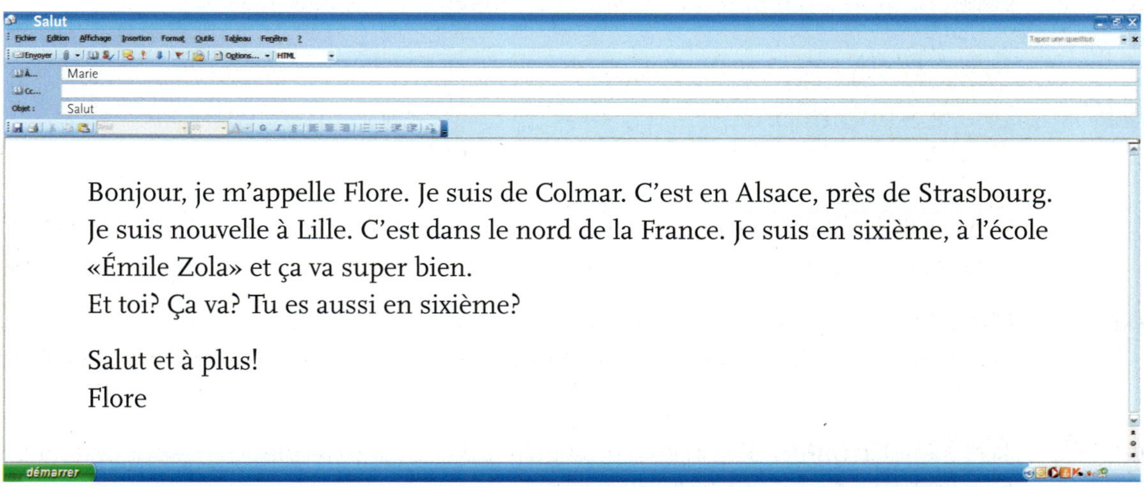

Bonjour, je m'appelle Flore. Je suis de Colmar. C'est en Alsace, près de Strasbourg. Je suis nouvelle à Lille. C'est dans le nord de la France. Je suis en sixième, à l'école «Émile Zola» et ça va super bien.
Et toi? Ça va? Tu es aussi en sixième?

Salut et à plus!
Flore

Découvrir les lettres et les sons

CD1 14 ▶ 9|11 **11** a [u] ou [y]? | Lies folgende Wörter laut.
In welchen Wörtern sprichst du [u] wie in Blume und in welchen [y] wie in Blüte?
Überprüfe deine Aussprache anhand der CD und sprich nach.

bonjour tu super Fournier Salut À plus Strasbourg

CD1 15 b Écoute, répète et complète. | Hör zu, sprich nach und ergänze die Wörter mit *ou* oder *u*.

b ? s T ? r de France m ? sée gr ? pe s ? d p ? rée s ? permarché s ? pe

CD1 16 **12** a Écoute et réponds. | Wie wird -*ç*- ausgesprochen?

français ça va le garçon

CD1 17 ▶ 9|10 b Écoute et réponds. | Wie wird -*é*- ausgesprochen? Und -*è*-? Und -*ê*-?

la rentrée la sixième la cinquième la récréation vous êtes l'école

CD1 18 **13** a Écoute et répète. | Hör zu und sprich nach.

[z] la sixième, les élèves, vous êtes, Strasbourg

[s] le surveillant, la classe, le garçon, c'est

b À toi! | Du bist dran! Finde noch drei Wörter mit [s] wie in *le garçon*. (▶ Liste des mots, p. 180–184)

Apprendre à apprendre

Koop **14** Lerne dein Französischbuch kennen

a **Blättere in deinem Französischbuch und finde Folgendes heraus:**
1. Was bedeutet das Wort *maison*?
2. Was heißt *Bruder* auf Französisch?
3. Du möchtest dich auf die nächste Klassenarbeit vorbereiten. Wo findest du die Redewendungen und die Grammatik der *Unité*?

b **Vergleiche deine Ergebnisse mit den anderen.**

c À vous. | Überlegt euch mindestens drei kniffelige Fragen zum Buch.

Weitere Rallye-Aufgaben findest du unter: www.cornelsen.de/webcodes
Gib folgenden Webcode ein: **APLUS-1-20**

Wähle eine der beiden Aufgaben aus.

A C'est la rentrée

Das Schuljahr hat begonnen. Auf dem Schulhof triffst du deine Freunde wieder. In deiner Klasse ist auch ein neuer Schüler aus Frankreich, der kaum Deutsch spricht. Du sprichst ihn auf Französisch an und stellst dich vor. Du kannst ihm auch andere Schüler vorstellen.
Bereitet zu zweit einen Dialog vor.

- Wer ist der deutsche Schüler, wer ist der „Neue"?
- Wie könnt ihr ins Gespräch kommen?
- Was könnt ihr fragen?
- Was könnt ihr schon über euch sagen?

Nützliche Ausdrücke findet ihr im Text auf den Seiten 16–17 und in den *Repères* (*Qu'est-ce qu'on dit*, p. 22). Tipps zum Rollenspiel findet ihr im *Annexe*. (▶ Méthodes, p. 163/13)
Spielt euren Dialog der Klasse vor.

PF B On cherche des correspondants en France

Deine Schule sucht eine Partnerschule in Frankreich. Damit dein zukünftiger Partner dich besser kennen lernen kann, willst du eine Mappe über dich und deine Schule erstellen.

- Stell dich und einen Freund / eine Freundin mit allen Informationen, die du schon ausdrücken kannst, vor. Bereite dafür einen kleinen Steckbrief vor.
- Hängt eure Steckbriefe in der Klasse aus und präsentiert sie.
- Der Steckbrief wird anschließend die erste Seite deiner Mappe sein.

Nützliche Ausdrücke findest du in den *Repères* (*Qu'est-ce qu'on dit*, p. 22).

Möchtest du sagen, dass jemand dein Freund / deine Freundin ist? Schlag die *Repères* S. 59/1 auf.

Qu'est-ce qu'on dit?

Du begrüßt jemanden
Salut!
Bonjour, Madame.
Bonjour, Monsieur.

Du fragst, wie jemand heißt
Tu t'appelles comment?
Il/Elle s'appelle comment?
(La fille, / Le garçon,) c'est qui?

Du sagst, dass du etwas nicht weißt
Je ne sais pas.

Du fragst jemanden, wie es ihm geht
Ça va?

Du sagst, wie es dir geht
Super. / (Très) bien. 
Ça va. / Pas mal. 
Bof. 

Du verabschiedest dich
Salut!
À demain.
À plus!
Au revoir, Monsieur.
Au revoir, Madame.

Du stellst dich vor
Je m'appelle (Clara).
Je suis (de Berlin).
Moi, c'est (Noah).
Je suis l'ami/e de (Karim/Yasmine).
Je suis en sixième/cinquième.

Du stellst jemand anderen vor
Voilà (Jade).
C'est (Lukas).
Il s'appelle (Noah). / Elle s'appelle (Jade).
Il est nouveau. / Elle est nouvelle.
Il/Elle est dans la classe de (Yasmine).
C'est l'ami/e de (Clara).

Grammaire

Du stellst eine Frage:		Dazu brauchst du:
GH 1 **1** Ça va?	→	**die Intonationsfrage**

Frage	**Aussage**
Ça va?	Ça va.
Tu es en cinquième B?	Non. Je suis en cinquième A.
Il est nouveau?	Oui. Il est nouveau.

CD 1 19 **Hör zu und hebe die Hand, wenn du eine Frage hörst.**

Du stellst dich oder jemanden vor: | Dazu brauchst du:

GH2 GH3 **2**

Je suis Marie.
Je suis dans la classe de Jade.

→ **die Personalpronomen** *je, tu, il* ... **und das Verb** *être*

Je	suis	Lukas Goll.
Tu	es	nouveau à Strasbourg?
Il	est	dans la classe de Karim.
Elle		de Berlin.
On		en sixième.
Nous	sommes	en sixième B.
Vous	êtes	en cinquième B?
Ils	sont	cool.
Elles		aussi en cinquième B.

Ils sont en sixième.

Übt und wiederholt gemeinsam

Überprüft, ob ihr die Formen von *être* beherrscht: A sagt ein Personalpronomen. B nennt die Form von *être*, die dazu passt. Tauscht dann die Rollen.

Du redest über jemanden: | Dazu brauchst du:

GH4 GH5 **3**

Le garçon, c'est Noah.
La fille, c'est Clara.

→ **den bestimmten Artikel** *le*, *la*, *l'*, *les*

Singulier

♂ le garçon, l'ami

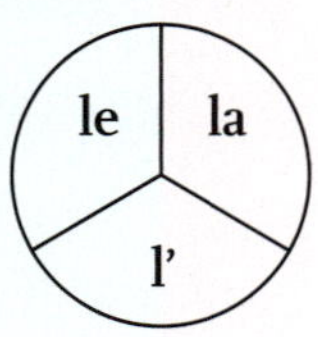

♀ la fille, l'amie

Pluriel

♂ les garçons, les amis

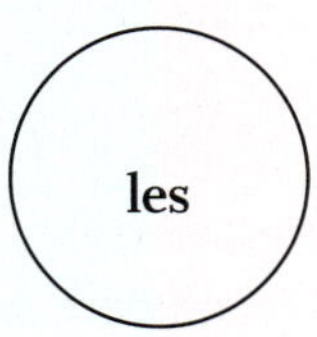

♀ les filles, les amies

Übt und wiederholt gemeinsam

1 Formuliert die Regeln:
Der männliche Artikel lautet ? .
Der weibliche Artikel lautet ? .
Vor Vokal steht im Singular immer der Artikel ? . Der Artikel im Plural lautet ? .

2 Jeder schreibt sechs Nomen im Singular oder im Plural mit Artikel auf und liest sie seinem Partner / seiner Partnerin vor. Er/Sie sagt, ob die Nomen im Singular oder im Plural stehen.

(► Solutions, p. 176)

Le français en classe (1)

le stylo: **0,99 €**
les quatre stylos: **2,50 €**

l'effaceur «super cool»:
1,50 €

le lot de douze crayons de couleur:
4,75 €

la règle 20 cm:
1,99 €

le cahier en papier recyclé 48 pages: **1 €**
les quatre cahiers:
3,50 €

le classeur A4:
3,95 €

Apprendre à apprendre

1 **Wie du unbekannte Wörter erschließen kannst** (▶ Méthodes, p. 166/18)
Du kannst schon viel verstehen, auch wenn du nicht jedes Wort kennst.

a **Was heißt** *Tintenkiller* **und** *Lineal* **auf Französisch?**

b **Was heißt** *papier recyclé*?

c **Wie bist du vorgegangen, um die Fragen zu beantworten? Formuliere zwei Regeln, die man beim Erschließen unbekannter Wörter anwenden kann.**

CD 1
20

2 a À vous. Posez des questions à votre partenaire. Il/Elle répond. (▶ Liste des mots, p. 180–185)

CD 1
21

b À vous. Posez des questions à votre partenaire. Il/Elle répond.
(▶ Liste des mots, p. 180–185)
(▶ L'alphabet, p. 26)

Das Zeichen ' heißt *apostrophe*.
Der Buchstabe -ç- heißt *c cédille*.
Der Buchstabe -é- heißt *e accent aigu*.
Der Buchstabe -è- heißt *e accent grave*.
Der Buchstabe -ê- heißt e *accent circonflexe*.

L'alphabet

CD 1 22 **1** Écoutez et chantez la chanson de l'alphabet.

César

Europe

géographie

hache

jeu

queue

Chanson de l'alphabet

A B C – D E F!
D E F, bonjour, Joseph!
D E F – G H I!
G H I, ça va, Marie?
G H I – J K L!
J K L, ça va, Christelle!
J K L – M N O!
M N O, voilà Bruno!
M N O – P Q R!
P Q R, et voilà Pierre!
P Q R – S T U!
S T U, salut, salut!
S T U – V W!
V W, salut Zoé!
Et puis X Y et Z!
Au revoir, Khaled!

usine

vélo

w (double v)

y (i grec)

zèbre

Jouer

2 a A buchstabiert die folgenden französischen Wörter. B schreibt sie auf. B findet seine Karteikarte mit französischen Wörtern auf S. 148. Überprüft dann eure Ergebnisse. (B ▶ p. 148)

A
carte
classe
groupe
cantine
guitare

b Trouve le mot. | Finde das Wort. Eine/r denkt sich ein Wort der *Unité* 1 aus. Die anderen nennen einzelne Buchstaben, bis sie das Wort erraten haben. (▶ Liste des mots, p. 180–184)

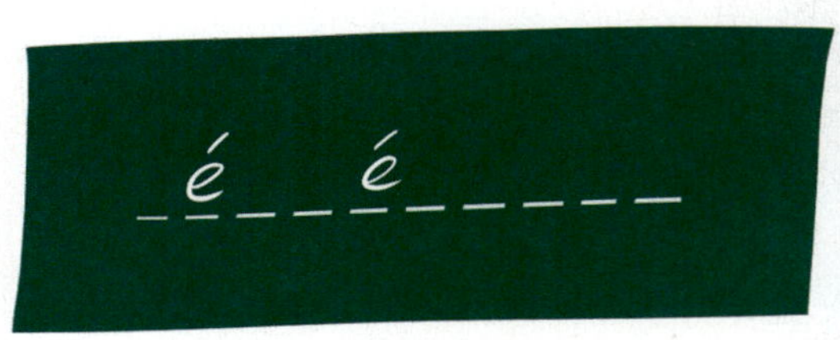

* **Il y a un …?** [iljaɛ̃…] Gibt es ein …?

Bonjour!

Hier beginnt euer neues Sprachabenteuer. *À plus!* wird euch begleiten. In kleineren Etappen sollt ihr euer Ziel erreichen. Dazu erklären wir euch nun, wie die einzelnen Etappen aussehen.

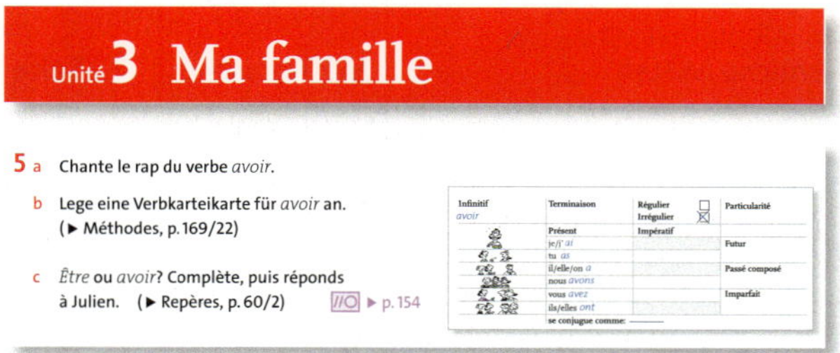

Die einzelnen Etappen heißen ***Unités***. Jede der ***Unités*** dreht sich um ein neues Thema (Familie, Schule, Ferien ...). Die ***Unités*** sind rot gekennzeichnet.
Der direkte Weg zum Ziel führt über die roten Übungen.

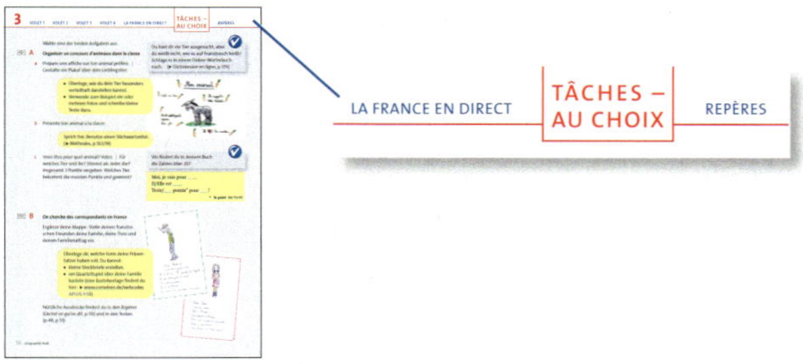

Jede ***Unité*** bereitet euch auf eine Aufgabe (***Tâche***) vor. In den meisten ***Unités*** findet ihr sogar zwei ***Tâches***: Gemeinsam mit eurem Lehrer / eurer Lehrerin wählt ihr die aus, die ihr bearbeiten wollt. Deshalb steht im Buch *Tâches au choix*.

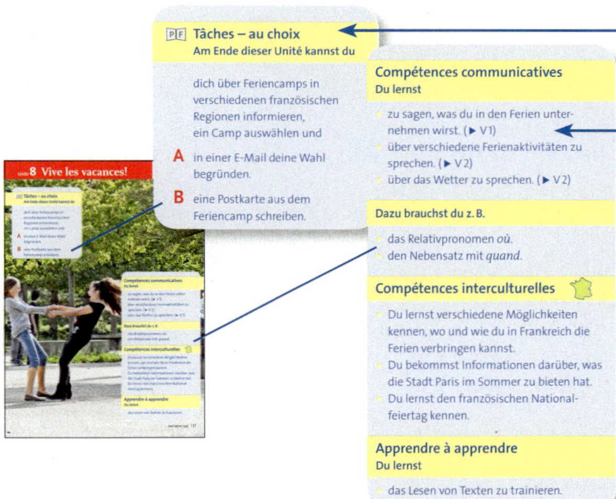

Damit euch die Auswahl leichter fällt, findet ihr auf der ersten Seite jeder ***Unité*** eine Beschreibung der ***Tâches***.

Auf dieser ersten Seite findet ihr auch einen Überblick über das, was ihr in der ***Unité*** lernen werdet. So habt ihr eine gute Orientierung auf eurem Weg zum Ziel.
Zwischenetappen nennen wir übrigens ***Volet***.

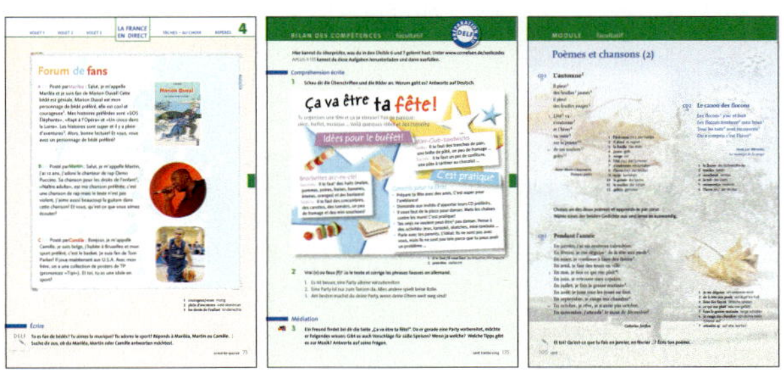

France en direct *Bilan* *Module*

Alles was in grüner Schrift erscheint (z. B. ***France en direct***, ***Fais le point***, ***Bilan des compétences***, ***Module***) ist ein interessanter Nebenpfad. Hier könnt ihr Frankreich besser kennen lernen (z. B. in einem ***France en direct***) oder überprüfen, was ihr alles schon könnt (***Fais le point, Bilan des compétences***). Da all dies kein Pflichtprogramm ist, könnt ihr auch ohne diese grünen Teile vorankommen.
Der Wortschatz und die Grammatik werden nicht für die ***Unités*** vorausgesetzt.

Und nun wünschen wir euch viel Spaß und viel Erfolg beim Französischlernen! *À plus!*

Die folgenden aufgelisteten Angebote sind nicht obligatorisch abzuarbeiten.
Die Auswahl der Übungen und Übungsteile richtet sich nach den Schwerpunkten des schulinternen Curriculums.
Grün gekennzeichnete Lektionsteile und Übungen sind fakultativ.

Inhalt

Annexe

Symbole und Verweise

Diese Symbole findest du in deinem Buch:

CD 1 (2) Hörtext auf der CD (z. B. CD 1, Track 2)

DVD (3) Film auf der DVD (z. B. Filmsequenz 3)

schriftliche Übung

Diese Übung löst du mit einem Partner.

Bei dieser Partnerübung haben beide Partner (A und B) unterschiedliche Informationen. Der Übungsteil für Partner B befindet sich im *Annexe* ab S. 148.

Diese Übung löst ihr in einer Gruppe.

Koop Bei dieser Übung müssen alle zusammenarbeiten.

Hier bewegt ihr euch in der Klasse.

DELF Diese Übung eignet sich besonders für die Vorbereitung auf die DELF-Prüfung.

P|F Portfolio/Lerntagebuch: Du dokumentierst deine Lernfortschritte.

C 2|3 Hier passt *Carnet d'activités* (z. B. S. 2, Übung 3).

GH 22 Ausführliche Erklärungen zu diesem Grammatikpunkt findest du im Grammatikheft (z. B. im Abschnitt 22).

Differenzierung:

○ leichte Übung

● anspruchsvollere Übung

//● Anspruchsvolle Übung mit Hilfestellung im *Annexe* ab S. 153.

//○ Hilfestellung im *Annexe* ab S. 153.

Sprachmittlungsübung. Hier hilfst du jemandem, der kein Französisch / kein Deutsch kann.

www.cornelsen.de/webcodes Hier gibst du den jeweiligen Webcode ein (z. B. APLUS-1-20). Dort findest du kostenlose Zusatzmaterialien und Arbeitsblätter.

CD1 2

Bienvenue à Strasbourg! facultatif

1 Viele französische Wörter kennst du schon. Schau dir die Fotos rechts an und finde einige.

2 Kennst du weitere französische Wörter? Gestalte eine Collage mit Fotos und Etiketten von französischen Produkten.

DVD 1 **3** Schau dir die Filmsequenz an. Was erfährst du über Straßburg?

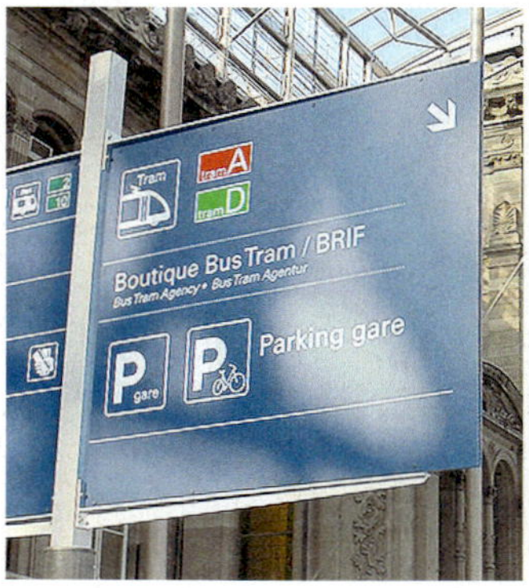

Unité 1 La rentrée

3
SEPTEMBRE
lundi

Tâches – au choix
Am Ende dieser Unité kannst du

A in einem Rollenspiel einen französischen Jugendlichen begrüßen und dich und deine Mitschüler vorstellen.

B eine Mappe anlegen, in der du dich und deine Mitschüler vorstellst.

Compétences communicatives
Du lernst

- jemanden zu begrüßen. (▶ V1)
- dich zu verabschieden. (▶ V1)
- zu sagen, wie es dir geht. (▶ V1)
- dich und jemanden vorzustellen. (▶ V2, V3)

Dazu brauchst du z. B.

- den Fragesatz und den Aussagesatz.
- die Personalpronomen *je, tu, il*, ...
- das Verb *être*.
- den bestimmten Artikel *le, la, les*.

Compétences interculturelles

- Du erfährst, wie der erste Schultag nach den Ferien in Frankreich abläuft.

Apprendre à apprendre
Du lernst

- wie du dich in deinem Französischbuch zurechtfinden kannst.
- wie du unbekannte Wörter erschließen kannst.

CD1 3

Salut, ça va?

1

2

3

4

5

6

Lire et comprendre

3|2 **1** **Regarde, lis et réponds.** | **Sieh dir die Fotos an, lies die Texte auf S. 12 und finde Folgendes heraus:**

1. Wie kannst du jemanden auf Französisch begrüßen?
2. Wie kannst du dich von jemandem verabschieden?
3. Wie fragst du jemanden auf Französisch, wie es ihm geht? Was kannst du darauf antworten?

Écouter et comprendre

CD 1 4 DELF 3|1 **2** **Écoute.** | **Hör zu. Begrüßen oder verabschieden sich die Personen? Wenn sie sich begrüßen, hebst du die Hand.**

Parler

3|4 **3 a** **Ça va?** | **Was könnten die Jugendlichen antworten?** (▶ **Qu'est-ce qu'on dit, p. 22**)

b **À vous.** | **Ihr seid dran! Fragt euch gegenseitig, wie es euch geht und antwortet darauf.**

CD 1 5 **4** **Écoute et chante le rap.** | **Hör zu und singe den Rap mit.**

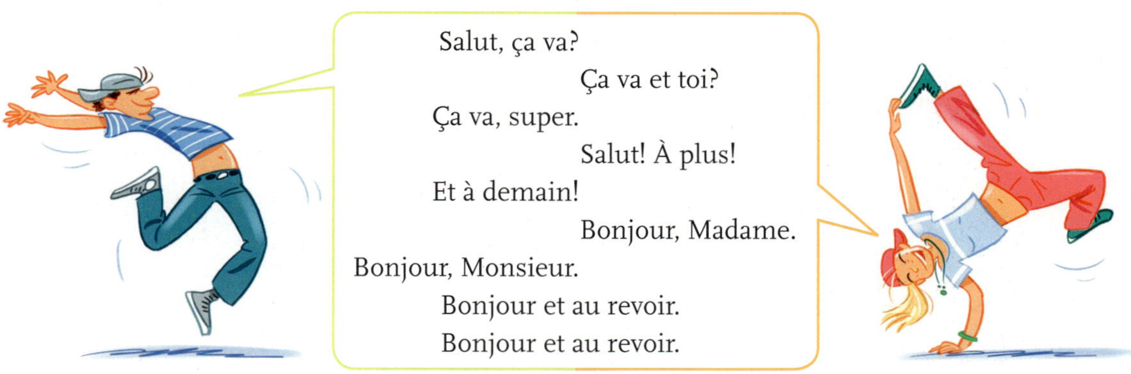

Activité

DELF 3|3 **5** **Geht durch euren Klassenraum, begrüßt eure Mitschüler und euren Lehrer / eure Lehrerin. Fragt sie, wie es ihnen geht und verabschiedet euch voneinander.**

CD 1 6–7

La classe de sixième A

C'est la rentrée. Voilà la classe de sixième A.

M. Martel: Albin, Simon …
Simon: Oui!
M. Martel: Fabre, Lara …
Clara: Clara, Monsieur. Je m'appelle Clara Fabre.
M. Martel: Ah, pardon! Fabre, Clara … Fournier, Lara!
Lara: Oui! C'est moi!
M. Martel: Alors, toi, tu es Clara et toi, tu t'appelles Lara … Goll, Lukas … Lucas avec un C, non?
Lukas: Non, Monsieur, avec un K. L-U-K-A-S. Je m'appelle «Loukass». Je suis …
Simon: Il est de Berlin, Monsieur!
M. Martel: Ah, très bien! … Schmitz, Amandine … Schmitz, Amandine … Elle est là?
Amandine: Euh … je m'appelle Amandine Schmitt, Monsieur. Schmitt, avec deux T!
M. Martel: Ah, pardon! … Taleb, Yasmine …
Yasmine: Oui.
M. Martel: Valin, Théo …

Écouter, lire et comprendre

CD 1 6–7 **1** Hör zu und betrachte das Foto. Wo und wann spielt die Szene? Worum geht es?

Koop **2** Corrigez. | Die Klassenliste enthält Fehler. Findet sie. Vergleicht eure Ergebnisse.

Classe: sixième A **Professeur de français:** Monsieur Martell

Nom[1]**:**	**Prénom**[2]**:**	**Nom:**	**Prénom:**
Albin	Simon	Schmidt	Amandine
Fabre	Klara	Taleb	Yasmine
Fournier	Lara	Vallin	Théo
Gol	Lucas		

C'est Monsieur Martel, avec un L.

1 **le nom** der Nachname
2 **le prénom** der Vorname

Parler

3 Présente-toi. | Stell dich vor.

5|6

4|2
5|4

4 a **Présente ces jeunes.** | **Stell diese Jugendlichen vor und sage, woher sie kommen.**
Exemple: C'est **Clara**. **Elle** est de Strasbourg.

Noah = **il**
Clara = **elle**

b **À toi. Présente deux camarades de classe.** | **Du bist dran! Stell zwei Mitschüler vor.**

Découvrir

5|5

5 a **Welche Formen von *être* passen hier? Du findest sie im Text auf S. 14.**

1. C' ? la rentrée.
2. Je ? Stéphane Martel.
3. Alors, toi, tu ? Clara?
4. Il ? de Berlin, Monsieur.
5. Elle ? là?

b **Complète.** | **Ergänze die Sätze mit der richtigen Form von *être*.**

1. – Toi, tu ? Lara?
   – Non! Moi, je ? Clara.
2. – Lukas ? de Leipzig?
   – Non, il ? de Berlin.
3. – Clara ? de Paris?
   – Non, elle ? de Strasbourg.

Écouter et comprendre

CD 1 8 //●

6 **Écoute et écris les noms.** | **Hör zu und schreibe die Namen der Personen auf.** //○ ▶ p. 153

Activité

5|7

7 a **Sucht euch einen neuen Namen und eine Stadt aus und notiert sie zweimal: auf einen Zettel, den ihr als „Ausweis" behaltet, und auf ein Blatt. Sammelt die Blätter ein, mischt sie und teilt sie aus. Jeder sucht die Person, die auf seinem Blatt steht.**

1. – Salut! Lara, c'est toi?
   – Non, je m'appelle Clara.
   – Salut!
   – Au revoir!
2. – Bonjour! Tu t'appelles Lara?
   – Oui.
   – Tu es de Paris?
   – Oui. / Non, je suis de ____.

b **Stell nun deinen Partner / deine Partnerin mit seiner/ihrer neuen Identität vor.**

Voilà Lara. Elle est de Paris.

CD 1 9–10

La récréation

Nous sommes à Strasbourg, à l'école «Maxime Alexandre». C'est la récréation. Les élèves et les surveillants sont dans la cour.

In Frankreich werden die Klassen rückwärts gezählt:
La sixième (*6*^{e}) entspricht der 6. Klasse bei uns.
La cinquième (*5*^{e}) entspricht der 7. Klasse.
In welcher Klasse bist du?

Lire et comprendre

DELF 6|1

1 a C'est qui? Réponds. | Finde heraus, von wem die Rede ist.

C'est ___.

1. C'est l'ami de Noah.
2. C'est l'amie de Yasmine.
3. Il est nouveau à Strasbourg.
4. Elle est en sixième avec Clara.
5. Il est dans la classe de Karim.
6. Elle est aussi dans la classe de Noah et de Karim.

b Fais une liste. | Erstelle eine Liste. Wer geht in welche Klasse?

sixième A	*cinquième B*

Regarder et comprendre

DVD 2

2 Regarde le film. | Sieh dir die Filmsequenz an. Finde so viel wie möglich über die Personen heraus. Wo finden die Szenen statt?

Parler

8|8

3 a C'est qui? Faites les dialogues. | Stellt die Dialoge zusammen.

1.
– Voilà Clara.
– Et la fille avec Clara, c'est qui?
– C'est Yasmine. C'est l'amie de Clara.

1

2

2.
– Voilà Noah.
– Et le garçon avec Noah, c'est qui?
– C'est Karim. C'est l'ami de Noah.

1. Clara/Yasmine 2. Noah/Karim 3. Barbara/Marie 4. Pascal/Simon 5. Théo/Lukas
6. Lara/Sara 7. Sonia/Nora 8. David/Tim 9. Dario/Mohamed

b À vous. Jouez. | Ihr seid dran! Spielt weiter mit euren eigenen Namen.

Écouter et parler

CD 1 11
DELF

4 Écoute et réponds. | Kannst du über dich Auskunft geben? Hör zu und antworte in den Pausen.

▶ p. 153

Découvrir

Koop
7|4

5 a Ordne zu. Woran erkennst du, wenn von mehreren Personen die Rede ist?

il la fille les élèves l'ami les filles
elle les garçons l'élève les surveillants
ils les amis elles le garçon

b Tausche dich mit deinem Partner / deiner Partnerin aus: Vergleicht eure Ergebnisse und schreibt eure Lösung auf.

8|6

c Diktiert euch gegenseitig fünf Nomen im Singular. Schreibt die Nomen im Singular und dann im Plural auf. Überprüft gemeinsam, was ihr geschrieben habt. (▶ Liste des mots, p. 180–184)

CD 1 12

6 Achte auf den Unterschied zwischen Singular und Plural. Hebe die Hand, wenn von mehreren Personen oder Sachen die Rede ist.

S'entraîner

9|9 **7** **Présente ces personnes.** | **Stell folgende Personen vor. Manchmal sind mehrere Kombinationen möglich.** (▶ **Textes, p. 14, 16–17**)
Utilise | **Verwende** *il est* / *elle est* / *ils sont* / *elles sont*.
Exemple: 1. Noah et Karim?
Ils sont en cinquième.

= ils
= ils
= elles

1 Noah et Karim? 2 Yasmine et Clara? 3 Lara? 4 Théo? 5 Lukas? 6 Théo et Yasmine? 7 Noah et Jade?

à Strasbourg — en sixième — cool — dans la classe de Karim — à l'école — en cinquième — de Berlin — nouveau/nouvelle — dans la cour — dans la classe de M. Martel

CD1 13 **8** **Écoute et chante.** | **Mit diesem Rap kannst du die Formen des Verbs** *être* **auswendig lernen. Hör zu und singe mit.**

7|5 **9** **Complète.** | **Ergänze die Sätze mit den passenden Formen von** *être*. (▶ **Repères, p. 23/2**)

1. – Le garçon, c' ? qui?
   – Je ne sais pas. Je ? nouveau à l'école.
2. – Tu ? en sixième B?
   – Non, je ? en sixième A.
3. – Clara et Yasmine ? en cinquième?
   – Non, elles ? en sixième.
4. – Et vous, vous ? en cinquième A?
   – Non, nous ? en cinquième B.
5. – Lukas ? dans la classe de Noah?
   – Non, il ? dans la classe de Clara.
6. – Jade ? nouvelle à l'école?
   – Non, elle ? en cinquième avec Karim.

Médiation

9|12 **10** **Du hast eine E-Mail von Flore aus Frankreich erhalten. Du erzählst deiner Freundin, die kein Französisch lernt, was du verstanden hast.**

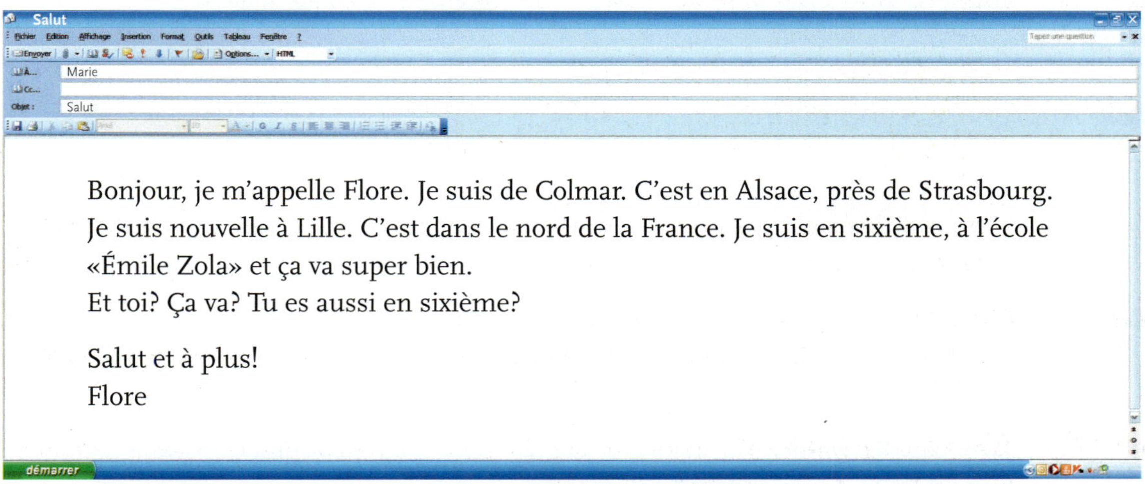
Salut
À... Marie
Objet : Salut

Bonjour, je m'appelle Flore. Je suis de Colmar. C'est en Alsace, près de Strasbourg. Je suis nouvelle à Lille. C'est dans le nord de la France. Je suis en sixième, à l'école «Émile Zola» et ça va super bien.
Et toi? Ça va? Tu es aussi en sixième?

Salut et à plus!
Flore

Découvrir les lettres et les sons

Je m'appelle «Loukass».

CD1 14 ▶ 9|11

11 a [u] ou [y]? | Lies folgende Wörter laut.
In welchen Wörtern sprichst du [u] wie in Blume und in welchen [y] wie in Blüte?
Überprüfe deine Aussprache anhand der CD und sprich nach.

bonjour tu super Fournier Salut À plus Strasbourg

CD1 15

b Écoute, répète et complète. | Hör zu, sprich nach und ergänze die Wörter mit *ou* oder *u*.

b ? s T ? r de France m ? sée gr ? pe s ? d p ? rée s ? permarché s ? pe

CD1 16

12 a Écoute et réponds. | Wie wird -*ç*- ausgesprochen?

français ça va le garçon

CD1 17 ▶ 9|10

b Écoute et réponds. | Wie wird -*é*- ausgesprochen? Und -*è*-? Und -*ê*-?

la rentrée la sixième la cinquième la récréation vous êtes l'école

CD1 18

13 a Écoute et répète. | Hör zu und sprich nach.

[z] la sixième, les élèves, vous êtes, Strasbourg

[s] le surveillant, la classe, le garçon, c'est

b À toi! | Du bist dran! Finde noch drei Wörter mit [s] wie in *le garçon*. (▶ Liste des mots, p. 180–184)

Apprendre à apprendre

Koop **14** Lerne dein Französischbuch kennen

a Blättere in deinem Französischbuch und finde Folgendes heraus:

1. Was bedeutet das Wort *maison*?
2. Was heißt *Bruder* auf Französisch?
3. Du möchtest dich auf die nächste Klassenarbeit vorbereiten. Wo findest du die Redewendungen und die Grammatik der *Unité*?

b Vergleiche deine Ergebnisse mit den anderen.

c À vous. | Überlegt euch mindestens drei kniffelige Fragen zum Buch.

Weitere Rallye-Aufgaben findest du unter: www.cornelsen.de/webcodes
Gib folgenden Webcode ein: **APLUS-1-20**

Wähle eine der beiden Aufgaben aus.

A C'est la rentrée

Das Schuljahr hat begonnen. Auf dem Schulhof triffst du deine Freunde wieder. In deiner Klasse ist auch ein neuer Schüler aus Frankreich, der kaum Deutsch spricht. Du sprichst ihn auf Französisch an und stellst dich vor. Du kannst ihm auch andere Schüler vorstellen.
Bereitet zu zweit einen Dialog vor.

- Wer ist der deutsche Schüler, wer ist der „Neue"?
- Wie könnt ihr ins Gespräch kommen?
- Was könnt ihr fragen?
- Was könnt ihr schon über euch sagen?

Nützliche Ausdrücke findet ihr im Text auf den Seiten 16–17 und in den *Repères* (*Qu'est-ce qu'on dit*, p. 22). Tipps zum Rollenspiel findet ihr im *Annexe*. (▶ Méthodes, p. 163/13)
Spielt euren Dialog der Klasse vor.

B On cherche des correspondants en France

Deine Schule sucht eine Partnerschule in Frankreich. Damit dein zukünftiger Partner dich besser kennen lernen kann, willst du eine Mappe über dich und deine Schule erstellen.

- Stell dich und einen Freund / eine Freundin mit allen Informationen, die du schon ausdrücken kannst, vor. Bereite dafür einen kleinen Steckbrief vor.
- Hängt eure Steckbriefe in der Klasse aus und präsentiert sie.
- Der Steckbrief wird anschließend die erste Seite deiner Mappe sein.

Nützliche Ausdrücke findest du in den *Repères* (*Qu'est-ce qu'on dit*, p. 22).

Möchtest du sagen, dass jemand dein Freund / deine Freundin ist? Schlag die *Repères* S. 59/1 auf.

Qu'est-ce qu'on dit?

Du begrüßt jemanden
Salut!
Bonjour, Madame.
Bonjour, Monsieur.

Du fragst, wie jemand heißt
Tu t'appelles comment?
Il/Elle s'appelle comment?
(La fille, / Le garçon,) c'est qui?

Du sagst, dass du etwas nicht weißt
Je ne sais pas.

Du fragst jemanden, wie es ihm geht
Ça va?

Du sagst, wie es dir geht

Super. / (Très) bien. 

Ça va. / Pas mal. 

Bof. 

Du verabschiedest dich
Salut!
À demain.
À plus!
Au revoir, Monsieur.
Au revoir, Madame.

Du stellst dich vor
Je m'appelle (Clara).
Je suis (de Berlin).
Moi, c'est (Noah).
Je suis l'ami/e de (Karim/Yasmine).
Je suis en sixième/cinquième.

Du stellst jemand anderen vor
Voilà (Jade).
C'est (Lukas).
Il s'appelle (Noah). / Elle s'appelle (Jade).
Il est nouveau. / Elle est nouvelle.
Il/Elle est dans la classe de (Yasmine).
C'est l'ami/e de (Clara).

Grammaire

Du stellst eine Frage:	Dazu brauchst du:
GH 1 **1** Ça va? →	**die Intonationsfrage**

Frage	**Aussage**
Ça va? ↗	Ça va. ↘
Tu es en cinquième B? ↗	Non. Je suis en cinquième A. ↘
Il est nouveau? ↗	Oui. Il est nouveau. ↘

CD 1 19 **Hör zu und hebe die Hand, wenn du eine Frage hörst.**

Du stellst dich oder jemanden vor: | Dazu brauchst du:

GH 2
GH 3
2

Je suis Marie.
Je suis dans la classe de Jade.
→ **die Personalpronomen** *je, tu, il …*
und das Verb *être*

Je	suis	Lukas Goll.
Tu	es	nouveau à Strasbourg?
Il		dans la classe de Karim.
Elle	est	de Berlin.
On		en sixième.
Nous	sommes	en sixième B.
Vous	êtes	en cinquième B?
Ils	sont	cool.
Elles		aussi en cinquième B.

Ils sont en sixième.

Übt und wiederholt gemeinsam

Überprüft, ob ihr die Formen von *être* beherrscht: A sagt ein Personalpronomen. B nennt die Form von *être*, die dazu passt. Tauscht dann die Rollen.

Du redest über jemanden: | Dazu brauchst du:

GH 4
GH 5
3

Le garçon, c'est Noah.
La fille, c'est Clara.
→ **den bestimmten Artikel** *le, la, l', les*

Singulier

♂		♀
le garçon	le · la	la fille
l'ami	l'	l'amie

Pluriel

♂		♀
les garçons	les	les filles
les amis		les amies

Übt und wiederholt gemeinsam

1 Formuliert die Regeln:
Der männliche Artikel lautet ?.
Der weibliche Artikel lautet ?.
Vor Vokal steht im Singular immer der Artikel ?. Der Artikel im Plural lautet ?.
2 Jeder schreibt sechs Nomen im Singular oder im Plural mit Artikel auf und liest sie seinem Partner / seiner Partnerin vor. Er/Sie sagt, ob die Nomen im Singular oder im Plural stehen.

(► Solutions, p. 176)

Le français en classe (1)

le stylo: **0,99 €**
les quatre stylos: **2,50 €**

l'effaceur «super cool»:
1,50 €

le lot de douze crayons de couleur:
4,75 €

la règle 20 cm:
1,99 €

le cahier en papier recyclé 48 pages: **1 €**
les quatre cahiers:
3,50 €

le classeur A4:
3,95 €

Apprendre à apprendre

1 **Wie du unbekannte Wörter erschließen kannst** (▶ Méthodes, p. 166/18)
Du kannst schon viel verstehen, auch wenn du nicht jedes Wort kennst.

a **Was heißt** *Tintenkiller* **und** *Lineal* **auf Französisch?**

b **Was heißt** *papier recyclé*?

c **Wie bist du vorgegangen, um die Fragen zu beantworten? Formuliere zwei Regeln, die man beim Erschließen unbekannter Wörter anwenden kann.**

CD 1
20

2 a À vous. Posez des questions à votre partenaire. Il/Elle répond. (▶ Liste des mots, p. 180–185)

CD 1
21

b À vous. Posez des questions à votre partenaire. Il/Elle répond.
(▶ Liste des mots, p. 180–185)
(▶ L'alphabet, p. 26)

Das Zeichen ' heißt *apostrophe*.
Der Buchstabe -ç- heißt *c cédille*.
Der Buchstabe -é- heißt *e accent aigu*.
Der Buchstabe -è- heißt *e accent grave*.
Der Buchstabe -ê- heißt e *accent circonflexe*.

L'alphabet

CD 1 22 **1** Écoutez et chantez la chanson de l'alphabet.

César

Europe

géographie

hache

jeu

queue

Chanson de l'alphabet

A B C – D E F!
D E F, bonjour, Joseph!
D E F – G H I!
G H I, ça va, Marie?
G H I – J K L!
J K L, ça va, Christelle!
J K L – M N O!
M N O, voilà Bruno!
M N O – P Q R!
P Q R, et voilà Pierre!
P Q R – S T U!
S T U, salut, salut!
S T U – V W!
V W, salut Zoé!
Et puis X Y et Z!
Au revoir, Khaled!

usine

vélo

w (double v)

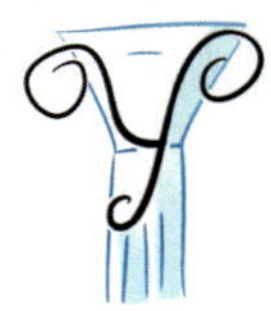
y (i grec)

zèbre

Jouer

2 a A buchstabiert die folgenden französischen Wörter. B schreibt sie auf. B findet seine Karteikarte mit französischen Wörtern auf S. 148. Überprüft dann eure Ergebnisse. (B ► p. 148)

A
carte
classe
groupe
cantine
guitare

b Trouve le mot. | Finde das Wort. Eine/r denkt sich ein Wort der *Unité* 1 aus. Die anderen nennen einzelne Buchstaben, bis sie das Wort erraten haben. (► Liste des mots, p. 180–184)

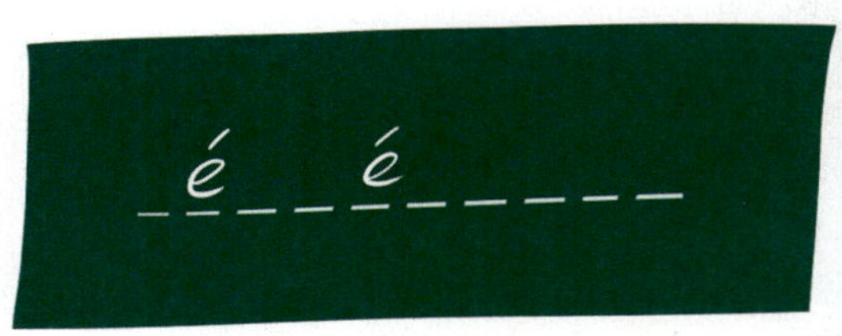

* **Il y a un …?** [iljaɛ̃…] Gibt es ein …?

Unité 2 À la maison

PF Tâches – au choix

Am Ende dieser Unité kannst du

A eine kleine Szene für deine Mitschüler schreiben und selbst in einer Szene mitspielen.

B einem französischen Jugendlichen dein Zimmer oder deine Wohnung vorstellen.

Compétences communicatives

Du lernst

- ein Zimmer zu beschreiben. (▶ V1)
- die Zimmer einer Wohnung zu benennen. (▶ V2)
- zu sagen, wo sich etwas befindet. (▶ V2)
- zu sagen, was du zuhause nach der Schule machst. (▶ V3)
- jemanden zu etwas aufzufordern. (▶ V3)

Dazu brauchst du z. B.

- *il y a* und den unbestimmten Artikel *un*, *une*, *des*.
- das Fragewort *où* und einige Ortsangaben.
- die Verben auf *-er* im Präsens.
- den Imperativ.

Compétences interculturelles

- Du erfährst etwas über den Alltag französischer Jugendlicher.

Apprendre à apprendre

Du lernst

- wie du dir neue Vokabeln gut merken kannst.

CD1 23–24

Chez moi

Préparer la lecture

1 Schau dir an, was Théo und Clara sagen. Welche Wörter kannst du schon verstehen?

Écouter et comprendre

CD1 25
12|1

2 a On présente la chambre de Clara. Écoute et retrouve les mots. | Hör zu und finde die Gegenstände auf dem Bild wieder. Schreibe die dazugehörigen Buchstaben in der richtigen Reihenfolge auf. Wie lautet das Lösungswort?

CD1 26

b On présente la chambre de Théo. Écoute et retrouve les mots. | Hör zu und finde die Gegenstände auf dem Bild wieder. Schreibe die dazugehörigen Buchstaben in der richtigen Reihenfolge auf. Wie lautet das Lösungswort?

13|5

3 **Regarde les chambres de Clara et de Théo et fais des devinettes pour ton/ta partenaire. | Stell deinem Partner / deiner Partnerin ein Rätsel.**

Exemples:

1. – Il y a des posters et des photos partout.
   – C'est la chambre de Clara.
2. – Il y a un lit.
   – C'est la chambre de Théo et la chambre de Clara.

Parler

4 **Jouez. | Spielt „Kofferpacken".**

1 Dans ma chambre, il y a un lit.

2 Dans ma chambre, il y a un lit et une lampe.

Écouter et comprendre

CD1 27
DELF

5 **Écoute. Trouve la chambre de Simon. | Finde heraus, welches Zimmer Simon gehört.**

1

2

Découvrir

Koop
12|3
13|4

6 **Löse die Aufgaben a–d selbstständig. Vergleiche deine Ergebnisse mit deinem Partner / deiner Partnerin und stellt dann eure Ergebnisse der Klasse vor.**

a **Übersetze die Beispielsätze. Wofür steht *un*/*une*? Wofür steht *le*/*la*?**

1. Voilà une lampe. C'est la lampe de Clara.
2. Voilà un livre. C'est le livre de Théo.

b ***Un* ou *une*?**

l'amie → ? amie   l'ami → ? ami

c ***Un*/*une* ou *le*/*la*?**

Dans ? chambre de Clara, il y a ? lit. Voilà ? coin musique de Clara.
Dans ma chambre, il y a ? ordinateur, ? coin géo et ? collection de pierres.

> Lerne die Wörter, die mit einem Vokal anfangen, immer mit dem unbestimmten Artikel. Erkläre, warum.

d **Übersetze den folgenden Satz. Was fällt dir bei der Übersetzung auf?**

Dans ma chambre, il y a **des** posters et **des** photos.

e Qu'est-ce qu'il y a dans la classe? //O ▶ p. 153

Il y a | un ? . / une ? . / des ? .

Recherche

7 **La collection de figurines de Théo. | Hier kannst du Théos Sammlung kennenlernen.** (▶ www.cornelsen.de/webcodes APLUS-1-31)

Vocabulaire

8 **Regarde une des chambres (p. 28–29) pendant 30 secondes. Ferme le livre et note. | Schau dir eines der beiden Zimmer 30 Sekunden lang an. Schließe das Buch und schreibe alle Gegenstände auf, an die du dich erinnerst. Benutze den unbestimmten Artikel. Wer schreibt die meisten Wörter auf?**

Apprendre à apprendre

12|2 **9** **So kannst du dir neue Vokabeln gut merken (1)** **(▶ Méthodes, p. 159–161)**
Welche Möglichkeiten kennst du schon? Notiere sie und besprich sie mit deinem Partner / deiner Partnerin: Was macht er/sie wie du? Was anders?
Schreibe z. B. die Vokabeln, die du dir merken willst, auf Klebezettel. Bringe die Zettel auf den entsprechenden Gegenständen an, entweder bei dir zuhause oder im Klassenzimmer. So siehst du die neuen Wörter häufig zusammen mit dem Gegenstand und prägst sie dir gut ein.

Activité

PF 13|5 **10** **Présente ta chambre. | Stell dein Zimmer vor.** **Du kannst eine Zeichnung, ein Plakat oder ein Foto von deinem Zimmer machen. Du kannst dir auch ein Fantasiezimmer ausdenken.** **Dein Plakat kannst du aufbewahren und für die *Tâche B* (p. 39) verwenden.**

Fehlt dir ein Wort? Schau in der *Banque de mots* (p. 178) nach.

Chez Clara

Préparer la lecture

1 a **Regarde les dessins.** | **Schau dir die Zeichnungen an. Wo spielen die einzelnen Szenen?**

b **Comment est-ce qu'on dit** *Wohnzimmer*, *Bad*, *Küche*, *Flur* **en français?**

CD 1 28

1

Dans la salle de bains

2

Dans la cuisine

3

Dans le couloir

Zum Frühstück trinkt man in Frankreich seinen Kakao, Kaffee oder Tee häufig aus einem *bol*.

4

Dans la chambre de Clara

5

Dans la salle de séjour

Lire et comprendre

14|1 **2** **Lis le texte et complète.**

1. Le shampoing est ___.
2. Les biscuits sont ___.
3. Les clés sont ___.
4. Le CD de ZAZ est ___.
5. La télécommande est ___.

Parler

16|9

3 a Décris l'appartement de Jade. | Beschreibe Jades Wohnung.

b Jouez. | A denkt sich einen Raum aus, wo Jade ihre Schlüssel hingelegt hat. B erfragt, wo die Schlüssel sind. Dann tauscht ihr die Rollen.
Exemple:
– Les clés sont dans la chambre de Jade?
– Oui./Non.

À droite, il y a ___.
À gauche, il y a ___.
Il y a aussi ___.
___ est entre ___ et ___.

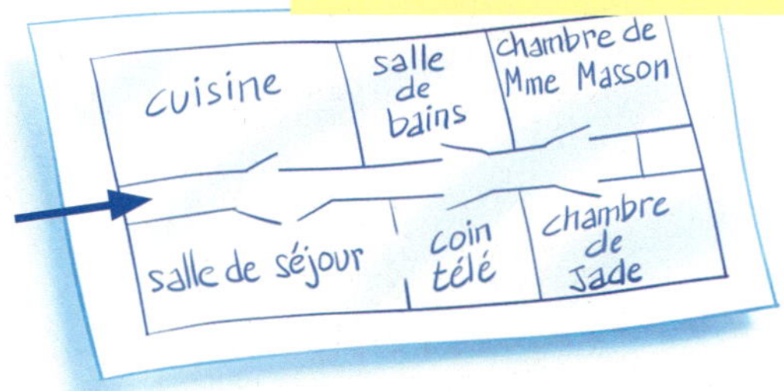

Écouter et prononcer

CD 1 29
16|7

4 a Écoute et répète.

[ɑ̃]	[ɔ̃]	[ɛ̃]
maman	Simon	Albin
chambre	bonjour	un
entre	garçon	salle de bains
ensemble	non	à demain

CD 1 30

b Welche Wörter enthalten den Laut [ɑ̃], [ɔ̃], [ɛ̃]?
Zeichne eine Tabelle wie in a und ordne die folgenden Wörter zu. Hör sie dir anschließend an, sprich sie nach und überprüfe deine Ergebnisse.

comment | rentrée | cinquième | lampe | Berlin | devant | encore | l'appartement | pardon

CD 1 31

c Folgende Wörter kannst du schon verstehen und aussprechen. Ordne sie in deine Tabelle ein.
Hör dir dann die Wörter an und überprüfe deine Ergebnisse.

la France | le cousin | l'oncle | le moment | la tante

CD 1 32

d Übe diesen Zungenbrecher. Wer spricht ihn am schnellsten?

L'oncle Albin est à Berlin avec Simon, le cousin de Valentin.

e À toi. | Denke dir einen Zungenbrecher aus.
Du kannst die Wörter von a–c verwenden.

S'entraîner

CD 1 33
16|8

5 Écoute, chante et mime. | Hör zu, sing mit und führe die Bewegungen aus.

devant | derrière | sur | sous | à gauche | à droite | entre

14|3

6 Où est l'ordinateur? | Du siehst nur einige Gegenstände. B sieht andere. Ergänzt eure Informationen. (B ▶ p. 148)

14|4

a B pose des questions à A. A répond.

B: Où est l'ordinateur?
A: Il est sur la table.

sous	sur
devant	derrière
dans	entre

b A pose des questions à B. B répond.

la guitare | le globe | les cahiers | les CD | la lampe | le hamac

Vocabulaire

14|2

7 a Trouve les mots. | Finde die Wörter und schreibe sie mit dem unbestimmten Artikel auf.

b Forme des phrases. | Wer kann die meisten Sätze mit diesen Wörtern bilden?

Apprendre à apprendre

8 So kannst du dir neue Vokabeln gut merken (2) (▶ Méthodes, p. 160/7)
Vokabeln, die du sinnvoll ordnest, prägst du dir besser ein.
Hier zwei Beispiele:

a Ordne die Wörter in einem Vokabelnetz *(associogramme)* an. Das Thema steht in der Mitte. Probiere es aus und ergänze dieses Vokabelnetz mit deinem Partner / deiner Partnerin.

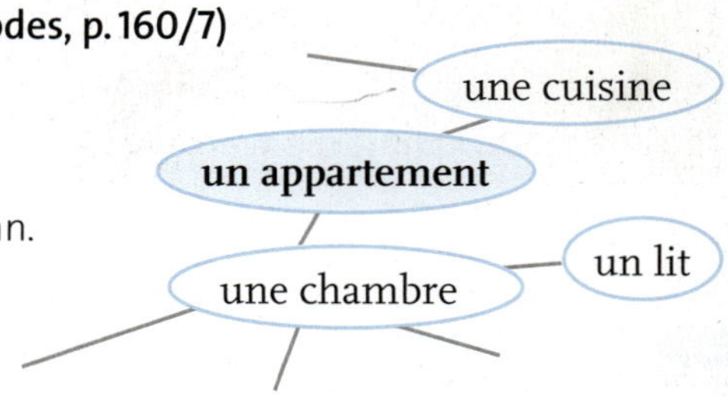

b Ordne die Wörter paarweise an. Probiere dies gleich aus. Ergänze diese Wortpaare, schreibe sie auf eine Karteikarte und lerne sie auswendig.

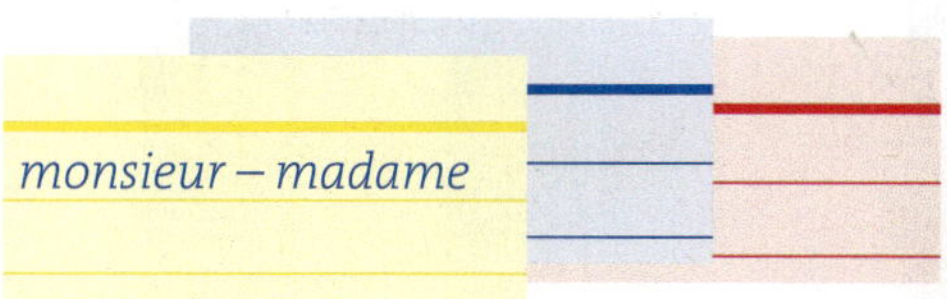

devant – ? à droite – ? sur – ?

Das Vokabelnetz und die Wortpaare kannst du für die *Tâches* (p. 39) verwenden.

CD 1 34–36

Chez Yasmine

Après l'école, Yasmine rentre à la maison. Après les devoirs, elle écoute des CD, elle cherche des informations sur Internet, elle chatte avec des copines, elle téléphone … ou elle rêve.

1

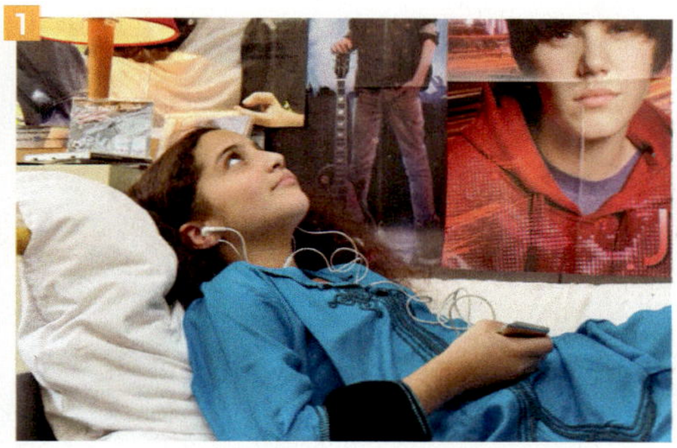

Karim: Yasmine! Tu es là?
Yasmine: Oui, qu'est-ce qu'il y a?
Karim: Qu'est-ce que tu fais?
Yasmine: Je travaille!
Karim: Tu travailles … ou tu rêves?
Yasmine: Tu m'énerves!

Maintenant, Yasmine écoute un CD de ZAZ. Yasmine chante.

2

Zohra: Tu joues avec moi?
Yasmine: Non, pas maintenant.
Zohra: Yasmine, s'il te plaît!
Yasmine: Zohra, c'est non.

3

Zohra: Les garçons, vous jouez avec moi?
Karim: Pas maintenant, Zohra, on regarde la télé.
Zohra: Vous êtes toujours devant la télé! YASMINE!!
Yasmine: Qu'est-ce qu'il y a encore?
Zohra: Ils regardent la télé et …
Yasmine: D'accord, nous jouons une partie de cartes … UNE!
Zohra: Oh, merci!

In Frankreich endet die Schule zwischen 16 und 18 Uhr.

Lire et comprendre

DELF

1 a **Retrouve l'ordre des phrases et raconte. | Finde die richtige Reihenfolge der Sätze wieder und erzähle die Geschichte.**

Yasmine est sur le lit et elle rêve.
Yasmine écoute un CD et elle chante.
Yasmine et Zohra jouent ensemble.
Après l'école, Yasmine rentre à la maison.
Les garçons sont dans la salle de séjour. Ils regardent la télé.

b **Comment est-ce qu'on dit cela en français? | Finde im Text heraus, mit welchen Worten ...**

1. ...Yasmine ausdrückt, dass ihr Bruder Karim sie nervt.
2. ... Zohra ihre Schwester / ihren Bruder und Noah darum bittet, mit ihr zu spielen.
3. ... Yasmine Zohras Wunsch ablehnt (zwei Äußerungen).
4. ... Zohra versucht, ihre Schwester umzustimmen.
5. ... Yasmine am Ende auf Zohras Vorschlag eingeht.

Parler

17|1

2 **Faites des dialogues et jouez-les. Utilisez aussi les phrases de 1b. | Spielt die Dialoge vor. Verwendet auch Sätze aus 1b.**

//O ▶ p. 153

Tu regardes ___?
On écoute ___?
On regarde ___?
On travaille ___?
On cherche ___?
___?

S'entraîner

18|6

3 **a** **Regarde les dessins et raconte. | Erzähle, was die Jugendlichen nach der Schule machen.**

b **Et toi, qu'est-ce que tu fais après l'école? Écris dans ton cahier.**
Exemple: Après l'école, je rentre à la maison. Je travaille et je ___ ou je ___.

Écouter et comprendre

CD 1 37–40
DELF
17|2

4 **a** **Ils sont où? Qu'est-ce qu'ils font? Fais un tableau dans ton cahier et complète. | Übertrage die Tabelle in dein Heft und trage ein, wo die Personen sind und was sie gerade tun. (▶ Méthodes, p. 162/10)**

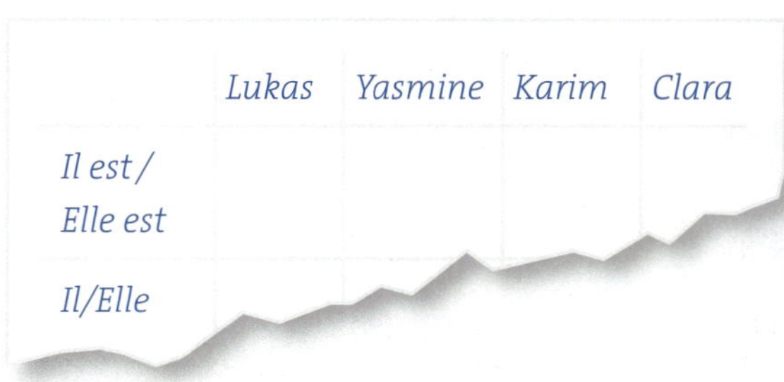

	Lukas	*Yasmine*	*Karim*	*Clara*
Il est / Elle est				
Il/Elle				

b **Écoute encore une fois, corrige et compare avec ton/ta partenaire.**

Écouter et prononcer

CD 1 41 — 17|3

5 a **Fais un tableau dans ton cahier. | Übertrage die Tabelle in dein Heft. Hör zu, lies mit und ordne die Beispiele in die Tabelle ein. Bei welchen Verbformen hörst du die Endung [e], bei welchen hörst du die Endung nicht? Welche Formen sprichst du gleich aus?**

[–]	[e]
je regarde	

1. je regarde
2. tu écoutes?
3. vous téléphonez
4. ils jouent
5. elle chante
6. travailler
7. elles chattent
8. je rentre
9. tu rêves?
10. jouer
11. vous travaillez
12. ils rêvent

CD 1 42 — //●

b **Écoute et écris le poème. | Wie hast du das Gedicht aufgeschrieben? Es gibt mehrere Möglichkeiten.**

//○ ▶ p. 153

19|8

c **À toi. Écris un poème comme en b. Récite ton poème. Ton/Ta partenaire note. | Schreibe ein Gedicht wie in b. Sag dein Gedicht auf. Dein/e Partner/in schreibt es auf.**

Apprendre à apprendre

19|7

6 **So kannst du dir neue Vokabeln gut merken (3)** **(▶ Méthodes, p. 161/8)**
Wenn du dir Übungen zu neuen Vokabeln für andere ausdenkst, kannst du sie dir selbst besser einprägen. Du kannst z. B. Wörter in einer Wortschlange oder einem Wortgitter verstecken. Probiere dies gleich aus: Erstelle eine Wortschlange oder ein Wortgitter zu den Verben der *Unité* 2.

Regarder et comprendre

DVD 3

7 **Laura cherche Bidule. Où? Raconte.**

DVD 4

8 **Vrai ou faux? Regarde la séquence et note dans ton cahier. | Schau dir die Filmsequenz an und notiere, ob die Sätze richtig oder falsch sind.**

1. Après l'école, Louise rentre à la maison avec des copains.
2. Les biscuits sont dans un placard.
3. Sur la table, il y a aussi des croissants.
4. Dans la chambre de Louise, il y a un hamac.
5. Maxime travaille.

Écouter et comprendre

CD 1 43 DELF

9 **Fais le tableau dans ton cahier, écoute et complète. | Übertrage die Tabelle in dein Heft, hör zu und schreibe auf, was die Jugendlichen nach ihren Hausaufgaben machen. (▶ Méthodes, p. 162/10)**

Marie	*Philippe*	*Gabriel*	*Émily*

Ta pancarte de porte

Matériel:

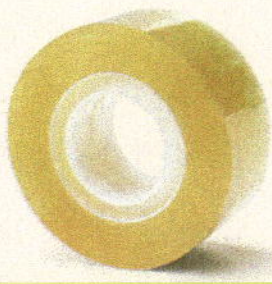
un rouleau de scotch

un crayon

des ciseaux

une feuille cartonnée

une règle

des crayons de couleur

1. Avec le rouleau de scotch, fais deux cercles.
2. Avec ta règle, trace les lignes L1 et L2 et découpe ta pancarte.

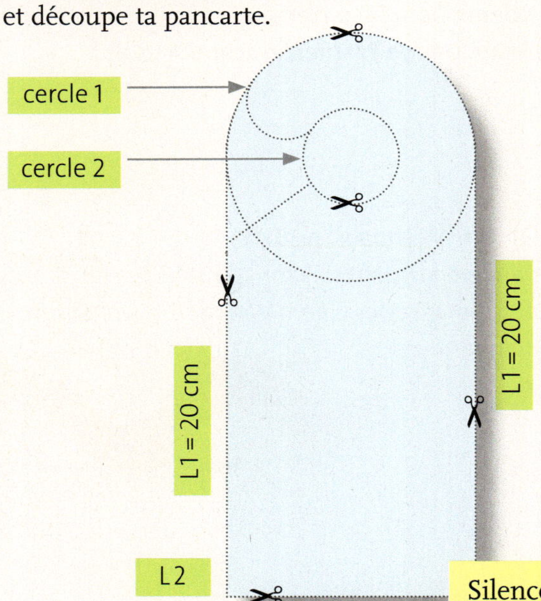

3. Écris un texte et décore ta pancarte.

Silence, je rêve.
Chut, j'écoute des CD.
Chut, je travaille.
Silence, je téléphone.
___.

Médiation

1 **Explique à un ami qui ne parle pas français comment on fait une pancarte de porte. | Erkläre einem Freund, der kein Französisch versteht, wie man ein Türschild bastelt.**

Vocabulaire

2 **Posez des questions à vos camarades de classe. | Stellt euch gegenseitig Fragen.** (▶ Module, p. 25)

– Comment est-ce qu'on dit «un rouleau de scotch» en allemand?
– Eine Rolle Tesafilm.

Wähle eine der beiden Aufgaben aus.

A Eine Szene für eine andere Gruppe schreiben

a Teilt zuerst die Klasse in mehrere gleich große Gruppen auf.
Jede Gruppe schreibt für eine andere eine Szene. Zwei Themen stehen zur Auswahl:

- Clara cherche les clés (▶ Texte, p. 32)
- Après l'école, chez Yasmine (▶ Texte, p. 35)

Nützliche Ausdrücke findet ihr in den *Repères* (*Qu'est-ce qu'on dit*, p. 40).

b Legt eure Texte auf einen Stapel. Jede Gruppe zieht eine Szene und bereitet sie vor.

- Lest die Szene in eurer Gruppe durch. Habt ihr alles verstanden?
- Verteilt die Rollen. Braucht ihr einen Regisseur? Requisiten?
- Wie spielt und sprecht ihr? (Körperbewegungen, Gesichtsausdruck, Lautstärke, Tonfall …?) (▶ Méthodes, p. 163/13).
- Lernt eure Rollen auswendig und übt eure Szene.

c Spielt die Szenen in der Klasse vor.

d Gebt den Spielern der Szene, die ihr geschrieben habt, eine Rückmeldung: Habt ihr euch eure Szene so vorgestellt? Was hat euch gut gefallen? Was hättet ihr anders gemacht?

B On cherche des correspondants en France

PF

Du hast dir den Film (▶ p. 37/8) angesehen oder das Interview (▶ p. 37/9) angehört und hast einiges über Schüler in Frankreich und über ihren Alltag erfahren. Nun willst du deine Mappe ergänzen und dich in deiner Wohnung oder in deinem Zimmer vorstellen. Was willst du machen:

- ein Plakat, auf dem du dein Zimmer darstellst und einen kurzen Text dazu schreibst?
- einen kleinen Film, in dem du dein Zimmer präsentierst?

Nützliche Ausdrücke findest du in den *Repères* (*Qu'est-ce qu'on dit*, p. 40) und im Text (p. 28–29).

Ma chambre

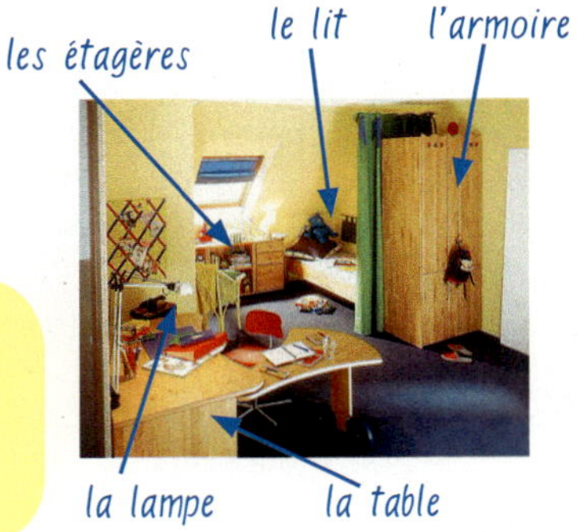

Dans ma chambre, je travaille. Après les devoirs, je joue, j'écoute des CD ou je regarde des photos.

Qu'est-ce qu'on dit?

19|9

Ihr redet über eure Zimmer
Qu'est-ce qu'il y a dans ta chambre?
Qu'est-ce qu'il y a encore?
Dans ma chambre, il y a (une armoire, des étagères, un coin bédé).
Il y a aussi (une table avec une collection de figurines).

Où est (le lit)?
Il/Elle est sur/sous/devant/derrière/dans (l'armoire).
Il/Elle est entre (la télé) et (la lampe).
Où sont (les bédés)?
Ils/Elles sont sur/sous/devant/derrière/dans (l'armoire).
À gauche. / À droite.

Du bedankst dich
Merci!

Ihr redet darüber, was ihr zu Hause macht
Qu'est-ce que tu fais (dans ta chambre / à la maison / chez toi)?
Chez moi, je rêve / je chante / je joue / je regarde (la télé).

Du forderst jemanden auf, etwas mit dir gemeinsam zu machen
Tu (joues) avec moi?
On (regarde la télé) ensemble?
(Yasmine,) s'il te plaît!
Joue avec moi, s'il te plaît.
Jouez avec moi, s'il vous plaît.

Du reagierst auf eine Aufforderung
(Bon,) d'accord.
(Non,) pas maintenant, (je travaille.)
(Zohra,) c'est non!
Tu m'énerves!

Grammaire

Du zählst Dinge auf:

GH 6 **1** Il y a **un** lit, **une** chaise et **des** posters.

Dazu brauchst du:

→ **den unbestimmten Artikel** *un*, *une*, *des*

Singulier

♂		♀
un lit	**un** | **une**	**une** chambre
un ordinateur		**une** armoire

Pluriel

♂		♀
des lits	**des**	**des** chambres
des ordinateurs		**des** armoires

Übt und wiederholt gemeinsam

Überprüft, ob ihr den unbestimmten Artikel beherrscht. Übersetzt:
ein Poster, Poster, ein Zimmer, eine Lampe, Computer, ein Foto, ein Bett, Regale, ein Tisch, Schränke, eine Mini-Stereoanlage, ein Globus, Bücher, Stühle.

(▶ Solutions, p. 176)

Du sagst, was jemand tut:

GH 9 **2**

Je chante.
Tu écoutes un CD?

Dazu brauchst du:

→ **die Verben auf** *-er*

chanter

je	chant	**e**
tu	chant	**es**
il/elle/on	chant	**e**
nous	chant	**ons**
vous	chant	**ez**
ils/elles	chant	**ent**

écouter

j'	écout	**e**
tu	écout	**es**
il/elle/on‿	écout	**e**
nous‿	écout	**ons**
vous‿	écout	**ez**
ils/elles‿	écout	**ent**

Übt und wiederholt gemeinsam

1 Wählt aus der *Liste des mots* (p. 180–190) drei Verben auf *-er* aus und konjugiert sie schriftlich.

2 A wirft einen Würfel. Die Würfelaugen bestimmen die Person (1-*je*, 6-*ils/elles*). B gibt ein Verb vor. A bildet die richtige Form. Dann tauscht ihr.

Das kennst du schon:

le ami
l e ami
l'ami

Genauso wird ***je*** vor Vokal zu ***j'***.

Du forderst jemanden auf, etwas zu tun:

GH 41 **3**

Écoute le CD.
Écoutez le rap.

Dazu brauchst du:

→ **den Imperativ** ▶ Module, p. 42

Écoute le CD.
Ouvre la porte.
Regarde le tableau.
Parle français.
Ferme la fenêtre.
Continue le rap.

Écoutez le CD.
Ouvrez la porte.
Regardez le tableau.
Parlez français.
Fermez la fenêtre.
Continuez le rap.

Merke:

Répète. [ʀepɛt]	Répétez. [ʀepete]
Écris.	Écrivez.
Lis.	Lisez.

Übt und wiederholt gemeinsam

Bildet Gruppen zu 4 oder 5 Personen. Eine/r von euch fordert einen anderen auf, etwas zu tun. Führt er/sie die Handlung richtig aus, ist er/sie an der Reihe.

Le français en classe (2)

CD 1
44

Le rap des copains

Bonjour, ça va?
Tout le monde est là?
Alors, on y va!
Écoutez, oui, écoutez bien
Écoutez le rap des copains.

Refrain:
Vous parlez trop vite!
Je ne comprends pas.
Madame, s'il vous plaît,
Vous pouvez répéter?

Fermez le livre et écoutez.
Regardez le tableau et répétez.
Écoutez encore une fois et chantez.
Répétez, chantez, oui, c'est bien!
Chantez le rap des copains.

Refrain

Ouvrez le livre, lisez le texte.
Écoutez, regardez et lisez.
Lisez encore une fois et chantez.
Lisez, chantez, oui, c'est bien!
Chantez le rap des copains.

Refrain

Ouvrez le cahier et écrivez.
Écrivez le texte et continuez.
Continuez le rap, oui, c'est bien!
Continuez le rap des copains.

Jouer (▶ Repères, p. 41/3)

CD 1
45
18|5

a Jouez. | Ihr hört verschiedene Aufforderungen. Führt die Geste nur dann aus, wenn vor der Aufforderung „Jacques a dit"* gesagt wird.

b Jetzt gibt einer von euch die Anweisungen. Wechselt euch ab.

* **Jacques a dit** Jacques hat gesagt

Hier kannst du überprüfen, was du in den *Unités* 1–2 an Wortschatz und Grammatik gelernt hast. Unter www.cornelsen.de/webcodes APLUS-1-43 **kannst du diese Aufgaben herunterladen und dann ausfüllen.**

Vocabulaire

1 **Décris le dessin.** | **Beschreibe, was du auf dem Bild siehst.**

Dans la chambre, il y a un/une/des ___.

2 a **Quels mots vont ensemble?** | **Welche Wörter passen zusammen? Finde die Wortpaare.**

bonjour	le garçon	le prof	l'ami
monsieur	à droite	sur	derrière

devant	l'amie	au revoir	l'élève
à gauche	madame	la fille	sous

b **Trouve d'autres mots qui vont ensemble.** | **Finde weitere Wortpaare.**

3 **Regarde le dessin et complète les phrases.** | **Schau dir das Bild an und vervollständige die Sätze.**

L'ordinateur est ? la table. La télécommande est ? l'ordinateur. Les CD sont ? l'armoire, ?. Le globe est ? l'armoire, ?. La guitare est ? l'armoire. Le CD de ZAZ est ? l'étagère, ? les pierres et les figurines. Et les clés? Elles sont ? la chaise.

Grammaire

Les articles

4 **Complète. Utilise l'article défini *le*/*la*/*l'*/*les* ou indéfini *un*/*une*/*des*.** | **Verwende den bestimmten oder den unbestimmten Artikel.**

À Strasbourg, il y a ? école. C'est ? école «Maxime Alexandre». À ? école «Maxime Alexandre», il y a ? classes. Dans ? classe de ? 6e A, il y a ? tables et ? chaises, ? tableau, ? armoire et ? étagères. Dans ? armoire, il y a ? globe. Sur ? étagères, il y a ? livres.

Les verbes en *-er* au présent

5 **Complète les formes des verbes. | Ergänze die Verbformen mit den richtigen Endungen.**

1. Karim et Noah jou ? une partie de cartes.
2. À l'école, nous travaill ? ensemble.
3. Tu rentr ? à la maison?
4. Clara et Yasmine regard ? la télé.
5. Karim écout ? des CD avec un copain.
6. Je chatt ? avec des copines.
7. Yasmine rêv ? .
8. Vous téléphon ? ?

CD 1 46

6 **Écoute les dialogues et complète les phrases. | Hör dir die Dialoge an und ergänze die fehlenden Subjekte und Verbformen. Achte auf die Endungen der Verben.**

1. – Yasmine, qu'est-ce que tu fais? ? ? ?
   – Non, ? ? un CD.
2. – Les garçons, ? ? avec moi?
   – Non, pas maintenant. ? ? la télé.
3. – Maman, les garçons ? la télé, Yasmine ? un CD. ? ? avec moi?
   – Et papa?
   – ? ? .

Le verbe *être* et les pronoms personnels

7 **Complète. | Ergänze mit der richtigen Form von *être*.**

1. – Il ? là, Monsieur Martel?
   – Oui, il ? dans la cour.
2. – Et Lukas et Théo?
   – Ils ? aussi dans la cour.
3. – Karim et Noah, vous ? en sixième?
   – Non, nous ? en cinquième.
4. – Et Clara et Yasmine?
   – Elles ? en sixième.
5. – Théo, tu ? en sixième B?
   – Non, je ? en sixième A.
6. – Où ? Clara et Yasmine?
   – Elles ? dans la cour.

Les questions

8 a **Formule les questions et trouve les réponses. | Formuliere zuerst die Fragen und finde dann die passenden Antworten. Schreibe die Lösungen in dein Heft.**

1. c' | qui | est |?
2. es | tu | Strasbourg | de |?
3. clés | où | les | sont |?
4. sixième | en | Karim | est |?
5. y | table | a | sur | la | qu'est-ce | qu'il |?
6. t'appelles | tu | comment |?
7. moi | avec | joues | tu |?

a Sur l'étagère.
b Non, il est en cinquième.
c Un ordinateur et des cahiers.
d Marie. Et toi?
e Le professeur de français.
f D'accord.
g Non, de Lyon.

b **Travaillez à deux. Posez des questions et répondez. | Stellt euch gegenseitig Fragen und antwortet.**

Ma famille

Tâches – au choix
Am Ende dieser Unité kannst du

A dein Haustier für einen Tierwettbewerb vorstellen.

B einem französischen Jugendlichen deine Familie vorstellen.

Compétences communicatives
Du lernst

- die Mitglieder einer Familie zu benennen. (▶ V1)
- zu sagen, wo du wohnst. (▶ V2)
- über deine Familie und deinen Familienalltag zu sprechen. (▶ V2, V3)
- nach dem Alter zu fragen und zu sagen, wie alt du bist. (▶ V3, V4)
- über Haustiere zu sprechen. (▶ V4)
- Wünsche zu äußern. (▶ V4)

Dazu brauchst du z. B.

- die Possessivbegleiter *mon*, *ton*, *son*, ...
- das Verb *avoir*.
- einige Adjektive.
- die Zahlen (bis 20).
- *je voudrais* ...

Compétences interculturelles

- Du lernst den Alltag französischer Familien kennen.
- Du erfährst etwas über Straßburg und seine Umgebung.

Apprendre à apprendre
Du lernst

- in einfachen Situationen frei zu sprechen.
- eine Verbkartei anzulegen.

Voilà ma famille

Was heißt wohl *Urgroßvater* auf Französisch?

Écouter et comprendre

CD1 47 **1 a** Voilà la famille de Clara. | Finde auf dem Stammbaum die Person, von der Clara gerade spricht.

CD1 48 **b** Écoute et complète. | Hör zu, was Clara sagt und ergänze die fehlenden Wörter laut.

1. Muriel, c'est la ? de Manon.
2. David, c'est le ? de Frédéric.
3. Franck, c'est le ? de Clara.
4. Élise, c'est la ? de Muriel.
5. Louise et Manon, ce sont les ? de Clara.
6. Élise, c'est la ? de Clara.
7. Frédéric, c'est le ? de Manon.
8. Alexandre, c'est le ? de Paul.
9. Franck, c'est le ? de Valérie.
10. Isabelle, c'est la ? de Camille.
11. Monique, c'est l'? de Clara.
12. Camille, c'est la ? de Clara.
13. David, c'est l'? d'Alexandre.
14. Philippe et Isabelle, ce sont les ? de Manon.

Jouer

2 Bildet Vierergruppen und wählt jeweils einen Spielleiter. Ihr benötigt einen Würfel pro Gruppe und einen Spielstein pro Spieler. Jeder würfelt der Reihe nach und zieht auf das entsprechende Feld. Dort vervollständigt er den Satz und liest ihn vor. Der Spielleiter überprüft die Antwort (▶ Solutions, p. 176). Ist der Satz nicht richtig, so kehrt der Spieler zu dem Feld zurück, von dem er gewürfelt hat.

22|1

Activité

3 Présente ta famille. | Zeichne den Stammbaum deiner Familie und stell sie vor. Du kannst dir auch eine Familie ausdenken.

22|2
24|5

CD 1 49–50

On rentre ensemble?

1

Clara: Yasmine, tu rentres avec ton frère?

Yasmine: Oui, salut, à demain!

Clara: Et toi, Théo?

Théo: Je rentre avec Lukas.

Clara: Tu habites où, Lukas?

Lukas: Avenue de la Forêt Noire.

Clara: Cool, c'est tout près. Moi, j'habite rue de l'Observatoire. Alors, on rentre ensemble!

Théo: Tu habites où, Jade?

Jade: J'habite près d'Illkirch.

Théo: C'est loin!

Jade: Oui, mais c'est pratique: ma mère travaille à Illkirch, alors, elle est vite à la maison. C'est bien.

2

Clara: Ben moi, mes parents sont toujours à la Vitamine C.

Lukas: La Vitamine C?

Clara: C'est le bar à jus de fruits de mes parents. Ils rentrent toujours tard. Alors, après l'école, je garde ma sœur: c'est pénible ... Mais avec mon frère, on rigole bien.

Jade: Et toi, Lukas, tes parents?

Lukas: Ma mère travaille en Allemagne, à Kehl. Elle rentre tard et mon père aussi.

Théo: Moi, ma mère rentre tôt, mais mon père travaille à Paris. Il rentre le week-end. Alors, pendant la semaine, je suis avec ma mère et ma sœur. Avec ma mère, ça va, mais ma sœur ... Elle m'énerve!

3

Lire et comprendre

DELF **1 a** **Vrai ou faux? Corrige ce qui est faux.** | **Richtig oder falsch? Korrigiere die falschen Aussagen.**

1. Lukas, Théo et Yasmine rentrent ensemble.
2. Clara habite avenue de la Forêt Noire.
3. Jade habite près d'Illkirch.
4. La mère de Jade travaille à Strasbourg.
5. La Vitamine C est un bar à jus de fruits.
6. Les parents de Clara rentrent toujours tôt.
7. La mère de Lukas travaille à Paris.
8. Le père de Théo travaille le week-end.

b **À toi! Écris encore trois phrases sur le texte comme en a pour ton/ta partenaire.** | **Schreibe drei (richtige oder falsche) Sätze zum Text für deinen Partner / deine Partnerin auf.**

23|2

2 **Comment est-ce qu'on dit cela en français?** | **Finde im Text heraus, mit welchen Worten ...**

1. ... Clara Lukas' Adresse kommentiert.
2. ... Théo seine Meinung zu Jades Wohnort äußert.
3. ... Jade selbst ausdrückt, wie sie es findet, dort zu wohnen.
4. ... Jade es findet, dass ihre Mutter schnell zu Hause ist.
5. ... Clara das Zusammensein mit ihrer Schwester kommentiert.
6. ... Théo sich zu seiner Mutter und zu seiner Schwester äußert.

Apprendre à apprendre

3 **Wie du üben kannst, in kurzen Dialogen frei zu sprechen (1)** **(▶ Méthodes, p. 162/11, p. 163/12)**
Trainiere als erstes die Aussprache. Die Aussprache-Übungen (▶ p. 20/11–13, p. 33/4, p. 37/5) helfen dir dabei. Weitere Tipps findest du in den *Méthodes*, p. 162–163.
– Wähle nun mit deinem Partner / deiner Partnerin einen der Dialoge aus (▶ p. 49/4).
– Verteilt die Rollen.
– Schreibe auf, was du genau sagen möchtest.
– Lies deine Sätze mehrfach laut. Achte dabei auf die Intonation: Stellst du eine Frage? Bist du fröhlich, traurig oder zornig? Das muss man auch hören können.
– Lerne deine Rolle auswendig.
– Übe nun den Dialog mit deinem Partner / deiner Partnerin so lange, bis ihr mit dem Ergebnis zufrieden seid. Dann tragt ihr euren Dialog vor.

Parler

24|4

4 **Choisissez un des dialogues et jouez-le.** | **Wählt einen der Dialoge aus und spielt ihn vor.**

1. – On rentre ensemble?
– Tu habites où?
– (J'habite) ___.
– Cool, c'est tout près. Moi, j'habite ___. Alors, on rentre ensemble.

2. – Tu habites où?
– (J'habite) ___.
– Oh, c'est loin.
– Oui, mais pour* mon père / ma mère, c'est pratique. Il/Elle travaille à ___. Alors, il/elle est vite à la maison.

* **pour** für

3. – Tes parents rentrent tard?
– Ma mère / Mon père rentre toujours tôt. Mais mon père / ma mère travaille souvent le week-end. Et toi?
– Mes parents rentrent tard. Alors, après l'école, je garde mon frère / ma sœur. C'est pénible. Mais on rigole bien.

S'entraîner

5 24|3

Note le prénom d'une ou de deux personnes de ta famille. Ton/Ta partenaire devine qui c'est. | Schreibe den Namen von einer oder zwei Personen aus deiner Familie auf. Dein/e Partner/in rät, wer das ist.

> **C'est** ton frère.
> **Ce sont** tes frères.

Samira

– Samira, c'est ta sœur?
– Non.
– C'est ta mère?
– Oui.

Jonas, Felix

– Jonas et Felix, ce sont tes cousins?
– Non.
– Ce sont tes oncles?
– Oui.

6 **C'est en France ou en Allemagne?**
Regardez la carte p. 240 et répondez.

Exemple:
– C'est où, Saverne?
– **En** France.

Wittenheim · Obernai · Pirmasens · Rust · Colmar · Lahr · Saverne · Haguenau · Gaggenau · Munster

7 a **Ils habitent où? Réponds. Utilise** *à*, *près de*, *entre*. ▶ p. 154 23|1

Exemple:
1. Les grands-parents de Clara habitent **à** Sélestat.
   C'est **entre** Strasbourg et Colmar.

> près **de** Lyon
> près **d'**Avignon

1. les grands-parents de Clara / Sélestat → 1
2. l'oncle de Lukas / Laval → 2
3. la tante de Jade / Vienne → 3
4. le père de Noah / Levallois → 4
5. les grands-parents de Théo / Fléac → 5
6. les cousins de Yasmine / Cassis → 6
7. l'oncle de Théo / Agen → 7
8. les grands-parents de Jade / Olivet → 8

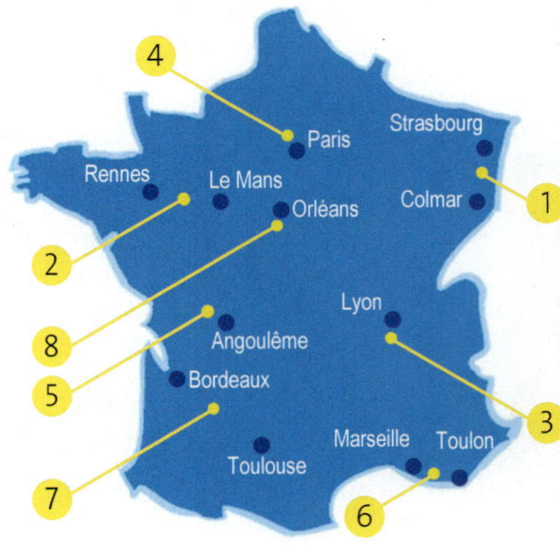

b **Et ta famille? Raconte.**

Mes grands-parents habitent à ____.

Activité

Koop **8 a** **Préparez cinq questions. | Bereitet fünf Fragen vor, die ihr euch zu euren Familien stellen könnt. Übt die Fragen ein.** (▶ Méthodes, p. 163/12)

b **Formez un carrousel. Posez les questions de a. | Bildet ein Kugellager. Stellt euch die Fragen aus a.**

Ta mère s'appelle comment?
Tes grands-parents habitent où?
Ton père rentre tard?

CD1 51

Comment ça va, dans ta famille?

1

Une famille?

Je suis de Lyon, mais j'habite à Strasbourg avec ma mère et son copain. Je n'ai pas de frères et sœurs. Mes parents sont séparés. Mon père habite à Genève avec sa femme et les deux fils de sa femme. Je passe les vacances chez mon père. Ma belle-mère est sympa mais ses enfants m'énervent!

Jade, 12 ans

2

Ma famille est super!

Dans ma famille, ça va très bien. Mes parents sont ensemble. Ils travaillent beaucoup, mais ils sont aussi là pour nous. J'ai deux sœurs et un frère. Mes sœurs ont cinq et sept ans, mon frère a 10 ans et moi, j'ai 11 ans. Je joue beaucoup avec mes frères et sœurs.

☺ Mathilde

3

Bof ...

Ma mère habite à Colmar avec sa sœur. J'habite à Paris avec mon père et mon frère. Mon frère est toujours avec ses copains, alors moi, je joue avec mon hamster. Il est toujours dans ma chambre. C'est mon ami!

Paul, 11 ans

4

C'est l'horreur!

Ma sœur et moi, nous avons des problèmes à la maison. Ma mère est super, mais mon beau-père crie toujours!

Maxime, 13 ans

5

Ensemble, c'est tout!

Dans ma famille, nous sommes trois enfants. Mes frères ont 18 et 20 ans. Ma mère est au chômage. Mon père est toujours à Paris pour son travail, mais nous passons le week-end ensemble!

Julien, 14 ans

Lire et comprendre

25|1
25|2

1 **C'est qui? Raconte.**

Exemple:

1. Le père de Jade habite à Genève.

1. *habiter* / Genève	5. *passer* / vacances / Genève
2. *habiter* / Colmar	6. *être* / Lyon / mais / *habiter* / Strasbourg
3. *habiter* / Paris	7. *être* ensemble / et / *travailler* / beaucoup
4. *crier* / toujours	8. *travailler* / Paris

Écouter et répéter

CD 1 52–54
2 a Écoute les nombres et répète.

CD 1 55–56
b Écoute et complète. | Ergänze die fehlenden Zahlen laut.

c Zählt abwechselnd von 1 bis 20. Jeder darf eine oder zwei Zahlen nennen. Wer 20 sagen kann, gewinnt!

25|3
25|4

Parler

27|8

3 Présente un des jeunes (▶ Textes, p. 51) sans dire son prénom. Les autres devinent. | Stell einen der Jugendlichen vor, ohne den Namen zu verraten. Die anderen finden heraus, von wem du sprichst.

Il/Elle a ___ ans.
Il/Elle a ___ frères et sœurs.
Il/Elle n'a pas de frères et sœurs.
Sa mère / Sa sœur ___.
Son père / Son frère ___.
Ses parents / Ses frères et sœurs ___.

S'entraîner

26|5

4 Présente David et Annika. Utilise *son*, *sa*, *ses*. (▶ Repères, p. 59/1) ▶ p. 154

David habite à Paris. ? parents sont séparés. David habite chez ? mère, mais le week-end, il est chez ? père. ? sœurs Rose et Iris ont 3 et 5 ans. Maintenant, David est dans ? chambre, devant ? ordinateur.

Annika habite à Berlin. ? parents sont séparés. Annika habite chez ? mère, mais le week-end, elle est chez ? père. ? sœurs Ella et Mia ont 4 et 8 ans. Maintenant, Annika est dans ? chambre, devant ? ordinateur.

CD 1 57
5 a Chante le rap du verbe *avoir*.

b Lege eine Verbkarteikarte für *avoir* an. (▶ Méthodes, p. 169/22)

Infinitif	Terminaison	Régulier ☐ / Irrégulier ☒	Particularité
avoir	Présent	Impératif	
	je/j' *ai*		Futur
	tu *as*		
	il/elle/on *a*		Passé composé
	nous *avons*		
	vous *avez*		Imparfait
	ils/elles *ont*		
	se conjugue comme: ___		

26|7

c *Être* ou *avoir*? Complète, puis réponds à Julien. (▶ Repères, p. 60/2) ▶ p. 154

Salut, je m'appelle Julien. Je/J' ? en 5e et je/j' ? 12 ans. Je/J' ? une sœur, Sara, elle ? 11 ans et elle ? en 6e. Avec Sara, nous ? au collège «Maurice Ravel» à Paris. À la maison, je/j' ? toujours dans ma chambre. Elle ? super: je/j' ? un coin musique avec une guitare. Et toi?

CD1 58

6 a Écoute le poème et répète.

b Écris d'autres strophes. | Schreibe weitere Strophen. //○ ▶ p. 155

Dario Yasmine
Léo toi et Amandine
toi et Camille Albin et Valentin
Frédéric et Monique

trois cousins un coin musique
une collection de figurines
cinq stylos une copine
sept photos deux familles

Esther
a trois hamsters.

Armand
a 15 ans.

Jean-Luc et Bertille
ont deux filles.

Violaine et Hélène
ont une minichaîne.

Toi et Adrien,
vous avez la clé de la salle de bains.

Avec mes frères et mes sœurs,
nous avons un ordinateur.

Mais moi, qu'est-ce que j'ai, moi?
Je ne sais pas, je ne sais pas …

c Apprends ton poème par cœur et présente-le à la classe. |
Lerne dein Gedicht auswendig und trage es deinen Mitschülern vor. (▶ Méthodes, p. 163/12)

Regarder et comprendre

DVD 5

7 Regarde la séquence. Qu'est-ce que tu comprends?

Apprendre à apprendre

8 Wie du üben kannst, frei zu sprechen (2) (▶ Méthodes, p. 163/14)

Der „Kniff mit dem Knick"

Benutze zum Vortrag einen Stichwortzettel. Das gibt dir Sicherheit. Wie du einen solchen Stichwortzettel anlegen kannst, findest du auf S. 163. Probiere dies gleich aus und lege einen Stichwortzettel für die folgende Aufgabe an.

Activité

Koop C 26|6

9 Macht ein Gruppenpuzzle zu Lukas, Yasmine, Clara und Théo.

a Bildet Gruppen. Jede Gruppe konzentriert sich auf eine Person. Sammelt zu dieser Person so viele Informationen wie möglich aus den *Unités* 1–3 auf einem Stichwortzettel.
Zunächst macht sich jeder selbst Notizen.
Anschließend vergleicht und ergänzt ihr eure Stichwortzettel.

b Bildet neue Gruppen. In jeder neuen Gruppe sitzt ein Experte für jede Person und stellt seine Person vor.

CD 1 59–60

Tu as un animal?

Mon animal est sympa

MON ANIMAL EST SYMPA

Chat Lapin Cheval Chien

Mon ANIMAL Le CONCOURS

Les lots
Règlement
Nous contacter
Voir les gagnants du concours précédent

Votez pour l'animal le plus sympa !

Foufou, un an

Mon chien est intelligent et adorable.

Voilà Hip, quatre ans et Hop, trois ans

Mes perruches sont bavardes. Elles sont jolies et elles chantent très bien!

Momo, six ans

Mon chat est toujours dans ma chambre, sur le lit ou sur le bureau.

Batavia, 19 ans

Ma tortue est intelligente. Elle écoute mes problèmes. C'est mon amie.

Chou, deux ans

Mon lapin est très joli, mais il a un caractère de chien.

Lol, trois ans

Mon cochon d'Inde est très sympa!

Voilà Capitaine, Corail, Géo, Trimaran et Catamaran!

Mes poissons sont jolis, non?

Hamster-Dame, un an

Mon hamster est super!

Yasmine, Clara et Jade sont chez Noah, dans sa chambre. Ils surfent sur Internet.

Noah: Oh, un concours d'animaux! Regardez la tortue! Elle a l'âge de ma sœur Lucie!

Jade: Elle a quel âge?

Noah: Ben, 19 ans!

Clara: Le chat Momo est adorable!

Jade: Oh, oui! ... Et vous, les filles, vous avez un animal?

Yasmine: Non. Je voudrais un chien, mais mon père est contre.

Clara: Moi, j'ai un chat. Il s'appelle Filou. Et toi?

Jade: Je n'ai pas d'animal. Je voudrais un chat, mais le copain de ma mère a une allergie.

Yasmine: Oh, c'est bête!

Noah: Les filles! Et le concours, alors? Qui est pour le lapin? Moi, je suis pour. Il est super!

Clara: Moi, je suis contre. Il est moche!

Noah: Moche!?

Clara: Mais non, je rigole! Il est adorable!

Lire et comprendre

DELF

C ▶ 28|1

1 a C'est qui? Réponds aux questions.

1. Qui a deux ans? → C'est Chou.
2. Qui chante très bien?
3. Qui est toujours sur le lit?
4. Qui a l'âge de Lucie?
5. Qui est contre les chiens?
6. Qui a une allergie?
7. Qui n'a pas d'animal?
8. Qui rigole?

b À toi. Pose trois questions comme en a à ton/ta partenaire.

Parler

DELF

2 Vous avez un animal? Racontez. | Habt ihr ein Tier? Erzählt euch gegenseitig davon.
(▶ Banque de mots, p. 178)

1 Tu as un animal?

2 Oui, j'ai ___
Non, je n'ai pas d'animal.
Non, je voudrais ___, mais mes parents sont contre / mais ma sœur a une allergie.

3 Il/Elle s'appelle comment?

4 Il/Elle s'appelle ___.

5 Il/Elle a quel âge?

6 Il/Elle a ___ ans.

Écouter et comprendre

CD 1 61 DELF 29|4

3 Écoute. Qui parle: Alice Morel ou Alice Dupont?

la famille Morel

la famille Dupont

Découvrir

Koop

4 a Erklärt die unterschiedlichen Formen des Adjektivs *joli*.

1. Mon lapin est joli!
2. Ma tortue est jolie!
3. Mes poissons sont jolis!
4. Mes perruches sont jolies!

28|2

b Nur zu einem der Sätze in a passt die Adjektivform *intelligente*. Zu welchem? Warum?

CD 1 62

c Philippe parle de ses animaux. Mais qui est qui? Écoutez. | Philippe spricht über seine Haustiere. Findet heraus, welches Tier wie heißt. Wie seid ihr vorgegangen? ▶ p. 155

S'entraîner

28|3

5 Comment est-ce que tu trouves ces animaux? | Wie findest du diese Tiere? Schreibe zu jedem Tier einen Satz in dein Heft. (▶ Repères, p. 60/3)

adorable
moche
joli
bavard
intelligent

Activité

6 a Prépare une grille de mots sur les animaux pour ton/ta partenaire. (▶ Méthodes, p. 161/8)

b Dessine un animal pour la classe. Le premier qui devine l'animal continue. | Zeichne ein Tier an die Tafel. Wer das Tier als Erster errät, gewinnt und ist nun selbst an der Reihe.

MONTAGNE DES SINGES

Informations pratiques

Présentation

La Montagne des singes est un grand parc en Alsace, près de Sélestat.

Qui sont ses habitants? Des singes d'Afrique du Nord!

Regarder les singes de tout près, observer comment ils mangent ton pop corn ou comment ils jouent, là, dans la forêt de Kintzheim, c'est possible.

Alors n'hésite pas à organiser une visite avec ta classe, tes amis ou ta famille.

Tarifs

Adultes	8,5 Euros
Enfants (de 5 à 14 ans)	5 Euros
Enfants (moins de 5 ans)	gratuit
Groupes adultes (20 pers. ou plus)	6,5 Euros
Groupes enfants (20 pers. ou plus)	4 Euros

Contact

Pour plus d'informations:
Téléphone: +33 3 88 92 11 09
Adresse électronique:
info@montagnedessinges.com

Médiation

1 Du bist mit deiner Klasse in Straßburg. Ihr wollt etwas unternehmen und du schlägst vor, *La Montagne des singes* zu besuchen.

a Erkläre deinen Mitschülern, was dort zu sehen ist und wo sich *La Montagne des singes* befindet.

b Was kostet der Eintritt für euch und was für eure Lehrer?

Regarder et comprendre

DVD 6 **2** Regarde la séquence. | Was erfährst du über *La Montagne des singes*?

Wähle eine der beiden Aufgaben aus.

PF A Organiser un concours d'animaux dans la classe

a Prépare une affiche sur ton animal préféré. | Gestalte ein Plakat über dein Lieblingstier.

- Überlege, wie du dein Tier besonders vorteilhaft darstellen kannst.
- Verwende zum Beispiel ein oder mehrere Fotos und schreibe kleine Texte dazu.

Du hast dir ein Tier ausgesucht, aber du weißt nicht, wie es auf Französisch heißt? Schlage es in einem Online-Wörterbuch nach. (▶ Dictionnaire en ligne, p. 179)

b Présente ton animal à la classe.

Sprich frei. Benutze einen Stichwortzettel. (▶ Méthodes, p. 163/14)

c Vous êtes pour quel animal? Votez. | Für welches Tier seid ihr? Stimmt ab. Jeder darf insgesamt 3 Punkte vergeben. Welches Tier bekommt die meisten Punkte und gewinnt?

Wo findest du in deinem Buch die Zahlen über 20?

Moi, je suis pour ___.
Il/Elle est ___.
Trois/___ points* pour ___!

* **le point** der Punkt

PF B On cherche des correspondants en France

Ergänze deine Mappe: Stelle deinen französischen Freunden deine Familie, deine Tiere und deinen Familienalltag vor.

Überlege dir, welche Form deine Präsentation haben soll. Du kannst:

- kleine Steckbriefe erstellen.
- ein Quartettspiel über deine Familie basteln (eine Bastelvorlage findest du hier: ▶ www.cornelsen.de/webcodes **APLUS-1-58**)

Nützliche Ausdrücke findest du in den *Repères* (*Qu'est-ce qu'on dit*, p. 59) und in den Texten (p. 48, p. 51).

Qu'est-ce qu'on dit?

23|2

Du fragst jemanden nach seinem Alter und sagst, wie alt du bist
Tu as quel âge?
J'ai (treize) ans.

Du stellst dich und deine Familie vor
Voilà (ma famille).
C'est mon père / ma mère / ___.
Ce sont mes grands-parents / ___.
J'ai une sœur / un frère / ___.
Je n'ai pas de frères et sœurs.

Du redest über Haustiere
Tu as un animal?
J'ai (un chat).
(Mon chien) est intelligent / adorable / ___.
Je voudrais (un chat), mais (mon père) est contre / mais (mon père) a une allergie.
Je n'ai pas d'animal.

Du erzählst von deinem Familienalltag
Mes parents sont là pour nous.
Avec (mon père), ça va / on rigole bien.
Mais avec (mon frère), c'est pénible.
Il/Elle m'énerve.
J'habite avec (ma mère) mais je passe les vacances chez (mon père).
Nous avons des problèmes à la maison.
(Ma mère) est au chômage.
(Mon père) travaille à Paris.
Nous passons le week-end ensemble.
(Mes parents) rentrent tôt / tard.
Mes parents sont ensemble / sont séparés.

Du sprichst über deinen Wohnort

J'habite	en Allemagne / en France. à Berlin / ___. rue Goethe / Goethestraße.

C'est près de Berlin / près d'Idstein.
C'est tout près.
C'est loin.

Grammaire

Du drückst eine Zugehörigkeit aus:

GH 10 **1** C'est **mon** père. C'est **ma** mère. Ce sont **mes** parents.

Dazu brauchst du:

→ **die Possessivbegleiter** *mon*, *ma*, *mes*, ...

Singulier

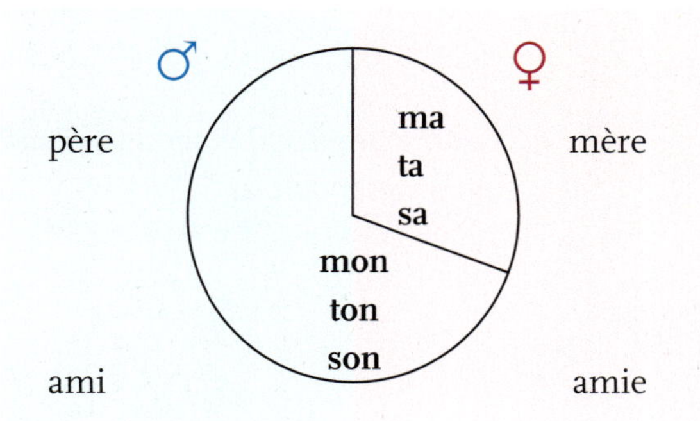

Pluriel

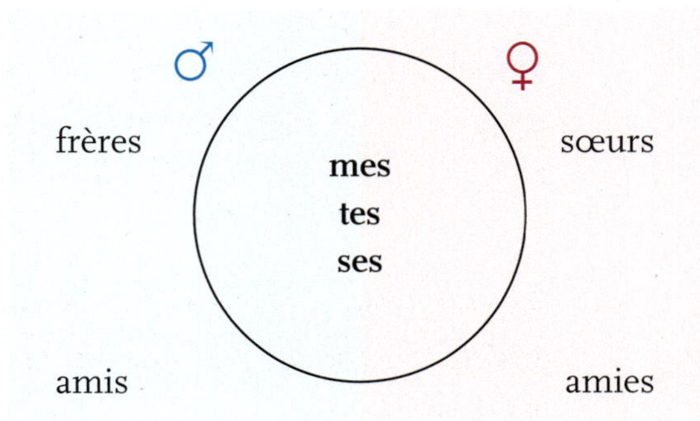

Du sagst, dass du etwas hast: — Dazu brauchst du:

GH 11 **2**

J'**ai** un frère. Il **a** une tortue. → **das Verb** *avoir*

J'	**ai**	onze ans.
Tu	**as**	quel âge?
Il/Elle/On‿	**a**	des animaux.
Nous‿	**avons**	deux chats.
Vous‿	**avez**	des frères et sœurs?
Ils/Elles‿	**ont**	six et neuf ans.

Merke:
ils‿ont [ilzɔ̃] *(avoir)*
ils sont [ilsɔ̃] *(être)*

Übt und wiederholt gemeinsam

1 Vervollständigt die Dialoge mit der richtigen Form von *avoir*.
– *Tu ? quel âge? – J' ? quatorze ans.*
– *Vous ? des animaux? – Oui, nous ? un chien et deux perruches.*
– *Lisa ? un animal? – Non, ses frères ? une allergie.*

2 Übt den Rap ein. Schreibt dann einen neuen für eure Mitschüler. ▶ **CD 1, 63**

(▶ Solutions, p. 176)

Du beschreibst etwas oder jemanden: — Dazu brauchst du:

GH 12 **3**

Mon chien est **adorable.**
Ton hamac est **joli.** → **Adjektive**

Singulier

	♂	♀	
Il est	bavard	bavard**e**	Elle est
	adorable	adorable	
	joli	joli**e**	

Pluriel

	♂	♀	
Ils sont	bavard**s**	bavard**es**	Elles sont
	adorable**s**	adorable**s**	
	joli**s**	joli**es**	

Übt und wiederholt gemeinsam

Wie wird die weibliche Form des Adjektivs gebildet?
Wie wird die Pluralform des Adjektivs gebildet?

(▶ Solutions, p. 176)

Die Adjektive *cool*, *super* und *sympa* sind unveränderlich.

CD 1
64–66

Le français en classe (3)

Lundi, mardi ou mercredi
Tu es libre aujourd'hui?
Jeudi, vendredi ou samedi
Tu as le temps aujourd'hui?
Non, mais dimanche, si ça te dit.

comptine

a Du möchtest mit jemandem zusammenarbeiten. Was sagst du?
Dein Mitschüler spricht zu leise. Was sagst du?
Du verstehst eine Übung nicht. Was sagst du?

b À toi. Pose des questions à ton/ta partenaire.

«C'est juste?», qu'est-ce que ça veut dire?

CD 1 67–68

Il est quelle heure?

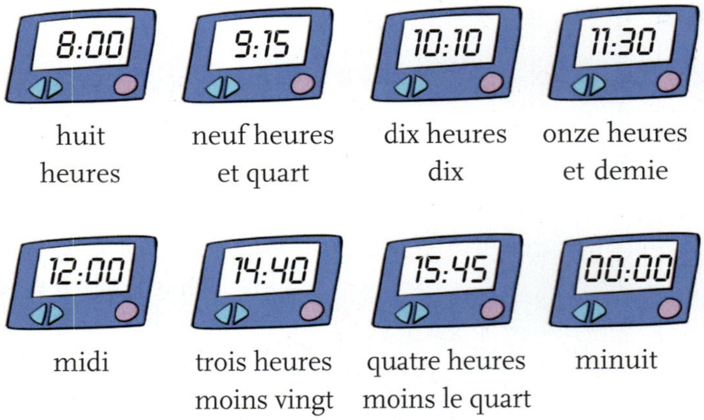

1 **avoir le temps** Zeit haben

CD 1 69 DELF

1 a Écoute et retrouve l'ordre. | Hör dir die Uhrzeiten an und bringe die Uhren in die richtige Reihenfolge. Wie lautet das Lösungswort?

b Jede/r schreibt sechs Uhrzeiten auf einen Zettel. Tauscht die Zettel aus. Fragt euch gegenseitig nach der Uhrzeit.

Le temps

DELF

2 a Regarde le dessin et les documents. Où va la mère avec sa fille? Et la femme? Et le monsieur? | Wo fahren diese Personen hin?

b À vous. | A sagt, wann er ankommt. B errät, wohin A fährt.

CD 1 70

numéro de train	1812	1110	3560	1510
Strasbourg	17.23	17.57		18.18
Sarrebourg	18.08			
Lunéville	18.32		19.07	
Nancy	18.51	19.12	19.27	19.21
Bar-le-Duc				20.31
Châlons-en-Champagne	20.18	20.42		21.14
Epernay				21.31
Château-Thierry				
Paris-Est	21.48	22.10		22.45

2 **arriver** ankommen
3 **être à l'heure** pünktlich sein

CD 1 71–72

3 L'heure, c'est l'heure! Écoutez et chantez. (Texte ▶ www.cornelsen.de/webcodes APLUS-1-62)

Hier kannst du überprüfen, was du in den *Unités* 1–3 gelernt hast. Unter www.cornelsen.de/webcodes APLUS-1-63 kannst du diese Aufgaben herunterladen und dann ausfüllen.

Compréhension orale

CD 1 73–74

1 Écoute et note les lettres dans ton cahier.

1. Alex est ...
   a dans sa chambre.
   b chez Luc, de la 5e B.
   c chez Luc, son cousin.
2. Le week-end, le cousin d'Alex habite ...
   a chez son père à Illkirch.
   b chez sa mère à Illkirch.
   c chez son père à Paris.
3. Hugo ...
   a regarde la chambre d'Inès.
   b surfe sur Internet.
   c téléphone.
4. Le chien d'Inès est ...
   a sous la table.
   b sous le lit.
   c sur le lit.

CD 1 73–74

2 Qu'est-ce qu'il y a dans la chambre d'Inès? Écoute encore une fois et réponds.

Compréhension écrite

3 Mit welchem Bild könnte Yannick seinen Blog illustrieren? Notiere den Buchstaben.

Le blog de Yannick

Salut les copains! Voilà mon chat, il s'appelle Félino et il a quatorze ans! Pour un chat, c'est l'âge d'un dinosaure! Ensemble, on rigole bien!
On joue, on rêve, on travaille … on regarde des films avec des poissons à la télé! Pour Félino, c'est cool!
Félino et moi, nous passons toujours les vacances chez mes grands-parents. Ils ont une maison à Hachimette. C'est dans les Vosges.
Mes grands-parents ont aussi des animaux. Deux chiens, des lapins et une chatte.
La chatte s'appelle Minette. Elle a onze ans, et c'est la copine de Félino! Ils passent les vacances ensemble. Ils jouent ensemble dans la cour, ils rêvent ensemble sous la lampe de la salle de séjour de mes grands-parents et maintenant …
Regardez, Félino et Minette ont cinq enfants!
Ils sont adorables, non?
Alors moi, pendant mes vacances, je garde les enfants de mon chat …

a

b

c

Production orale

4 Du lernst in den Ferien einen italienischen Jungen / ein italienisches Mädchen kennen. Ihr stellt fest, dass ihr beide ein bisschen Französisch könnt und unterhaltet euch.

29|5

- Ihr stellt euch gegenseitig vor.
- Ihr sagt, wie alt ihr seid und wo ihr wohnt.
- Ihr wollt wissen, ob ihr Geschwister habt.
- Ihr fragt, ob ihr Haustiere habt und erzählt von euren Haustieren.

Wenn du die Rolle des italienischen Jungen/Mädchens übernimmst, schlage S. 148 auf.

Production écrite

5 **Présente une des familles.** | **Stell eine dieser Familien vor. Orientiere dich an den Stichpunkten und schreibe einen Text in dein Heft.**

29|6

- nom et prénom?
- frères et sœurs?
- copains?
- animaux?
- âge?
- parents?

Exemple:

Dans la famille de Boule, il y a ____.

Unité 4 Mes copains et mes activités

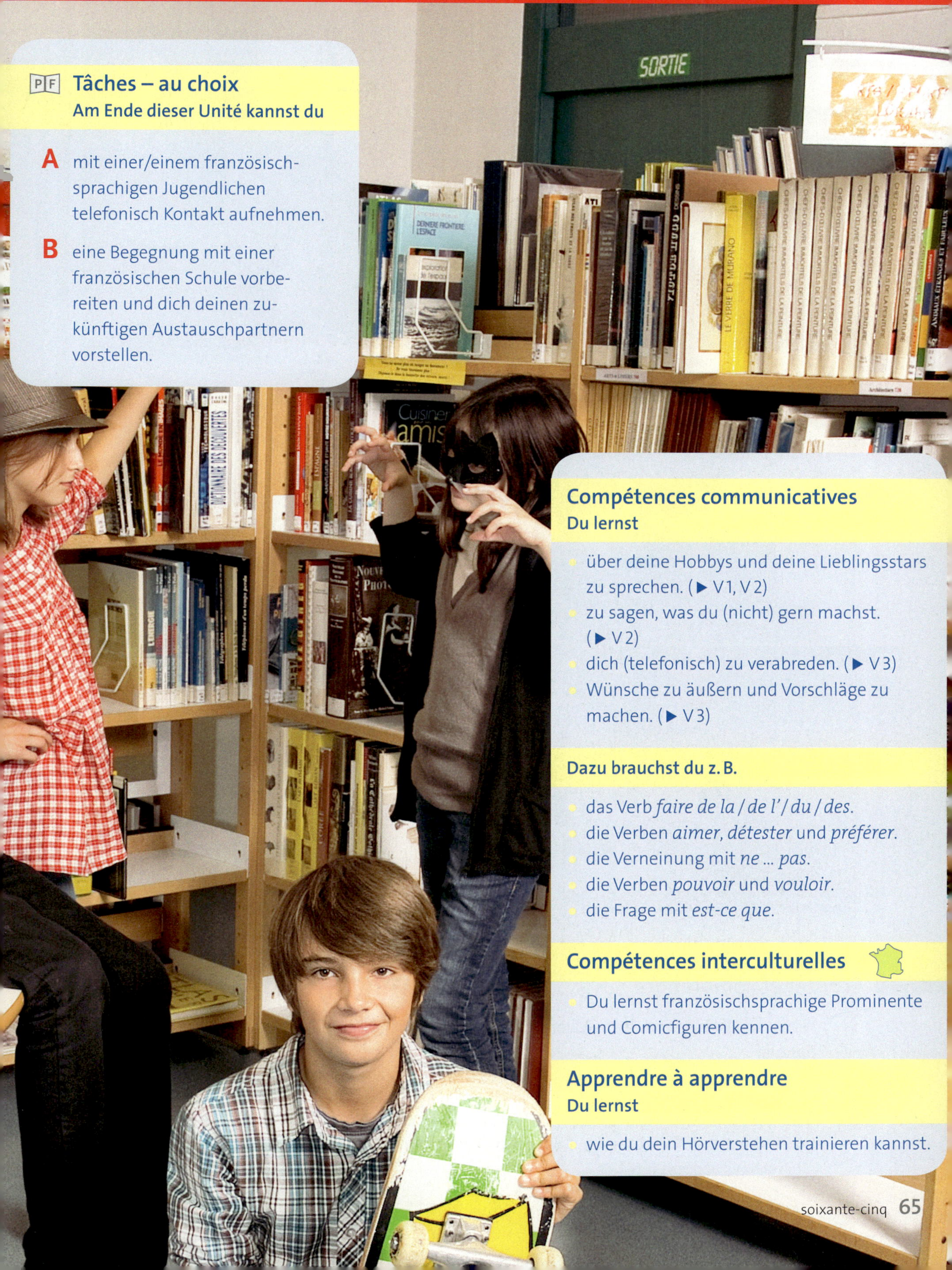

PF Tâches – au choix
Am Ende dieser Unité kannst du

A mit einer/einem französischsprachigen Jugendlichen telefonisch Kontakt aufnehmen.

B eine Begegnung mit einer französischen Schule vorbereiten und dich deinen zukünftigen Austauschpartnern vorstellen.

Compétences communicatives
Du lernst

- über deine Hobbys und deine Lieblingsstars zu sprechen. (▶ V1, V2)
- zu sagen, was du (nicht) gern machst. (▶ V2)
- dich (telefonisch) zu verabreden. (▶ V3)
- Wünsche zu äußern und Vorschläge zu machen. (▶ V3)

Dazu brauchst du z. B.

- das Verb *faire de la / de l' / du / des*.
- die Verben *aimer*, *détester* und *préférer*.
- die Verneinung mit *ne ... pas*.
- die Verben *pouvoir* und *vouloir*.
- die Frage mit *est-ce que*.

Compétences interculturelles

- Du lernst französischsprachige Prominente und Comicfiguren kennen.

Apprendre à apprendre
Du lernst

- wie du dein Hörverstehen trainieren kannst.

Qu'est-ce qu'ils font?

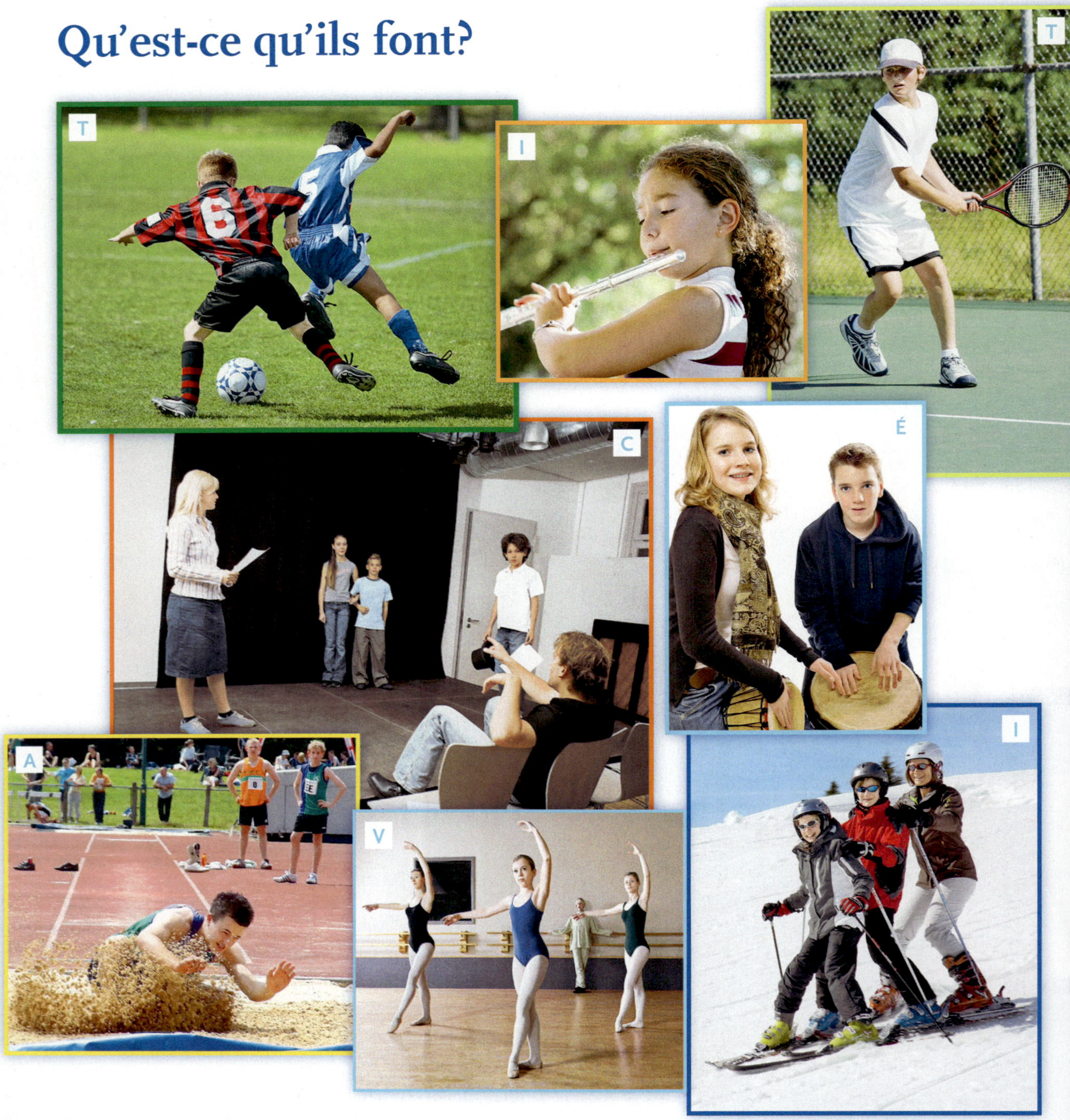

Écouter et comprendre

CD2 1–4 **1** Ferme ton livre et écoute. | Jugendliche sprechen über ihre Hobbys. Welche Hobbys hörst du heraus?

CD2 1–4 DELF **2 a** Regarde les photos et écoute encore une fois. | Wenn du ein Hobby hörst, finde das passende Foto und notiere den dazugehörigen Buchstaben. Wie lautet das Lösungswort? Achtung: Es sind nicht alle Hobbys abgebildet!

CD 2 1–4
DELF
33|3

b Écoute encore une fois et fais un tableau. *Qui fait …?* (▶ Méthodes, p. 162/10)

de l'athlétisme?

de la danse?

des percussions?

de la guitare?

du tennis?

du foot?

du ski?

du théâtre?

de la flûte?

Yasmine
Clara
Lukas
Lara
Noah

Parler

32|1

3 Pose des questions à ton/ta partenaire. Il/Elle répond. Utilisez vos réponses de 2b. | Benutzt eure Antworten aus 2b.
Exemple: – Qu'est-ce que Noah fait? – Il fait ___.

Découvrir

4 a Vergleiche. Wann benutzt man *de la / de l' / du / des*?

la flûte:	→ Lukas fait **de la** flûte.	**le** théâtre:	→ Clara fait **du** théâtre.
l'athlétisme:	→ Yasmine fait **de l'**athlétisme.	**les** percussions:	→ Noah fait **des** percussions.

b Et toi? Qu'est-ce que tu fais? Réponds. (▶ Banque de mots, p. 178)

Recherche

5 Qu'est-ce qu'ils font? | Erzähle, was du im Internet über diese Personen herausgefunden hast. (▶ Banque de mots, p. 178)
Exemple: Mélanie Laurent fait du cinéma. Elle fait aussi du théâtre.

Mélanie Laurent

Lucie Decosse

Hélène Grimaud

Christophe Lemaitre

Mathieu Ganio

Yoann Miguel Gourcuff

Un DVD pour l'Allemagne

Préparer la lecture

1 a Folgende Wörter kannst du schon verstehen, obwohl sie noch nicht vorkamen. Erkläre, warum. (▶ Méthodes, p. 166/18)

le DVD | le groupe | le hobby | la nature | le fan | le cinéma | la lecture

CD 2 5 **b Hör dir die Wörter an. Lies sie dann laut.**

CD 2 6–7 Les élèves de la sixième A préparent une rencontre avec une classe 6 en Allemagne. Ils font un DVD pour des élèves de Lahr.

1

1 Bonjour! Je m'appelle Clara et j'ai onze ans. Mon hobby, c'est le théâtre. J'aime aussi la musique. Ma chanteuse préférée, c'est ZAZ.

2 J'adore mon chat Filou. Il est toujours dans ma chambre, mais il n'aime pas ma musique. Il préfère la musique classique!

2

3 Salut! Moi, c'est Théo. J'ai onze ans. J'aime le dessin et la bédé. Je suis fan de Titeuf! J'aime aussi le rock. Les BB Brunes, c'est mon groupe préféré. Et j'aime bien le rap, mais je n'aime pas Sinik.

4 Moi non plus!

5 Moi, si!

6 Le sport, ce n'est pas mon truc!

3

7 Je m'appelle Amandine et j'ai douze ans. Mon truc, c'est la musique. Je fais de la flûte et je chante dans un groupe.

8 J'aime beaucoup Strasbourg. Je fais de l'aviron sur l'Ill et du vélo. J'aime aussi être avec mes copines. Mais je déteste les week-ends en famille! À plus!

4

9 Je m'appelle Simon et j'ai onze ans. J'aime la nature et j'aime beaucoup le sport! Je fais du foot et du ski! Le foot, c'est mon sport préféré. Je suis fan de Karim Benzema.

10 Moi aussi!

11 Et voilà Madame Vidal, notre prof d'allemand. Ses hobbys sont la lecture et le cinéma. Elle est fan de Sebastian Koch! Avec Madame Vidal, on aime travailler. Elle est très sympa.

Lire et comprendre

DELF **2** **C'est qui? Trouve le nom des personnes.**

1. Il/Elle aime la musique et le sport.
2. Il/Elle aime le théâtre et son chat.
3. Il/Elle aime la nature et le sport.
4. Il/Elle aime la lecture et le cinéma.
5. Il/Elle aime le rock et la bédé.
6. Il/Elle n'aime pas le sport.
7. Il/Elle n'aime pas les week-ends en famille.

3 **Prépare une fiche d'identité pour Clara, Théo, Amandine ou Simon. | Bereite einen Steckbrief zu Clara, Théo, Amandine oder Simon vor. Notiere nur Stichworte. Stell die Person dann vor.**

34|2

♡	♡̸
Il/Elle aime ___.	Il/Elle n'aime pas ___.
Il/Elle aime aussi ___.	Il/Elle déteste ___.
Son hobby, c'est ___.	___, ce n'est pas son truc.
Son groupe préféré, c'est ___.	
Il/Elle est fan de ___.	

Exemple:

Nom: Mme Vidal
Âge: –
♡: la lecture, le cinéma
♡̸: –
Groupe préféré: –
Fan de: Sebastian Koch

Parler

DELF **4** **Pose des questions à ton/ta partenaire. Il/Elle répond. | Findet heraus, was ihr beide mögt und was ihr nicht mögt.**

35|3

Exemples:

1. – Tu aimes la nature?
   – Oui. Et toi?
   – Moi aussi. / Moi, non.
2. – Tu aimes la nature?
   – Non. Et toi?
   – Moi non plus. / Moi, si.

la nature les animaux le sport le dessin le cinéma la musique
chanter être avec des copains chatter avec des copains
faire du vélo / du ski / du foot faire de l'athlétisme / de la danse / de la musique

Découvrir

Koop

5 a **Vergleiche. Wie verneinst du eine Aussage im Französischen? Formuliere eine Regel.**

1. Je **chante** très bien.	Je ne **chante** pas très bien.
2. Il **aime** ma musique.	Il n' **aime** pas ma musique.
3. Il **aime** chanter.	Il n' **aime** pas chanter.

b **Sage das Gegenteil: Verneine die Sätze.**

1. Il joue.
2. Elle aime travailler.
3. Nous regardons la télé.
4. J'écoute le professeur.

S'entraîner

6 a **Retrouve l'ordre des mots. | Bringe die Wörter in die richtige Reihenfolge.** (▶ Repères, p. 78/3)

1. déteste | Je | le | pas | rap | ne
2. télé | pas | Je | la | ne | regarde
3. groupe | pas | un | Nous | chantons | ne | dans
4. Le | pas | de | le | aime | chat | Clara | n' | sport
5. la | n' | Mes | Sinik | aiment | musique | copines | pas | de

b **Prépare un puzzle comme en a pour tes camarades. | Bereite ein Puzzle wie in a für deine Mitschüler vor.**

7 **Qu'est-ce qu'ils font? Qu'est-ce qu'ils ne font pas? | Bildet Kettensätze wie im Beispiel.** (▶ Repères, p. 78/3)

35|4

Exemple: Yasmine regarde la télé. Lukas ne regarde pas la télé, il téléphone. Jade ne ____.

Yasmine
Lukas Jade
Clara Théo
Karim et Noah

regarder la télé
téléphoner
chanter rêver
surfer sur Internet
jouer

Apprendre à apprendre

8 **Wie du dein Hörverstehen trainieren kannst (1)** (▶ Méthodes, p. 162/10)

Beim Hören musst du oft nur auf ganz bestimmte Informationen achten. Alles andere musst du nicht unbedingt verstehen. Konzentriere dich also auf das, was in der Aufgabe von dir verlangt wird, wie z. B. auf Personennamen und Freizeitaktivitäten. Bearbeite auf diese Weise die Aufgabe 9.

Écouter et comprendre

CD 2 8 — DELF — 36|6

9 a Écoute. Qui parle de ses hobbys? Note les noms.

Mehdi	Amandine	Lionel	Mathieu	Thomas
Marie	Lola	Maxime	Paul	Karim

CD 2 8

b Écoute encore une fois. Qui fait quoi? Note la lettre correspondante. //○ ▶ p. 155

//●

A

B

C

D

E

F

CD 2 8

c Écoute encore une fois et corrige tes réponses de a et b.

Vocabulaire

34|1

10 a Fais un associogramme sur le thème des hobbys. (▶ Méthodes, p. 160/7)

- **les hobbys**
  - aimer
    - les percussions
    - le foot
  - faire
    - de la flûte
    - du foot

b Utilisez votre associogramme. | Schreibt einzelne Aktivitäten auf Zettel und mischt sie. Eine/r zieht einen Zettel und stellt die Aktivität pantomimisch dar. Die anderen versuchen die Aktivität zu erraten.

Exemple:
– Tu fais du foot? – Non!

faire de la danse

Écrire

11 a Prépare une fiche d'identité sur toi. (▶ p. 69/3)

DELF — 36|8

b Tu cherches un/e correspondant/e. Utilise ta fiche et réponds à Maxime.

Bonjour

Objet : Bonjour

Bonjour, je m'appelle Maxime Garnier. J'ai douze ans. J'habite à Obernai, près de Strasbourg. Je fais du foot et de l'athlétisme. J'aime aussi le cinéma. Je n'aime pas trop la nature. Et toi?

CD 2 9–11

Qu'est-ce que tu fais ce week-end?

C'est bientôt le week-end. Dimanche, Théo et ses parents veulent faire une balade à la Montagne des singes. C'est super. Sa sœur n'est pas là, elle passe le week-end chez son amie. Théo a une idée: il veut inviter son copain Lukas. Il est nouveau à Strasbourg et il est toujours avec ses parents, le week-end. Et puis, il adore les animaux. Alors, une balade dans un parc avec des singes en liberté, c'est une super idée. Mais, est-ce que les parents de Théo sont d'accord?

Apprendre à apprendre

1 Wie du dein Hörverstehen trainieren kannst (2) (▶ Méthodes, p. 162/9)

Wenn du Gespräche auf Französisch hörst, musst du nicht unbedingt jedes einzelne Wort kennen, um zu verstehen, worum es geht. Der Textanfang oben gibt dir schon einige Informationen darüber, wie es weitergehen kann:

– Was hat die Familie Valin vor?
– Welche Idee hat Théo?
– Was wird Théo vermutlich als Nächstes tun?
– Wie könnte das Gespräch ablaufen? Formuliere deine Vermutungen.

Écouter et comprendre

CD 2 10

2 a Schließe dein Buch und hör dir an, wie es weitergeht. Was hast du verstanden?

b Lies den Dialog mit (▶ Solutions, p. 177) und vergleiche ihn mit deinen Vermutungen.

c Was könnte jetzt passieren? Formuliere deine Vermutungen.

CD 2 11
DELF

d Hör dir an, wie es weitergeht, und finde heraus, welche der folgenden Aussagen zutreffen. Das fällt dir leichter, wenn du beim Hören auch auf den Klang der Stimmen und auf Geräusche achtest.

1. Lukas est d'accord avec l'idée de Théo.
2. Lukas n'est pas d'accord avec l'idée de Théo.
3. Les parents de Lukas sont d'accord.
4. Les parents de Lukas ne sont pas d'accord.

Écouter et comprendre

CD2 11 ▶ 39|7

2 e **Travaillez à deux. Écoutez le texte encore une fois. Le partenaire A écoute Lukas, le partenaire B écoute Théo. Trouvez comment on dit cela en français.** ▶ p. 156

A Lukas

1. Wie meldet sich Lukas am Telefon?
4. Was antwortet Lukas auf Théos Frage?
6. Wie sagt Lukas, dass er seine Eltern um Erlaubnis bittet?
8. Wie fragt Lukas, wann sie wieder nach Hause kommen?

B Théo

2. Wie beginnt Théo das Gespräch?
3. Wie fragt Théo, was Lukas am Wochenende vorhat?
5. Wie drückt Théo seine Einladung aus?
7. Wie sagt Théo, dass sie Lukas abholen?

CD2 12 ▶ 37|1

3 a **Écoute le dialogue, retrouve l'ordre des phrases et note le mot-clé.**

P – Je suis à la maison avec mes parents.
N – Cool, elle est d'accord.
H – Moi, je fais du ski avec mes parents dans les Vosges. Je t'invite.
E – On passe chez toi, demain à 9 heures?
R – Super, ça marche! À demain.
É – Qu'est-ce que tu fais ce week-end?
É – Salut Isabelle, c'est Léa, ça va?
T – Allô?
L – Oui, ça va.
O – Oh, merci, c'est une super idée. Je demande à ma mère.

b **Jouez le dialogue de a.**

Parler

DELF ▶ 39|8

4 **Donnez-vous rendez-vous par téléphone.** | **Verabredet euch telefonisch. Bereitet eure Rollen vor und übt euer Telefonat so, dass ihr es der Klasse vorspielen könnt.** (B ▶ p. 149)

A

Du rufst **B** *an.* **B** *meldet sich.*
– Du beginnst das Gespräch.
– Du machst **B** einen Vorschlag.
– Du reagierst auf die Antwort von **B**.
– Ihr einigt und verabschiedet euch.

regarder la télé ensemble
regarder un DVD chez moi
faire une balade dans les Vosges / à Strasbourg / à ___
écouter des CD
faire de l'aviron / des percussions / ___
___

Vous pouvez aussi utiliser: | **Ihr könnt auch verwenden:**

Tu es encore là?

Salut, ça va?

Oui, d'accord.

Non, je préfère ___.

Ça marche.

Écouter et répéter

CD2 13 **5 a** **Fais le tableau dans ton cahier. Écoute et note les mots dans la bonne colonne. | Ordne zu.**

[ʒ]	[ʃ]
je	chien

un chat dimanche une chaise une chambre
jouer moche une étagère bonjour chanter

CD2 14 **b** **Lis les mots de a, puis écoute et répète.**

c **À toi! | Denke dir einen Zungenbrecher aus. Du kannst die Wörter von a verwenden.**

S'entraîner

6 **A pose des questions et utilise** *est-ce que*. **B répond par** *oui* **ou par** *non*.
Puis B pose des questions à A. (▶ Repères, p. 78/5) (B ▶ p. 149)

1. Tu as des frères et sœurs? → Est-ce que tu as des frères et sœurs?
2. Tu as un chat?
3. Tu travailles beaucoup pour l'école?
4. Tu surfes beaucoup sur Internet?
5. Tu fais du sport?

Die Intonationsfrage verwendest du nur mündlich, die Frage mit *est-ce que* kannst du auch schriftlich verwenden.

38|5 39|6
7 *Est-ce que* **ou** *Qu'est-ce que*? **Complète.**

1. ? tu passes le week-end chez ta tante?
2. ? tu aimes?
3. ? tu aimes le cinéma?
4. ? il y a dans ta chambre?
5. ? il y a une télé dans ta chambre?
6. ? tu fais le week-end?
7. ? tu fais du sport?
8. ? tu détestes?

38|3 38|4
8 **Regarde les dessins et réponds. | Was wollen die Personen tun, können es aber nicht?**
(▶ Repères, p. 78/4)
Exemple: 1. Ils veulent faire une balade, mais ils ne peuvent pas.

1 ils – faire une balade

2 elle – faire de la guitare

3 je – faire du ski

4 nous – faire du foot

5 tu – rentrer à la maison

6 vous – surfer sur Internet

Forum de fans

A ✉ Posté par **Mariléa**: Salut, je m'appelle Mariléa et je suis fan de Marion Duval! Cette bédé est géniale. Marion Duval est mon personnage de bédé préféré, elle est cool et courageuse[1]. Mes histoires préférées sont «SOS Éléphants», «Rapt à l'Opéra» et «Un croco dans la Loire». Les histoires sont super et il y a plein d'aventures[2]. Alors, bonne lecture! Et vous, vous avez un personnage de bédé préféré?

B ✉ Posté par **Martin**: Salut, je m'appelle Martin, j'ai 12 ans, j'adore le chanteur de rap Oxmo Puccino. Sa chanson pour les droits de l'enfant[3], «Naître adulte», est ma chanson préférée; c'est une chanson de rap mais le texte n'est pas violent. J'aime aussi beaucoup la guitare dans cette chanson! Et vous, qu'est-ce que vous aimez écouter?

C ✉ Posté par **Camille**: Bonjour, je m'appelle Camille, je suis belge, j'habite à Bruxelles et mon sport préféré, c'est le basket. Je suis fan de Toni Parker! Il joue maintenant aux U.S.A. Avec mon frère, on a une collection de posters de TP (prononcez «Tipi»). Et toi, tu as une idole en sport?

1 **courageux/-euse** mutig
2 **plein d'aventures** viele Abenteuer
3 **les droits de l'enfant** Kinderrechte

Écrire

DELF **1** Tu es fan de bédés? Tu aimes la musique? Tu adores le sport? Réponds à Mariléa, Martin ou Camille. | Suche dir aus, ob du Mariléa, Martin oder Camille antworten möchtest.

Wähle eine der beiden Aufgaben aus.

A Contacter un/e correspondant/e par téléphone

Diese französischsprachigen Jugendlichen sind neu in eurer Stadt und suchen Freunde. Sucht euch zu zweit einen der beiden Jugendlichen aus. Eine/r von euch spielt den Franzosen / die Schweizerin, der/die andere sich selbst. Bereitet ein Telefongespräch vor, in dem ihr euch kennenlernt.

1. Wer übernimmt welche Rolle?
2. Welche Fragen wollt ihr stellen? (Alter? Wohnort? Geschwister? Schule? Zimmer? Freizeit und Hobbys? Lieblingsstars?)
3. Welche Antworten wollt ihr geben?
4. Wollt ihr euch verabreden? (Wann? Wo?)
5. Schreibt euren Dialog, übt ihn ein und spielt ihn der Klasse vor.

Jeune Français (Paul, 12 ans) nouveau dans ton école cherche copains/copines
Mon club préféré: le Bayern de Munich.
J'aime la lecture, la musique, le foot. Toi aussi?
Appelle au: 01 78 94 30 07
(Je ne parle pas allemand!)

Je m'appelle Lili, j'ai 11 ans. Je suis de Genève (Suisse), je suis nouvelle en Allemagne, j'habite près de ton école et je voudrais être ton amie.
Mes hobbys: chanter, guitare, athlétisme.
Tu parles français? Alors, tu peux m'appeler!
Tél: 01 76 59 87 66

Nützliche Ausdrücke findet ihr in den *Repères* (*Qu'est-ce qu'on dit*, p. 77) und in den Texten (p. 68–69, p. 72).

B On cherche des correspondants en France

P|F

Faites un petit film. | Stellt euch euren Austauschpartnern in einem kleinen Film vor.

DVD 7

a Schaut euch zunächst die DVD-Sequenz ohne Ton an. Findet heraus, von welchen Hobbys die Rede ist. Welche Bilder haben euch geholfen, das herauszubekommen?

b Schaut euch die Sequenz noch einmal mit Ton an. Was sagen die Jugendlichen? Was könnt ihr davon für euren Film verwenden?

c À vous. | Jeder stellt sich einzeln vor und wird dabei gefilmt.

1. Was wollt ihr sagen? Benutzt euren Steckbrief. (▶ p. 71/11a)
2. Schreibt euren Text auf und lasst ihn korrigieren. (▶ Méthodes, p. 167/20)
3. Mit welchen Bildern oder Requisiten wollt ihr eure Hobbys und Vorlieben vorstellen? Benutzt als Hilfe die DVD-Sequenz.
4. Lernt euren Text auswendig und übt eure Vorstellung ein.
5. Zum Schluss speichert ihr alle Filme. Ihr könnt sie auch euren Freunden und Familienmitgliedern beim Tag der offenen Tür zeigen.

Nützliche Ausdrücke findet ihr in den *Repères* (*Qu'est-ce qu'on dit*, p. 77) und im Text (p. 68–69).

Qu'est-ce qu'on dit?

Du sprichst über deine Hobbys
Je fais de la musique / du tennis / de l'athlétisme / des percussions.
Mon hobby, c'est (la danse).
Mon sport préféré, c'est (le foot).

Du verabredest dich
Qu'est-ce que tu veux faire (ce week-end)?
On peut faire (une balade).
Je t'invite.
Tu es d'accord? / Ça marche?
Merci, c'est sympa. / C'est une super idée.
Je demande à mes parents.
Mes parents sont d'accord.
On passe chez toi à (dix heures).
On rentre à quelle heure?

Du sagst, was du magst und was du nicht magst
J'aime (la musique / chanter).
J'adore (le théâtre / chanter).
Je préfère (le cinéma / rêver).
Je déteste (le rap / chanter).
Mon truc, c'est (la lecture).
(Le sport), ce n'est pas mon truc.
Je suis fan de (ZAZ).
J'aime le sport.
Moi aussi. / Moi, non!
Je n'aime pas le sport.
Moi, non plus. / Moi, si!

Du meldest dich am Telefon
Allô!

Grammaire

Du sprichst über Hobbys:

Dazu brauchst du:

32|2
GH 14
GH 15

1

Je **fais de la musique.**
Il **fait du sport.**

→ **das Verb *faire* und den zusammengezogenen Artikel mit *de***

Je fais de la musique.	(la musique)
Elle fait de l'athlétisme.	(l'athlétisme)
Tu fais **du** sport?	(le sport)
Il fait **des** percussions.	(les percussions)

Merke:
Der zusammengezogene Artikel mit *de*
! ~~de + le~~ = **du**
! ~~de + les~~ = **des**

Lege eine Verbkarteikarte für *faire* an.
Die Konjugation von *faire* findest du auf S. 175.

Du sprichst über deine Vorlieben:

Dazu brauchst du:

GH 16
GH 17

2

J' **aime** le théâtre mais je **préfère** le cinéma.

→ **die Verben *aimer*, *adorer*, *préférer***

préférer → je préfère, tu préfères, ...

Lege eine Verbkarteikarte für *préférer* an.
Die Konjugation von *préférer* findest du auf S. 174.

Du verneinst etwas: | Dazu brauchst du:

GH 18 **3**

Il **ne** chante **pas.**
Il **n'** aime **pas** la musique.

→ **die Verneinung mit** *ne … pas*

Amandine	**chante**	très bien.
La musique, c'	**est**	son truc.
Simon	**aime**	le sport.

Sarah	ne	**chante**	pas	très bien.
La musique, ce	n'	**est**	pas	son truc.
Théo	n'	**aime**	pas	le sport.

Unterscheide:

nicht	kein
Je **n'**aime **pas** les animaux.	Je **n'**ai **pas d'**animal.
Je **ne** joue **pas** avec mon frère.	Je **n'**ai **pas de** frère.
Je **ne** chante **pas.**	Je **ne** fais **pas de** sport.

Du sagst, was jemand tun kann und was jemand tun will: | Dazu brauchst du:

GH 20 **4**

Théo **peut** inviter Lukas.
Ils **veulent** faire une balade.

→ **die Verben** *pouvoir* **und** *vouloir*

Lege je eine Verbkarteikarte für *pouvoir* und *vouloir* an.
Die Konjugation von *pouvoir* und *vouloir* findest du auf S. 175.

Merke:
je peux: ich kann
je veux: ich will
je voudrais: ich möchte

Du stellst Fragen: | Dazu brauchst du:

GH 21 **5**

Est-ce que je peux inviter Lukas?

→ **die Frage mit** *est-ce que*

Aussagesatz	Fragesatz
Je peux inviter Lukas.	**Est-ce que** je peux inviter Lukas?
On fait une balade à la montagne.	**Est-ce qu'**on fait une balade à la montagne?

Weitere Verben:

GH 19 **6**

appeler

→ ! *j'appelle, tu appelles, …*

Lege eine Verbkarteikarte für *appeler* an.
Die Konjugation von *appeler* findest du auf S. 174.

Poèmes et chansons (1)

CD 2 15–16

Vanessa n'aime pas ça

Arthur aime la nature,
Timothée aime le karaté,
Emma aime le cinéma,
Florence aime la danse,
Mais Vanessa n'aime pas ça.

Elle n'aime pas la nature.
Elle n'aime pas le karaté.
Elle n'aime pas le cinéma.
Elle n'aime pas la danse.
Non, elle n'aime pas ça.
C'est bête, mais c'est comme ça![1]

Arnaud aime le piano,
Marion aime l'aviron,
Annabelle aime le violoncelle,
Lucie aime l'acrobatie,
Mais Vanessa n'aime pas ça.

Elle n'aime pas le piano.
Elle n'aime pas l'aviron.
Elle n'aime pas le violoncelle.
Elle n'aime pas l'acrobatie.
Non, elle n'aime pas ça.
C'est bête, mais c'est comme ça!

Eh bien moi, je n'aime pas trop Vanessa.
Non, je n'aime pas trop Vanessa.
C'est bête, mais c'est comme ça.
Eh oui, c'est comme ça!

1 **Écris une autre strophe pour le poème.**

Véronique | Victor | Mado | Léon | Pascal | Rémi | Audrey | Annette | Alain

le sport | le handball | le basket | le volley | ses amis | le judo | ses copains | la musique | l'accordéon

CD 2 17

La fête des animaux

Gabin, le lapin
Fête son anniversaire
Avec Albert, le hamster.

Lucien, le chien
Décore la salle
Avec Solal, le cheval[2].

Léon, le caméléon
Danse le cha-cha-cha
Avec Sacha, le chat.

Laurie, la souris[3]
Chante un rap
Avec Dora, le rat.

2 **Quel dessin va avec quelle strophe?**

1 **C'est comme ça.** So ist das eben.
2 **le cheval** das Pferd
3 **la souris** die Maus

CD 2 18

Salut, ça va?

3 **Une classe 10 a écrit cette chanson pour vous. Écoutez et chantez.**
(Texte ▶ www.cornelsen.de/webcodes APLUS-1-79)

Hier kannst du überprüfen, was du in den *Unités* 3–4 an Wortschatz und Grammatik gelernt hast. Unter www.cornelsen.de/webcodes APLUS-1-80 kannst du diese Aufgaben herunterladen und dann ausfüllen.

Vocabulaire

C 37|2

1 **Réponds aux devinettes. Utilise *mon*, *ma*, *mes*.**

1. La fille de mes parents, c'est moi ou ? ?.
2. Le frère de mon père, c'est ? ?.
3. Le fils du frère de mon père, c'est ? ?.
4. Les parents de mes parents, ce sont ? ?.
5. La sœur de mon père, c'est ? ?.
6. La fille de la sœur de mon père, c'est ? ?.
7. La mère de la mère de ma mère, c'est ? ?.
8. Le fils de mes parents, c'est moi ou ? ?.

C 36|9

2 a **Qu'est-ce qu'ils aiment? Regarde les t-shirts et réponds.**

b **Et toi? Forme cinq phrases avec** *j'aime* / *je n'aime pas* / *je déteste* / *j'aime* ___ *mais je préfère* ___.

Grammaire

L'accord de l'adjectif

3 **Accorde les adjectifs si nécessaire.** | **Gleiche die Adjektive an, wenn nötig.**

1. Moi, j'aime bien les lapins. Ils sont adorable ?.
2. Et moi, je préfère les perruches. Elles sont très joli ? et très bavard ?.
3. Mes grands-parents ont trois tortues. Moi, je n'aime pas les tortues: elles sont moche ?.
4. Ah, moi si! J'ai une tortue. Elle est joli ? et très intelligent ?.
5. Ma tante a un chat. Il aime jouer avec nous. Il est adorable ?.
6. Mes chiens ne sont pas très joli ?, mais ils sont intelligent ?: ils gardent la maison.
7. Ma cousine a des poissons. Ils ne sont pas très bavard ?, mais ils sont très joli ?.

Les déterminants possessifs

4 **Complète. Utilise** *mon, ma, mes, ton, ta, tes, son, sa, ses.*

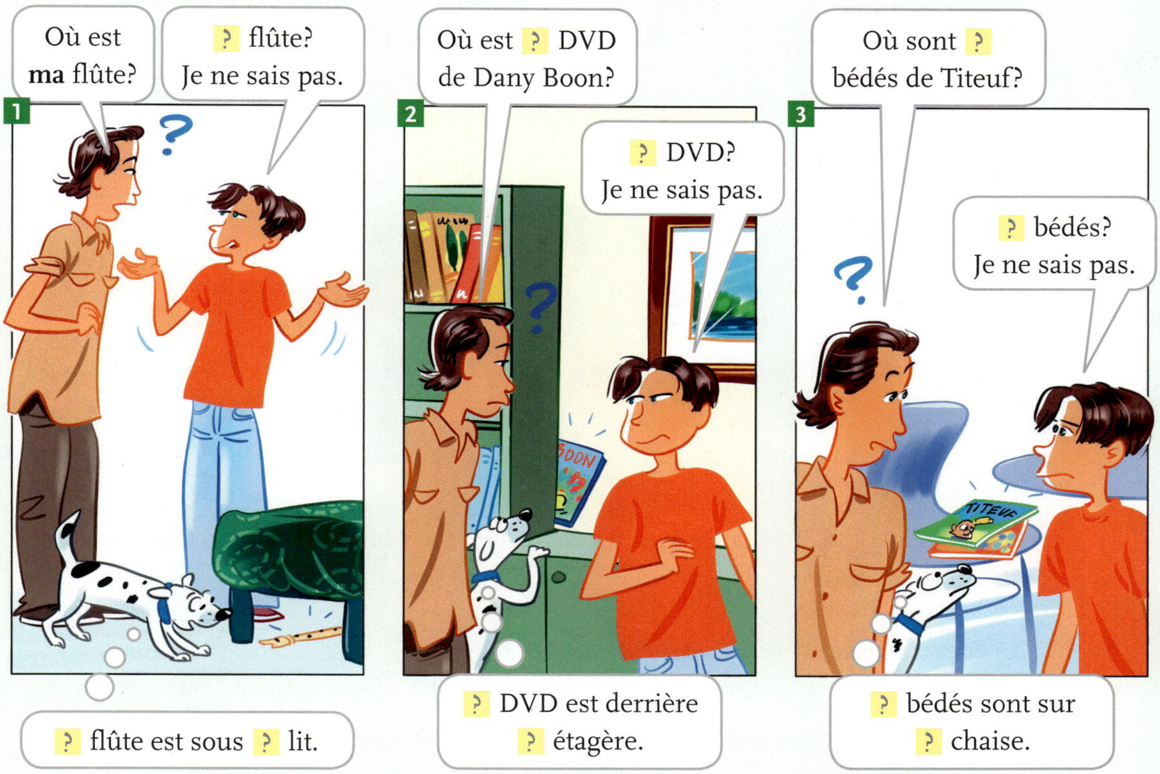

Les verbes irréguliers *avoir – être – faire – pouvoir – vouloir*

32|2
38|3

5 **Complète.**

- Qu'est-ce que vous ? *(faire)* ce week-end?
- On ? *(faire)* du sport. Moi, je ? *(faire)* du foot et Alexandre ? *(faire)* de l'athlétisme. Et toi, qu'est-ce que tu ? *(vouloir)* faire?
- Moi, je ? *(être)* à l'école. Avec le prof de français, nous ? *(faire)* du théâtre. Nous ? *(avoir)* encore trois semaines avant la rencontre avec les élèves de Stuttgart. Vous ? *(vouloir)* passer après le sport?
- Oui, bonne idée. Nous ne ? *(être)* pas loin de l'école.
- Vous ? *(pouvoir)* être là à quelle heure?
- À cinq heures, ça marche?
- C' ? *(être)* super. À cinq heures, Sarah et Hugo ? *(vouloir)* aussi passer. Ce ? *(être)* mes cousins. Ils ? *(avoir)* 12 ans. Ils ? *(faire)* de l'aviron mais ils aiment aussi le théâtre.
- Alors, à plus.
- À plus.

La négation

35|4

6 **Corrige. Utilise *ne ... pas*.**

Exemple:

1. – Tu t'appelles Lara? – Mais non, je ne m'appelle pas Lara. Je m'appelle Nora.

1 Tu t'appelles Lara? — Mais non, je ___. (Nora)

2 Tu es la sœur d'Inès? — Mais non, je ___. (Flore)

3 Tu habites à Strasbourg? — Mais non, je ___. (Paris)

4 Tu es en sixième? — Mais non, je ___. (cinquième)

5 Tu aimes la danse? — Mais non, je ___. (le foot)

6 Tu chattes avec tes copines? — Mais non, je ___. (cousines)

La question avec *est-ce que* et *qu'est-ce que*

7 a *Est-ce que* ou *Qu'est-ce que*? **Complète. Trouve de qui on parle. | Finde heraus, von wem die Rede ist.**

1. – ? c'est un garçon?
   – Non.
2. – ? elle habite à Strasbourg?
   – Oui.
3. – ? elle habite près d'Illkirch?
   – Non.
4. – ? il y a dans sa chambre?
   – Il y a des posters.
5. – ? il y a un ordinateur dans sa chambre?
   – Je ne sais pas.
6. – ? elle a des frères et sœurs?
   – Oui. Un frère et une sœur.
7. – ? elle aime?
   – Elle aime chanter.
8. – ? elle fait du sport?
   – Oui, de l'athlétisme.
9. – ? elle fait après les devoirs?
   – Elle écoute des CD ou elle rêve.
10. – Alors, c'est ? !

b **Faites des devinettes comme en a. | Ihr könnt auch einen Klassenkameraden erraten.**

Qu'est-ce qu'on dit?

8 **Présente un des deux jeunes.**

1

Alex – Hambourg – Allemagne – 13 ans
♡ l'athlétisme
♡♡ la guitare
~~♡~~ les ordinateurs
~~♡~~ le rap

2

Miriam – Pessac (Bordeaux) – France – 15 ans
♡ le ski
♡♡ le théâtre
♡ le foot
~~♡~~ la danse

Unité **5** # Au collège

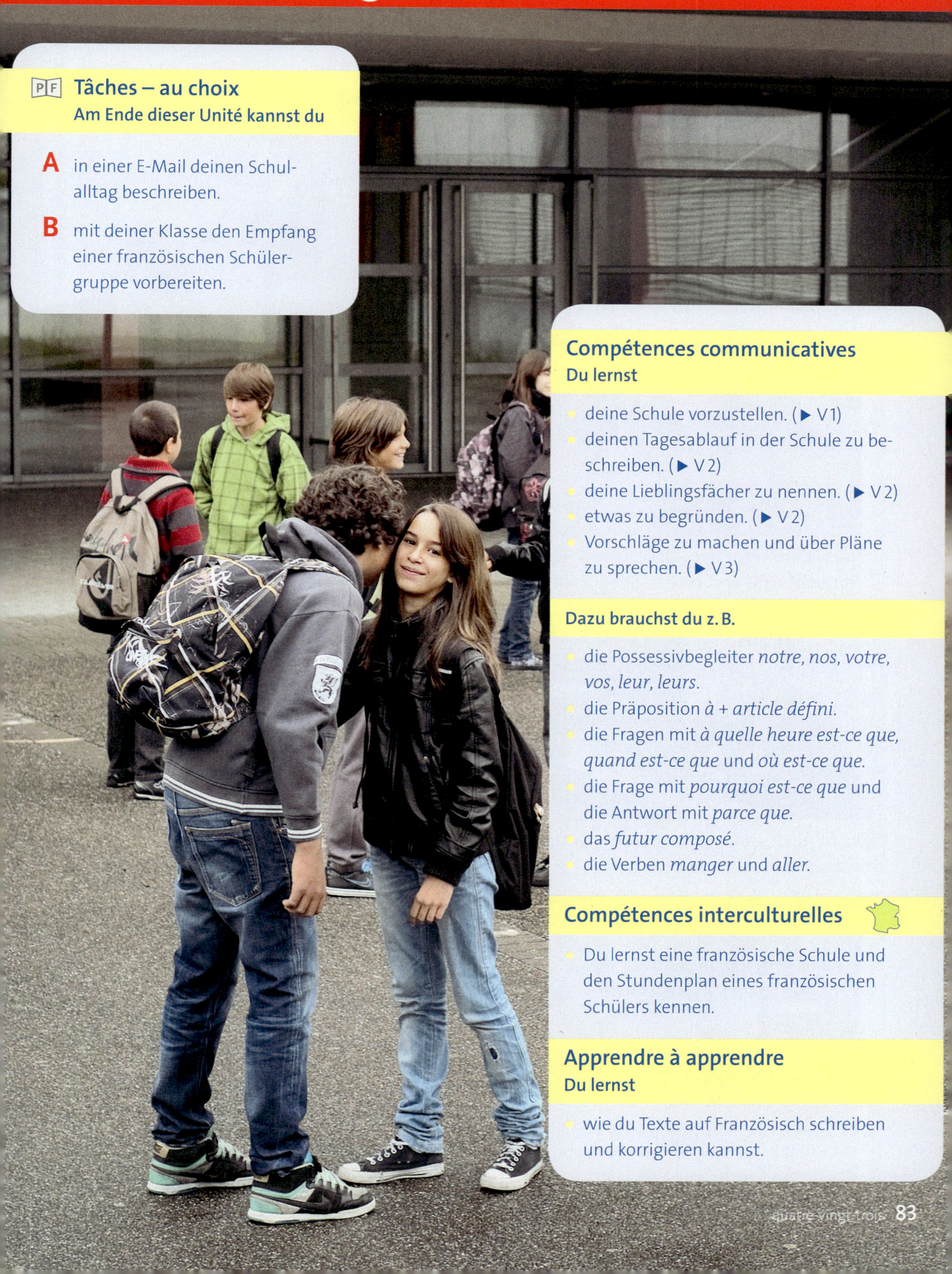

PF Tâches – au choix
Am Ende dieser Unité kannst du

A in einer E-Mail deinen Schulalltag beschreiben.

B mit deiner Klasse den Empfang einer französischen Schülergruppe vorbereiten.

Compétences communicatives
Du lernst

- deine Schule vorzustellen. (▶ V1)
- deinen Tagesablauf in der Schule zu beschreiben. (▶ V2)
- deine Lieblingsfächer zu nennen. (▶ V2)
- etwas zu begründen. (▶ V2)
- Vorschläge zu machen und über Pläne zu sprechen. (▶ V3)

Dazu brauchst du z. B.

- die Possessivbegleiter *notre, nos, votre, vos, leur, leurs.*
- die Präposition *à* + *article défini.*
- die Fragen mit *à quelle heure est-ce que, quand est-ce que* und *où est-ce que.*
- die Frage mit *pourquoi est-ce que* und die Antwort mit *parce que.*
- das *futur composé.*
- die Verben *manger* und *aller.*

Compétences interculturelles

- Du lernst eine französische Schule und den Stundenplan eines französischen Schülers kennen.

Apprendre à apprendre
Du lernst

- wie du Texte auf Französisch schreiben und korrigieren kannst.

Notre collège

Préparer la compréhension

1 **Regarde le plan. Quels mots est-ce que tu comprends? | Welche Wörter kannst du schon verstehen? Warum?** (▶ Méthodes, p. 166/18)

CD 2 19 La sixième A présente son collège pour la journée portes ouvertes.

1 Nos endroits préférés? La cour et le CDI. Là, nous sommes dans la cour avec nos surveillantes.

2 Voilà M. Beck, notre CPE. Il est très sympa. Sur la photo, il est au secrétariat.

3 Voilà le CDI et voilà Mme Lemaire, notre documentaliste. Au CDI, on peut emprunter des livres et surfer sur Internet.

4 Ça ne va pas? À l'infirmerie, notre infirmière Mme Tauzin est toujours là pour nous.

À la cantine, on rigole bien.

Au gymnase, on fait du sport avec Mme Laporte, notre prof d'EPS.

En permanence, on peut travailler et faire ses devoirs.

Vous cherchez les toilettes?
Elles sont entre la salle de permanence et le CDI.

Lire et comprendre

DELF 42|1

2 Qu'est-ce qui va ensemble? (▶ Texte, p. 84–85)

1. Les élèves font du sport
2. Pendant la récréation, ils sont
3. On peut faire ses devoirs
4. Les élèves de sixième rigolent bien
5. On peut emprunter des livres
6. Mme Tauzin travaille
7. Sur la photo, M. Beck est

a au CDI.
b au secrétariat.
c dans la cour.
d en permanence.
e au gymnase.
f à la cantine.
g à l'infirmerie.

Parler

43|5

3 Ils sont où? A pose des questions. B répond. Puis B pose des questions et A répond. (B ▶ p. 149)
Exemple: **A:** Où est le CPE? **B:** Il est au CDI.

Tes questions à **B**
1. le CPE?
2. les élèves de la 6e A?
3. les élèves de la 5e B?
4. Noah?

A

Tes informations pour **B**

5

6

7

8

à	la cantine l'infirmerie
au	CDI gymnase secrétariat
dans	la cour la salle de classe la salle des profs

Découvrir

Koop 43|4

4 a Wofür steht *au*? Wofür steht *aux*? Tausche dich mit deinem Partner / deiner Partnerin aus.

la cantine → **à la** cantine le collège → **au** collège les toilettes → **aux** toilettes

b Ergänzt die Sätze und tauscht eure Ergebnisse in der Klasse aus.

1. Je suis ? gymnase. 2. Vous êtes ? maison? 3. Ils sont ? musée ou ? cinéma?

Écouter et comprendre

CD 2 20

5 C'est où? Écoute et réponds. (▶ Méthodes, p. 162/9)

▶ p. 156

S'entraîner

42|2
42|3

6 **Lis et complète le mail de la sixième B par** *notre*, *nos*, *votre*, *vos*. **(▶ Repères, p. 98/1)** //O ▶ p. 156

Salut,

Nous sommes en sixième B au collège «Maxime Alexandre» à Lingolsheim. C'est près de Strasbourg. Nous cherchons une classe en Allemagne. Dans ? classe, nous sommes 28 élèves, 16 filles et 12 garçons. Et dans ? classe? ? professeurs sont super. Avec ? prof d'allemand, Mme Hengele, nous jouons beaucoup et nous chantons en allemand. Avec ? prof de français, M. Moulin, nous travaillons beaucoup. C'est pénible. Mais nous faisons aussi du théâtre, c'est cool, non? Est-ce que ? profs sont sympa?

Dans ? collège, il y a aussi un CDI. C'est ? endroit préféré. Nous pouvons emprunter des livres ou des bédés, surfer sur Internet et faire ? devoirs sur un ordinateur. C'est pratique. ? documentaliste, Mme Lemaire, est toujours là pour nous. Et ? endroit préféré, c'est aussi le CDI?

? salles de classe sont moches. Mais la salle de géo est ? salle préférée: il y a un coin géo avec un globe et une collection de pierres. Est-ce que ? salles de classe sont bien?

Et ? école, elle est comment?

Vous cherchez une école en France? Répondez* vite!

À plus!

Les élèves de la sixième B de Lingolsheim

* **Répondez!** Antwortet!

Apprendre à apprendre

7 **Wie du Texte schreiben und korrigieren kannst (1) (▶ Méthodes, p. 166/19)**

Wenn du einen Text schreiben willst, sammle zuerst deine Ideen. Notiere sie auf einem Blatt Papier. Welche Vokabeln oder Ausdrücke kennst du schon, die zu deinen Ideen passen? Schreibe sie dazu. Wende diese Methode bei der nächsten Aufgabe an.

Écrire

DELF

8 **Réponds au mail de la sixième B. (▶ p. 87/6) | Hebe deine Antwort auf, du wirst sie im *Volet* 2 benötigen.** //O ▶ p. 157

Tipp: Antworte auf die in der E-Mail gestellten Fragen.

CD 2 21–22

Ma journée

La journée préférée de Noah

C'est lundi. Il est 7 heures et quart. Noah regarde son emploi du temps. Le lundi, il a sept heures de cours. C'est beaucoup, mais c'est sa journée préférée, parce qu'il retrouve ses copains et parce qu'il a deux heures de maths de 8 à 10 et une heure d'EPS de 1 à 2. Ce sont ses matières préférées. Le matin, de 10 à 11, il a musique et après, il a encore une heure de SVT. Il n'aime pas trop les cours de musique de Madame Martin, mais il aime bien les SVT, c'est très intéressant. À midi, il mange à la cantine avec ses copains. Le lundi, il y a toujours des spaghettis et Noah adore les spaghettis! Après la cantine, il va au CDI ou dans la cour. L'après-midi, après l'EPS, il a encore anglais de 2 à 3 et français de 3 à 4. À quatre heures, il rentre à la maison et il fait ses devoirs jusqu'à cinq heures et demie ou six heures moins le quart. Le soir, il va souvent chez Karim, il surfe sur Internet ou il regarde la télé.

Un mail de Clara à sa grand-mère

Chère Mamie,
Merci pour les photos de ton chat! Lucifer est adorable. Et toi et Papi, vous allez bien?
Cet après-midi, je n'ai pas cours parce que mon prof de français n'est pas là. Et demain, c'est mercredi et le mercredi matin, j'ai une heure d'allemand et deux heures d'EPS. C'est super, non?
Je suis dans ma chambre et je suis bien tranquille parce que Camille est à l'école!
Demain après-midi, je vais au TJP avec mon amie Yasmine. Après, on va à la Vitamine C.
J'adore le théâtre, Yasmine et le mercredi! ☺
Dans deux semaines, j'ai une interro de maths. Je suis nulle! Pourquoi est-ce qu'Alexandre est bon en maths mais pas moi? ☹
Yasmine aussi est bonne en maths, alors on fait souvent nos devoirs ensemble. ☺
Grosses bises
Cl@r@

Lire et comprendre

DELF Koop

1 a Choisis un des textes (Noah ou Clara) et fais l'exercice correspondant. | Suche dir einen der beiden Texte aus und löse die dazugehörige Aufgabe.

Noah

Note l'emploi du temps de Noah pour le lundi.

	Lundi
8:00– 9:00	?
9:00–10:00	?
10:00– 11:00	?
11:00– 12:00	?
12:00– 13:00	cantine
13:00– 14:00	?
14:00– 15:00	?
15:00–16:00	?

Clara

Vrai (v) ou faux (f)? Lis le mail de Clara et corrige les phrases fausses.

1. Le mercredi matin, Clara a deux heures d'EPS, une heure de maths et une heure de français.
2. Le mercredi après-midi, Clara n'a pas cours.
3. Le mercredi après-midi, Clara est chez sa copine.
4. Clara adore les maths et elle est très bonne.
5. Alexandre et Yasmine sont bons en maths.

b Cherche un/une partenaire qui a fait le même exercice et comparez vos résultats. | Suche jemanden, der die gleiche Aufgabe bearbeitet hat, und vergleicht eure Ergebnisse.

c Présentez vos résultats. | Stellt eure Ergebnisse vor.

Parler

2 a *Lundi* ou *le lundi*? Fais des dialogues avec ton/ta partenaire. (► Repères, Qu'est-ce qu'on dit? p. 98)

1 On va au TJP, lundi?

2 Lundi? Non, je ne peux pas.

3 Pourquoi est-ce que tu ne peux pas?

4 Parce que le lundi, je vais toujours à l'athlétisme.

on va au TJP	lundi	je vais toujours à l'athlétisme
on regarde des DVD après l'école	mardi	j'ai toujours cours jusqu'à six heures
on va à la Montagne des singes ensemble	mercredi	je vais toujours chez ma grand-mère
on mange chez Tante Agathe	jeudi	je rentre toujours trop tard
on écoute des CD chez Clara	vendredi	je garde toujours mon frère
on regarde la télé	samedi	je fais toujours du foot
on fait une balade à vélo	dimanche	je suis toujours chez mon père

b À vous. Continuez. Utilisez aussi *lundi matin*/*après-midi*/*soir* ou *mardi matin*/___.

S'entraîner

3 a Lis le poème et apprends-le par cœur. | Lies das Gedicht und lerne es auswendig.

b Présentez le poème ensemble. | Sagt es als Partnergedicht auf: Jeder sagt abwechselnd eine Zeile.

c À vous. | Denkt euch weitere Reime mit *aller* aus.

Je vais,
tu vas,
on va,
on va au cinéma.
Nous allons,
vous allez,
ils vont,
ils vont à Avignon.

46|6

4 Clara et Jade parlent dans la cour.
Complète par les formes du verbe *aller*. (▶ Verbes, p. 175)

Clara: Tu ? à la journée portes ouvertes au collège, demain?
Jade: Non, ça ne ? pas, je ? chez mon père à Genève.
Clara: Et qu'est-ce que vous faites?
Jade: Samedi après-midi, mon père et moi, nous ? au minigolf du Lignon.
Samedi soir, mon père et ma belle-mère ? au cinéma, alors, moi, je garde mes frères.
Clara: Ah bon, vous n'? pas au cinéma ensemble?
Jade: Non, on préfère jouer sur l'ordinateur.

Écouter et comprendre

CD 2 23
DELF
44|2

5 a Qu'est-ce qui va ensemble? Écoute et note. | Welches Bild passt zu welcher Uhrzeit?

b Raconte la journée de Théo.

c Et toi? Raconte ta journée. Utilise *le matin*, *à midi*, *l'après-midi*, *le soir*.
(▶ Repères, Qu'est-ce qu'on dit? p. 98)

//○ ▶ p. 157

Regarder et comprendre

DVD 8

6 a Regarde la séquence et réponds aux questions.

1. Qu'est-ce que Tristan a le jeudi?
2. Qu'est-ce que Tristan fait après l'école?

b Utilise tes réponses de a et raconte la journée de Tristan.

le matin | à midi | l'après-midi
après l'école | le soir | à ___ heures

Apprendre à apprendre

46|7

7 Wie du Texte schreiben und korrigieren kannst (2) (▶ Méthodes, p. 167/20)

Wenn du einen Text geschrieben hast, solltest du dir immer Zeit nehmen, ihn nach Fehlern zu durchsuchen. Lies ihn mehrmals durch und achte bei jedem Lesen nur auf einen bestimmten Punkt. Benutze dazu die Fehlerliste.

Koop

8 a Es ist oft leichter, Fehler in einem Text zu finden, den du nicht selbst geschrieben hast. Tauscht deswegen eure E-Mails aus *Volet 1* aus und korrigiert den Text eures Partners / eurer Partnerin mithilfe der Fehlerliste.

b Besprecht eure Fehler gemeinsam und korrigiert eure Texte.

Vocabulaire

44|1
45|3

9 Qu'est-ce qui va ensemble? Il y a plusieurs possibilités! | Die Ausdrücke kannst du in der nächsten Aufgabe verwenden.

avoir retrouver manger surfer emprunter être bon faire

un CD une interro du sport sur Internet cours ses copains en français à la cantine ses devoirs

Écrire

10 a Présente tes activités, tes endroits, ... préférés. Explique pourquoi tu aimes ces choses.

Ma journée préférée, Mes matières préférées, Mes endroits préférés, ___,	c'est ce sont	___	parce que ___.

b Korrigiere, was du in a geschrieben hast, mithilfe der Fehlerliste. (▶ Méthodes, p. 167/20)
Kannst du Fehler entdecken? Welche Fehler hast du gemacht? Achte in Zukunft besonders auf deine „Lieblingsfehler".

Le programme

Préparer la compréhension

CD 2 24–25 **1** **Écoute. Qui parle? Où est-ce qu'ils sont? De quoi est-ce qu'ils parlent?** **(▶ Méthodes, p. 162/9)**

Les élèves de la sixième A vont passer une journée avec leurs correspondants de Lahr. Ils préparent le programme avec leur professeur d'allemand.

Mme Vidal: Qui note les idées?
Lara: Moi, Madame!
Amandine: Quand est-ce que nos corres arrivent au collège?
Mme Vidal: Lundi, à 8 heures et demie. D'abord, nous allons visiter le collège. Et après, qu'est-ce que nous allons faire?
Théo: J'ai une idée! On va au Musée du chocolat.

Lukas: Super! On peut aussi manger là-bas, à midi!
Mme Vidal: Non, Lukas, nous mangeons à la cantine. En plus, le musée est fermé le lundi. Alors, où est-ce que nous allons?
Maxime: Au Vaisseau, Madame!
Lara: Oh non, on ne va pas aller au Vaisseau!
Théo: Oh si! Il y a un atelier sur les fossiles en ce moment!
Clara: Mais le Vaisseau aussi est fermé le lundi ...
Yasmine: On peut visiter Strasbourg en bateau.
Élèves: Super! Ça, c'est une bonne idée!
Mme Vidal: Très bien. Tu notes, Lara?
Lara: Oui, Madame. À quelle heure est-ce qu'on va faire la balade en bateau?
Mme Vidal: Après la visite du collège, vers 10 heures.
Maxime: Madame, est-ce qu'on peut faire un rallye, aussi?
Élèves: Oh oui, Madame, un rallye!

Avant la récréation, tout le monde est d'accord sur le programme.

Programme

8 h 30:	*Arrivée des correspondants au collège et visite du collège*
10 h:	*Départ pour la visite de Strasbourg en bateau*
12 h:	*Retour au collège en car*
12 h 15:	*Déjeuner à la cantine*
14 h:	*Rallye dans le centre-ville*
17 h:	*Retour en car à la passerelle Mimram, photo de groupe*

Lire et comprendre

DELF 48|2

2 a Réponds aux questions. (▶ Texte et programme, p. 92)

1. À quelle heure est-ce que les correspondants arrivent lundi?
2. Qui veut visiter le musée du chocolat?
3. Est-ce que Lara est d'accord avec Maxime?
4. Qu'est-ce qu'il y a au Vaisseau, en ce moment?
5. Pourquoi est-ce que les élèves ne visitent pas le Vaisseau?
6. À quelle heure est-ce que les élèves vont faire le rallye?

b Trouve encore trois questions sur le texte pour ton/ta partenaire. Il/Elle répond. Utilise:

Est-ce que ___? Qui___?
Pourquoi est-ce que___?
À quelle heure est-ce que___?
Où est-ce que___?

Parler

DELF 49|6

3 Un copain français est chez toi. Vous cherchez des activités pour le week-end. Faites le dialogue. (B ▶ p. 150)

A

– Du machst einen Vorschlag.
– Du reagierst auf den Vorschlag von **B**.
– Am Ende einigt ihr euch.

Mögliche Vorschläge:

visiter le musée ___
aller au cinéma
aller chez ___
faire une balade dans le centre-ville
faire une balade à vélo
regarder un DVD avec ___
écouter des CD
faire du foot / ___

Mögliche Reaktionen:

Je suis pour.
Ça, c'est une bonne idée!
Oh, oui, super!
D'accord!
C'est intéressant!
C'est trop cool!
Ça marche.

Bon, c'est d'accord.
Bof.
Oh, je ne sais pas.
Je ne suis pas trop d'accord.
Ce n'est pas mon truc.

Je suis contre.
Oh non, c'est l'horreur.
Je ne suis pas d'accord.
Ce n'est pas intéressant.
C'est nul.

Recherche

4 **Cherche sur Internet et note les informations sur le Vaisseau dans ton cahier.**

1. Quand est-ce qu'on peut visiter le Vaisseau? (jours et heures)
2. Note l'adresse et le numéro de téléphone.
3. Est-ce qu'on peut manger au Vaisseau?
4. Qu'est-ce qu'on peut faire au Vaisseau, en ce moment?

Vocabulaire

5 **Trouve les intrus. | Welches Wort passt nicht in die Reihe? Begründe deine Antwort.**

1. le secrétariat – la cantine – le gymnase – le centre-ville
2. super – bon – bavard – intéressant
3. le matin – l'heure – l'après-midi – le soir
4. le vendredi – le dimanche – la journée – le jeudi
5. le bateau – le départ – le car – le vélo

Découvrir

6 **Was bedeutet** ***nous allons visiter le collège*****? Um welche Zeit handelt es sich? Welche weiteren Formen dieser Zeit kommen im Text vor? Erstelle eine Tabelle und trage die fehlenden Formen mithilfe der** ***Repères*** **auf S. 99/4 ein.**

je		
tu		
il/elle/on		
nous	*allons*	*visiter le collège*

S'entraîner

7 a **C'est bientôt samedi. Qu'est-ce que Jade va faire? Imagine.**

écouter des CD
chatter avec ___
regarder la télé
surfer sur Internet
aller chez ___
faire une balade ___
retrouver les copines
___

b **Qu'est-ce qu'elle ne va pas faire? Imagine.**

8 a **Et toi, qu'est-ce que tu vas faire samedi? Qu'est-ce que tu ne vas pas faire? Écris un petit texte.**

48|4

b **Tauscht eure Texte aus und führt eine Partnerkorrektur durch.** (▶ Méthodes, p. 167/20)

- Ist die Form des *futur composé* richtig? (▶ Repères, p. 99/4)
- Steht die Verneinung an der richtigen Stelle? (▶ Repères, p. 99/4)
- Welche Fehler findest du noch?

48|3

9 **Les élèves de Strasbourg passent la journée à Lahr. Ils parlent de l'école de leurs correspondants. Complète par** *leur* **ou** *leurs*.

10 a **Les élèves de Strasbourg posent aussi des questions à leurs correspondants. Complète par** *quand est-ce que* **ou** *où est-ce que*. **Il y a plusieurs possibilités.**

1. ? vous avez EPS?
2 ? vous passez vos récréations?
3. ? vous allez pendant la récréation?
4. ? vous mangez à midi?
5. ? vous rentrez à la maison?
6. ? vous avez français?

b **À vous. Répondez aux questions de a.**

Écouter et parler

CD 2 26

11 Ton/Ta correspondant/e te pose des questions. Écoute et réponds.

DELF

L'emploi du temps de la sixième B

	Lundi	Mardi	Mercredi	Jeudi	Vendredi
8–9 h		*Physique*	*Anglais*		*EPS*
9–10 h	*Français*	*Physique*	*Histoire Géo*	*Techno*	*EPS*
10–11 h	*Musique*	*Arts Plastiques*	*Maths*	*SVT*	*Histoire Géo*
11–12 h	*Allemand*	*Allemand*	*Maths*	*SVT*	*Anglais*
12–13 h					
13–14 h	*EPS*			*Maths*	
14–15 h	*Maths*	*Français*		*Permanence*	*Français*
15–16 h	*Anglais*	*Français*		*Histoire Géo*	*Français*
16–17 h				*Allemand*	*Vie de classe*

1 **Quels mots est-ce que tu comprends?**

2 **Comparez votre emploi du temps avec l'emploi du temps de la sixième B.**

Nous avons ___ heures d'anglais / de maths / ___.
Nous (n') avons (pas) cours, le matin / l'après-midi / de ___ à ___ heures.

Le CDI du collège

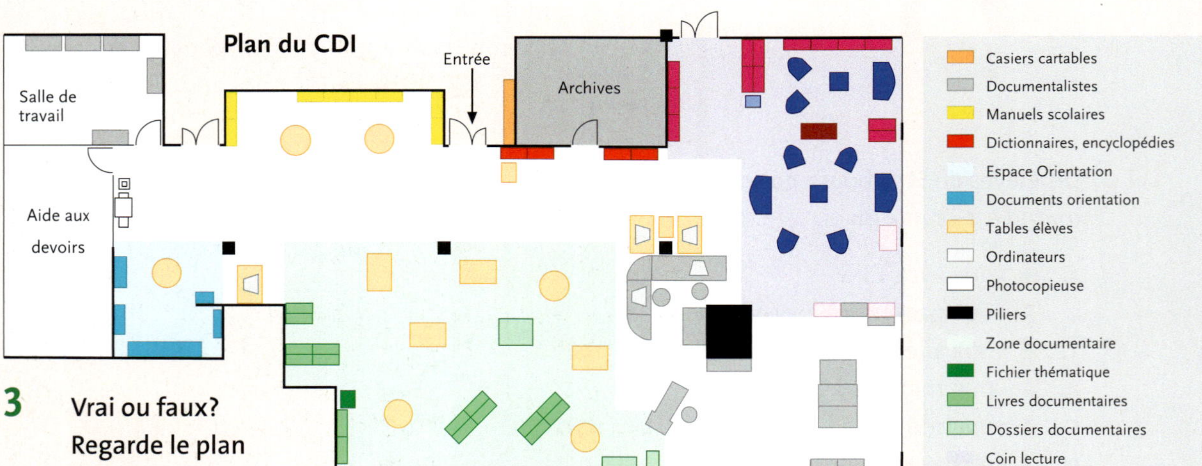

DELF **3** **Vrai ou faux? Regarde le plan et réponds.**

1. Tu peux emprunter des bédés au CDI.
2. Dans le coin lecture, il y a aussi des ordinateurs.
3. Au CDI, il y a dix ordinateurs.
4. Les romans sont dans la salle de travail.

4 **Comment est-ce qu'on dit ces mots en français?** 1. Wörterbuch 2. Kopierer 3. Eingang

Wähle eine der beiden Aufgaben aus.

PF DELF

A Ma journée

Écris un mail à un copain français ou une copine française. Présente deux journées de ta semaine.

- Welche Tage willst du beschreiben und wie? Sammle Ideen und ordne sie. (▶ Méthodes, S.166/19)
- Wie beginnst du deine E-Mail und wie beendest du sie?
- Korrigiere deine E-Mail mit Hilfe der Fehlerliste. (▶ Méthodes, S.167/20)

Nützliche Ausdrücke findest du in den *Repères* (*Qu'est-ce qu'on dit,* p. 98) und im Text (p. 88).

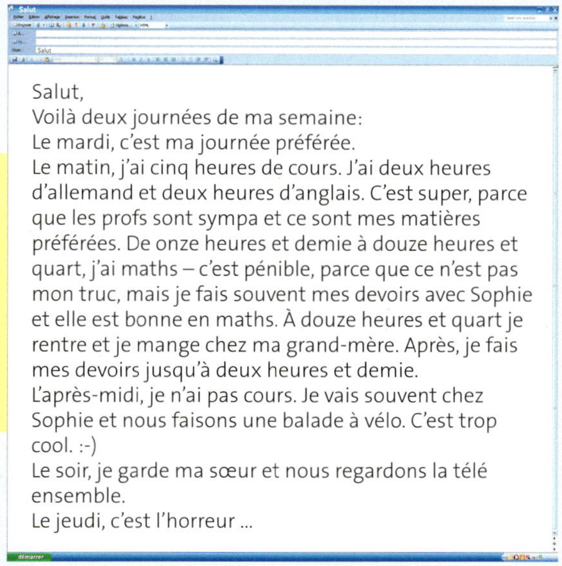

Salut,
Voilà deux journées de ma semaine:
Le mardi, c'est ma journée préférée.
Le matin, j'ai cinq heures de cours. J'ai deux heures d'allemand et deux heures d'anglais. C'est super, parce que les profs sont sympa et ce sont mes matières préférées. De onze heures et demie à douze heures et quart, j'ai maths – c'est pénible, parce que ce n'est pas mon truc, mais je fais souvent mes devoirs avec Sophie et elle est bonne en maths. À douze heures et quart je rentre et je mange chez ma grand-mère. Après, je fais mes devoirs jusqu'à deux heures et demie.
L'après-midi, je n'ai pas cours. Je vais souvent chez Sophie et nous faisons une balade à vélo. C'est trop cool. :-)
Le soir, je garde ma sœur et nous regardons la télé ensemble.
Le jeudi, c'est l'horreur ...

PF

B On cherche des correspondants en France

Votre classe partenaire va bientôt arriver.
Formez deux groupes.
– Le groupe 1 prépare un programme pour deux jours avec vos partenaires.
– Le groupe 2 présente votre école.

Gruppe 1:
Was wollt ihr mit euren französischen Austauschpartnern unternehmen?
- Sammelt Ideen, diskutiert und einigt euch auf ein Programm.
- Schreibt das Programm auf und stellt es der anderen Gruppe vor.

Gruppe 2:
Was sollten eure Austauschpartner über eure Schule wissen?
- Wer und was ist an welchem Ort zu finden?
- Wie wollt ihr die Informationen darstellen?

Korrigiert euer Programm / eure Collage, bevor ihr sie ins Reine schreibt.

Nützliche Ausdrücke findet ihr in den *Repères* (*Qu'est-ce qu'on dit,* p. 98) und im Text (p. 84–85).

Qu'est-ce qu'on dit?

49|6

Du sprichst über die Schule:
Voilà (notre cantine / nos surveillants).
Là, nous sommes (dans la cour / au gymnase).
Au gymnase, on peut (faire du sport).
Ils sont comment, vos profs?
Ça dépend.

Du sprichst über deinen Tagesablauf:
Quand est-ce que (tu vas à l'école)?
À quelle heure est-ce que (tu as cours)?
Où est-ce que (tu vas après les cours)?

À huit heures, / ___	je rentre.
Le matin, / ___	je vais au collège.
Le lundi, / ___	je mange à la cantine.

Unterscheide:
Le lundi, je fais du sport. (immer montags)
Lundi, je fais du sport. (an diesem Montag)

Du sprichst über deine Schulfächer:
J'ai cours (de 8 à 10 / jusqu'à 5 heures).
Je n'ai pas cours (le mercredi après-midi).
J'ai français/allemand/anglais/___.
Je suis bon(ne) / nul(le) en anglais.
Ma matière préférée, c'est ___.
J'ai une heure d'allemand / de SVT / ___.

Du fragst nach einem Grund:
Pourquoi est-ce que (tu ne manges pas à la cantine)?

Du begründest etwas:
Parce que (je n'aime pas le poisson).

Ihr diskutiert über eure Pläne:
Qu'est-ce qu'on va faire demain?
Où est-ce qu'on va aller?
On peut (faire un rallye)?
Ah non! On ne va pas (aller au musée)!
Oh, si!
Ce n'est pas intéressant.
C'est fermé. / C'est ouvert.
Je suis contre. / Je suis pour.
C'est nul.
Trop cool!
Super!
Bonne idée!
(Je suis) d'accord.

Du beginnst eine E-Mail:
Chère (Yasmine), / Cher (Noah),
Salut! / Bonjour!

Du beendest eine E-Mail:
Grosses bises / À plus! / Salut!

Grammaire

Du drückst eine Zugehörigkeit aus:

GH 23 **1**

Voilà **notre** gymnase.
Ils sont comment, **vos** profs?
Voilà les élèves de Lahr avec **leur** prof.

→ Dazu brauchst du:

die Possessivbegleiter
notre/*nos*, *votre*/*vos*, *leur*/*leurs*

Singulier

♂		♀
livre ami	**notre** **votre** **leur**	bédé amie

Pluriel

♂		♀
livres amis	**nos** **vos** **leurs**	bédés amies

Du sagst, wo du bist oder wohin du gehst: Dazu brauchst du:

GH 22
GH 24 **2**

Je **suis au** collège. → *être* + *à* + **bestimmter Artikel**
Je **vais à la** cantine. → *aller* + *à* + **bestimmter Artikel**

Nous sommes **à la** cantine.	(**la** cantine)
Il va **à l'**infirmerie.	(**l'**infirmerie)
Vous allez **au** gymnase?	(**le** gymnase)
Elle est **aux** toilettes.	(**les** toilettes)

! ~~à + le~~ = **au**
! ~~à + les~~ = **aux**

Lege eine Verbkarteikarte für *aller* an. Die Konjugation von *aller* findest du auf S. 175.

Du stellst Fragen: Dazu brauchst du:

GH 28 **3**

Quand est-ce que tu vas à l'école? → **Fragewörter** + *est-ce que*

Quand est-ce que tu vas à l'école?
À quelle heure est-ce que tu as cours?
Où est-ce que tu vas après les cours?
Pourquoi est-ce que tu n'aimes pas le rap?

Übt und wiederholt gemeinsam

Frage deine/n Partner/in
wann er/sie Sport hat; um wie viel Uhr er/sie heute nach Hause geht; wo er/sie hingeht; warum er/sie nicht in die Kantine geht.
(▶ Solutions, p. 177)

Du sprichst über Zukunftspläne: Dazu brauchst du:

GH 29 **4**

Qu'est-ce qu'on **va faire** demain? → **das** *futur composé*

Je	**vais**	**noter**	les idées.
Tu	**vas**	**manger**	à la cantine?
Il/Elle/On	**va**	**faire**	une balade.
Nous	**allons**	**visiter**	le collège
Vous	**allez**	**préparer**	le programme?
Ils/Elles	**vont**	**arriver**	à huit heures.

Ils	ne	**vont**	pas	**manger** à la cantine.
Nous	n'	**allons**	pas	**visiter** la cathédrale.

Übt und wiederholt gemeinsam

Formuliert die Regeln.
– Wie wird das *futur composé* gebildet?
– Wo stehen die Verneinungswörter beim *futur composé*?
(▶ Solutions, p. 177)

Weitere Verben:

GH 30 **5**

manger → ! *nous mangeons* ▶ *Verbes*, p. 174

Poèmes et chansons (2)

CD 2
27

L'automne[1]

Il pleut[2]
des feuilles[3] jaunes[4]
il pleut
des feuilles rouges[5]
L'été[6] va
s'endormir[7]
et l'hiver[8]
va venir[9]
sur la pointe[10]
de ses souliers[11]
gelés[12]

Anne-Marie Chapouton,
Poèmes petits

1 **l'automne** *(m.)* der Herbst
2 **il pleut** es regnet
3 **la feuille** das Blatt
4 **jaune** gelb
5 **rouge** rot
6 **l'été** *(m.)* der Sommer
7 **s'endormir** einschlafen
8 **l'hiver** *(m.)* der Winter
9 **venir** kommen
10 **la pointe** die Spitze
11 **le soulier** der Schuh
12 **gelé/e** gefroren

CD 2
28

Le canon des flocons

Les flocons[1] jour et nuit
Les flocons tombent[2] sans bruit[3]
Tous les toits[4] sont recouverts[5]
On a compris c'est l'hiver[6]

Jean-Luc Moreau,
Le manège de la neige

1 **le flocon** die (Schnee)flocke
2 **tomber** fallen
3 **sans bruit** lautlos
4 **le toit** das Dach
5 **recouvert/e** bedeckt
6 **l'hiver** *(m.)* der Winter

1 **Choisis un des deux poèmes et apprends-le par cœur. | Wähle eines der beiden Gedichte aus und lerne es auswendig.**

CD 2
29

Pendant l'année

En janvier, j'ai un nouveau calendrier.
En février, je me déguise[1] de la tête aux pieds[2].
En mars, je continue à faire des farces[3].
En avril, je fais des tours en ville.
En mai, je fais ce qui me plaît[4]!
En juin, je retrouve mes copains.
En juillet, je fais la grasse matinée[5].
En août, je joue tous les jours au foot.
En septembre, je range ma chambre[6].
En octobre, je rêve, je n'aime pas octobre.
En novembre, j'attends[7] le mois de décembre!

Catherine Jorißen

1 **je me déguise** ich verkleide mich
2 **de la tête aux pieds** von Kopf bis Fuß
3 **faire des farces** Streiche spielen
4 **ce qui me plaît** was mir gefällt
5 **faire la grasse matinée** lange schlafen
6 **je range ma chambre** ich räume mein Zimmer auf
7 **attendre qc** auf etw. warten

2 **Et toi? Qu'est-ce que tu fais en janvier, en février ...? Écris ton poème.**

PRÉPARATION AU DELF

Hier kannst du überprüfen, was du in den *Unités* 4 und 5 gelernt hast. Unter www.cornelsen.de/webcodes APLUS-1-101 kannst du diese Aufgaben herunterladen und dann ausfüllen.

Compréhension orale

CD 2 30–31

1 **Écoute et note les lettres dans ton cahier.**

1. Qui va passer le samedi après-midi ensemble?
   - a Ben et Léa.
   - b Maxime et Alex.
   - c Léa et Maxime.
2. À la journée portes ouvertes on peut faire ...
   - a du foot.
   - b de la danse.
   - c de l'aviron.
3. Alex va faire du foot avec ...
   - a son père et un copain.
   - b son cousin et sa sœur.
   - c son frère et son cousin.

Compréhension écrite

2 **C'est la rentrée. Agathe et Nicolas vont aller en sixième. Ils surfent sur le site Internet de leur collège. Ils cherchent une activité après les cours. Regarde la page Internet et trouve une activité pour Agathe et Nicolas.**

Le hobby d'Agathe, c'est la musique. Ses matières préférées sont la géo, les SVT et la musique! Le mercredi après-midi, elle est toujours chez sa grand-mère, à Illkirch.

Nicolas adore le sport, mais le foot, ce n'est pas trop son truc. Ses matières préférées à l'école sont l'EPS et le français. Il aime discuter pendant des heures.
Le week-end, il est chez son père à Lyon.

Salut! Tu rentres en 6e ...
Dans notre collège, il y a huit clubs:

- **L'atelier santé:** Mme Kern, l'infirmière, organise un atelier à l'infirmerie, le lundi à 12 heures 30.
- **Le club géologie:** Tu aimes les pierres et les fossiles? Alors, va au club géo le jeudi à 12 heures 15.
- **Le club aviron:** C'est le week-end, on fait des balades sur l'Ill près de Strasbourg.
- **L'activité journal:** Nous faisons un journal sur VOS problèmes à l'école. Nous parlons aussi de livres et nous discutons. Rendez-vous le mercredi après-midi à 14 heures au CDI.
- **Le club de foot:** Le vendredi de 17 heures à 19 heures. C'est pour les garçons et les filles.
- **Le club musique et chant:** Le mercredi après-midi, on chante, on fait des percussions, on écoute des CD et on danse même parfois! Demande à M. Arnaud, le prof de musique (salle 14).
- **Le club d'anglais:** On regarde des films en anglais, le jeudi de 16 à 17 heures, pour les 4e.
- **Le club musées:** On visite les musées de notre ville. Le programme du club musées est au CDI.

Production orale

3 **Tu es chez un ami / une amie à Strasbourg. Vous discutez. Qui est A, qui est B? Préparez votre rôle et jouez le dialogue en classe.** (B ▶ p. 150)

1. D'abord, vous parlez de vos hobbys. Tu aimes:

2. Après, vous préparez le programme pour le week-end. Tu proposes des activités et vous discutez.

Samedi après-midi:
– faire de l'aviron
Samedi soir:
– regarder des DVD
Dimanche matin:
– aller au Musée du chocolat
Dimanche après-midi:
– faire une balade à vélo
Dimanche soir:
– surfer sur Internet

A

Production écrite

4 **Eure französische Partnerklasse kommt bald zu Besuch. Ihr habt ein Programm vorbereitet. Nun erhältst du folgende E-Mail von Jérémy aus eurer Partnerklasse. Du kennst ihn schon ganz gut. Beantworte seine E-Mail.**

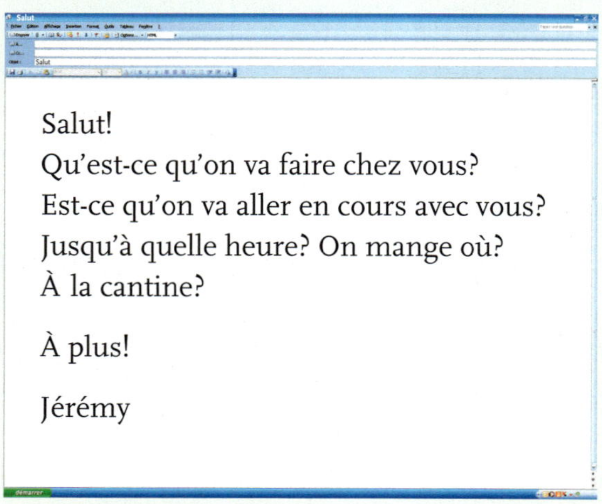

Salut!
Qu'est-ce qu'on va faire chez vous?
Est-ce qu'on va aller en cours avec vous?
Jusqu'à quelle heure? On mange où?
À la cantine?

À plus!

Jérémy

Unité 6 À Strasbourg

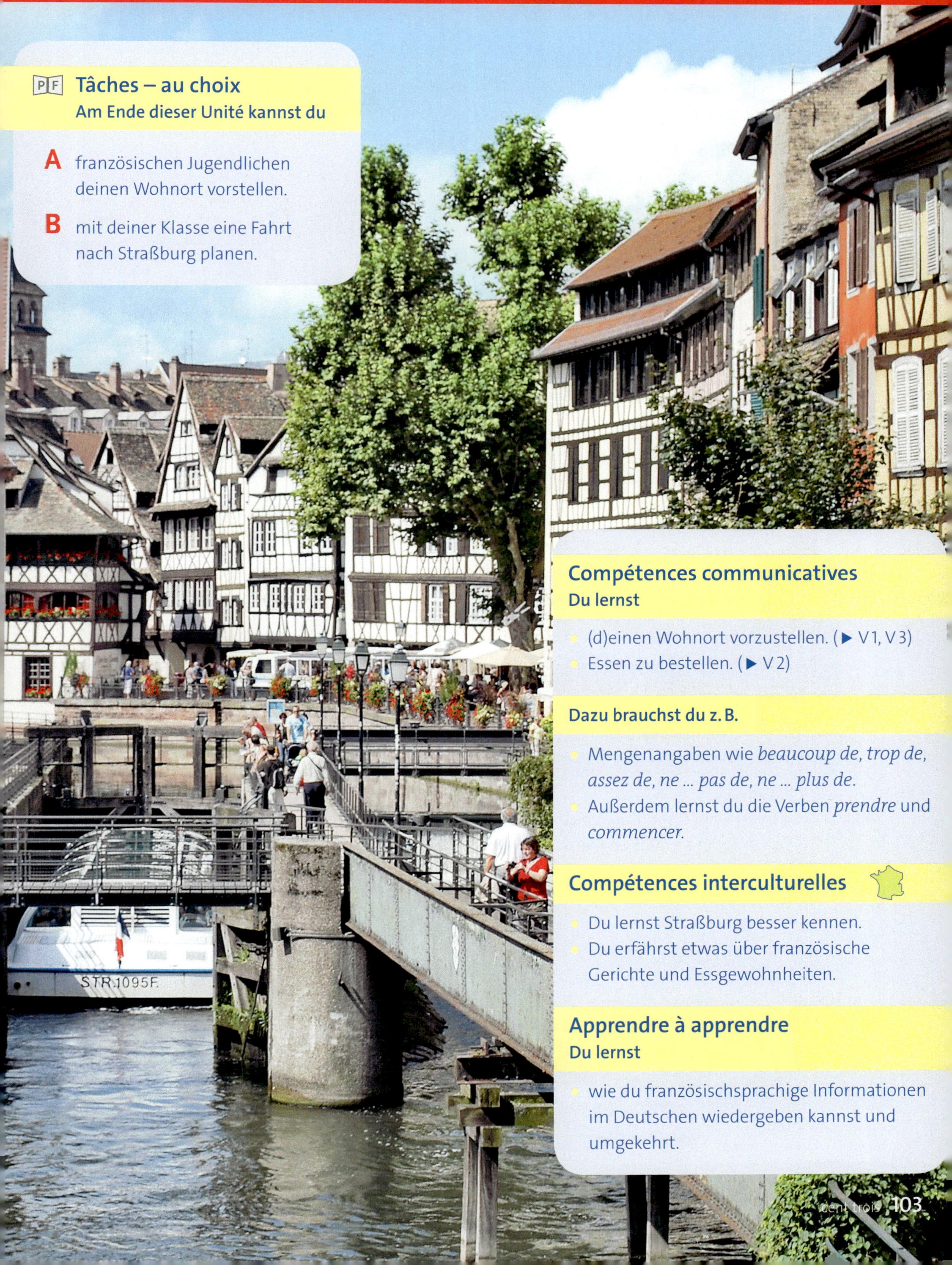

Tâches – au choix
Am Ende dieser Unité kannst du

A französischen Jugendlichen deinen Wohnort vorstellen.

B mit deiner Klasse eine Fahrt nach Straßburg planen.

Compétences communicatives
Du lernst

- (d)einen Wohnort vorzustellen. (▶ V 1, V 3)
- Essen zu bestellen. (▶ V 2)

Dazu brauchst du z. B.

- Mengenangaben wie *beaucoup de, trop de, assez de, ne … pas de, ne … plus de.*
- Außerdem lernst du die Verben *prendre* und *commencer.*

Compétences interculturelles

- Du lernst Straßburg besser kennen.
- Du erfährst etwas über französische Gerichte und Essgewohnheiten.

Apprendre à apprendre
Du lernst

- wie du französischsprachige Informationen im Deutschen wiedergeben kannst und umgekehrt.

CD2 32

La visite en bateau

Lundi, 21 avril: les correspondants de Lahr sont là. À 10 h 30, le groupe monte dans le bateau près du Palais Rohan. La visite de la ville peut commencer.

1

2

Le bateau passe par le quartier de la Petite France avec ses maisons du Moyen-Âge et ses ponts. C'est très joli mais assez touristique.

3

Voilà le musée d'Art moderne.
À côté du musée, on peut faire du skate.

4

Le bateau passe par le Quartier allemand.
Voilà la place de la République et le théâtre.

5

Voilà les bureaux d'Arte,
la télévision franco-allemande.

6

Et voilà le Parlement européen ...

7

… et le Conseil de l'Europe.

8

À 11 h 45, les élèves retournent au collège.

Lire et comprendre

DELF

52|2

1 a **Retrouve le circuit des élèves sur la carte.** | **Welche der drei Bootstouren (A, B oder C) hat die Schülergruppe gemacht?**

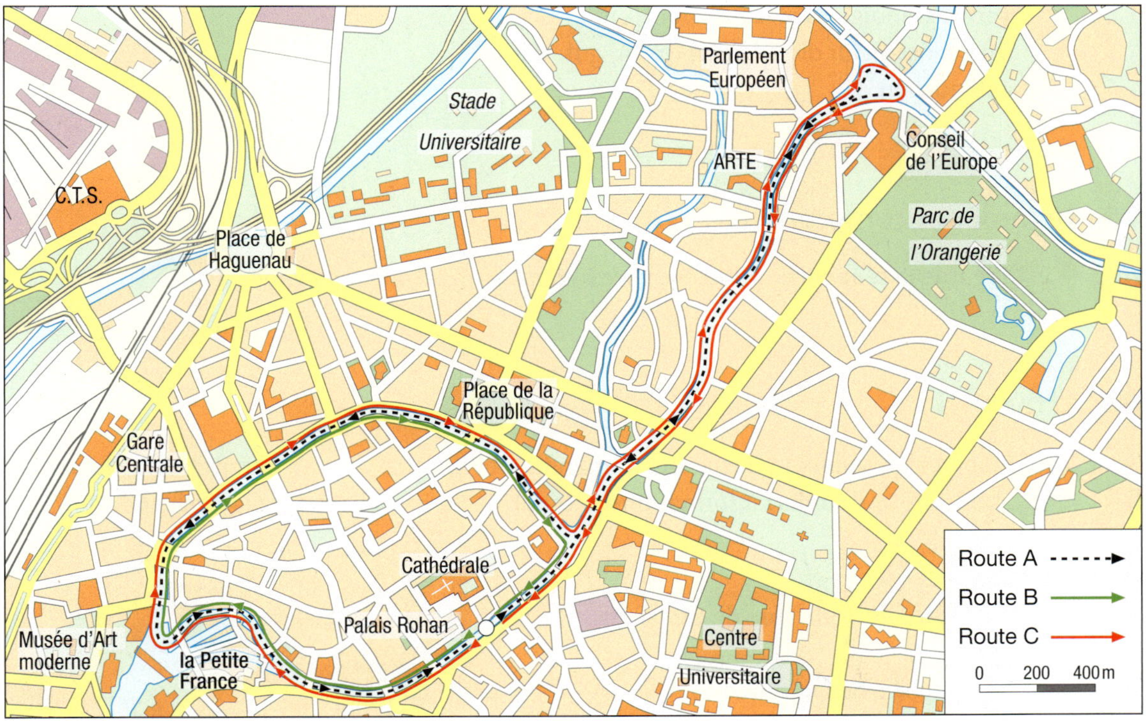

b **Belege anhand des Textes, …**

1. … dass Straßburg eine alte Stadt ist.
2. … dass Europa in Straßburg eine wichtige Rolle spielt.

Parler

52|1

2 Travaillez à deux. A regarde ici. B regarde p. 151. Trouvez six différences. Utilisez *à côté de* ou *près de*. (B ▶ p. 151)

de + le = du
de + les = des

Exemple:
A: Sur mon dessin, il y a un chat.
B: Où est-ce qu'il est?
A: Il est à côté de la boulangerie*. Et sur ton dessin?
B: Sur mon dessin, le chat est près des toilettes.

* **la boulangerie** die Bäckerei

Vocabulaire

53|3
53|4

3 Fais un associogramme sur *la ville*. Complète ton associogramme au cours de l'unité. | Lege ein Vokabelnetz zum Thema *la ville* an. Vervollständige es im Laufe der *Unité*. Du kannst es für die *Tâche A* (p. 114) gut gebrauchen.

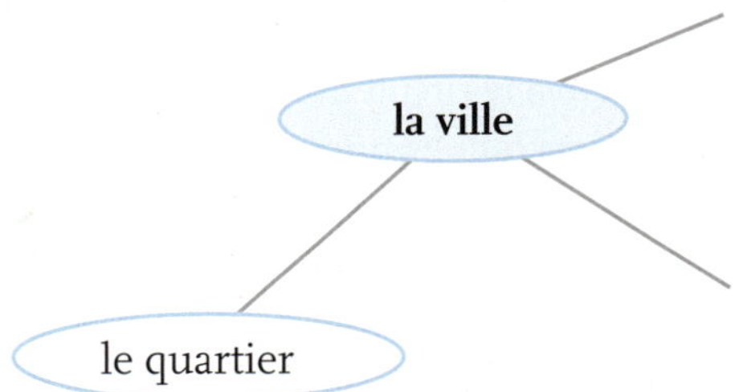

Regarder et comprendre

DVD 9

4 Regarde la séquence. | Welche Orte in Straßburg erkennst du wieder?

Activité

DELF
53|5

5 Préparez un séjour à Strasbourg. Demandez des informations. | Bereitet eine Klassenfahrt nach Straßburg vor. Fordert Informationsmaterial an. Ihr braucht es für die *Tâche B* (p. 114). ▶ p. 157

Office de Tourisme de Strasbourg

17, place de la Cathédrale
67082 STRASBOURG CEDEX

E-mail: info@otstrasbourg.fr

CD2
33–34

À la cantine

Après la visite en bateau, tout le monde a faim! Les Français et les Allemands vont ensemble à la cantine.

In Frankreich gibt es überall Schulkantinen. Dort wird ein dreigängiges Menü angeboten. Brot und Wasser gibt es immer dazu.

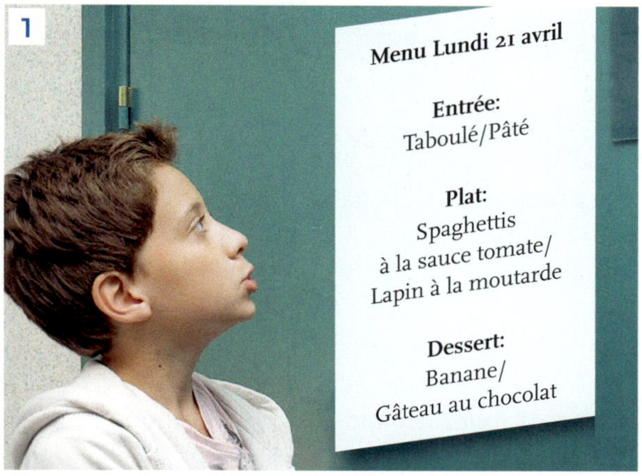

1

Théo: Qu'est-ce qu'il y a à la cantine aujourd'hui? ... Moi, je prends le pâté, le lapin et le gâteau! Et vous, qu'est-ce que vous prenez?
Yasmine: Le taboulé et le lapin.
Clara: Je déteste le lapin. Je vais prendre les spaghettis et comme dessert ... le gâteau. Et toi, Tom?

2

Tom: Qu'est-ce que ça veut dire, «lapin»?
Théo: Euh ... C'est ... Zut! Je ne sais plus ... Regarde!
Tom: Hum ... Je ne comprends pas.
Lukas: Das heißt «Kaninchen».

3

Théo: J'ai soif! Tu me passes l'eau, s'il te plaît?
Yasmine: Voilà!
Théo: Merci! Bon appétit!
Clara: Lukas, tu me passes le pain, s'il te plaît?
Tom: Seit wann isst man Brot zu Spaghetti!? Comment est-ce qu'on dit «Schmeckt das?» en français?
Lukas: «C'est bon?»
Tom: C'est bon, le pain avec les spaghettis?
Clara: Très bon!

Théo: Clara, tu ne manges plus?
Clara: Non. Tu veux mon dessert?
Théo: Oui! Le gâteau au chocolat, c'est trop bon!

Lire et comprendre

DELF **1** **Quel résumé correspond au texte? | Welche Zusammenfassung passt zum Text?**

1. La 6e A et les élèves de Lahr sont à la cantine. Les garçons prennent le lapin. Clara et Yasmine préfèrent les spaghettis à la sauce tomate. Tom demande à Clara: «C'est bon?»

2. Aujourd'hui, à la cantine, il y a des spaghettis. Théo préfère le lapin, Yasmine aussi. Clara n'aime pas le lapin, elle prend les spaghettis. Théo a faim, il mange deux desserts.

3. Les élèves mangent ensemble à la cantine. Théo et Yasmine prennent le lapin à la moutarde. Clara et Tom préfèrent les spaghettis. Clara mange aussi le gâteau au chocolat de Théo.

Parler

DELF **2** **Regardez le menu (p. 107). Qu'est-ce que vous prenez? Jouez le dialogue.** (▶ Méthodes, p. 163/12)

1. – Qu'est-ce que tu prends, aujourd'hui? →
2. – Je prends ___ et ___. Et toi? ←
3. – Moi (aussi), je prends ___. / Je déteste ___, je vais prendre ___. →
4. – Et comme dessert? ←
5. – Je vais prendre ___ (c'est trop bon). Et toi? →
6. – Moi (aussi), je prends ___. / Moi, je préfère ___.

S'entraîner

55|4 **3** **Qu'est-ce qui a changé pour Lukas? Raconte. | Was hat sich für Lukas verändert?** (▶ Repères, p. 115/1)

Exemple: Lukas n'habite plus à Berlin. Maintenant, il habite à Strasbourg.

1. *habiter* à Berlin / à Strasbourg
2. *aller* à l'école «Regenbogen» / au collège «Maxime Alexandre»
3. *manger* à la maison à midi / à la cantine
4. *rentrer* à 13 heures / à 16 heures
5. *faire* ses devoirs avec Nils / avec Théo
6. *être* fan de Hertha BSC / du Racing Club de Strasbourg

Écouter et prononcer

le musée vite je suis le bureau les fruits la guitare
le rallye nul huit aujourd'hui le stylo le jus

CD 2 35 **4 a** **Écoute et répète.**

54|2 **b** **Fais un tableau dans ton cahier. Note les mots de a dans la bonne colonne.**

[y]	[i]	[ɥ]
le musée	*vite*	*je suis*

CD 2 36 **c** **Écoute et répète.**

Écouter et parler

CD2 37 DELF

5 **Tu es à la cantine avec Théo et ses copains. Ils te posent des questions. Réponds.**

Activité

DELF 56|6

6 **Tu es chez ton/ta correspondant/e en France. Vous mangez à la cantine. Regardez le menu et jouez le dialogue.** (B ▶ p. 151)

Menu

Entrée	Salade de concombres/Melon
Plat	Spaghettis bolognaise/ Gratin de pommes de terre
Dessert	Yaourt/Pomme

A

- Ihr fragt euch gegenseitig, was ihr essen wollt.
- Du fragst **B** nach den Wörtern, die du auf dem Speiseplan nicht verstehst.
- Beim Essen hast du Durst und bittest **B**, dir das Wasser zu reichen.
- Du reagierst auf einen Vorschlag von **B**.

Apprendre à apprendre

7 **Zwischen zwei Sprachen vermitteln** (▶ Méthodes, p. 168/21)
Du kannst in Gesprächen zwischen Franzosen und Deutschen als Sprachmittler helfen. Du stehst sozusagen in der Mitte und hilfst den einen auf Deutsch, den anderen auf Französisch. Übersetze nicht Wort für Wort, sondern teile jedem in seiner Sprache nur das mit, was er wissen möchte oder wissen sollte. Probiere es in der nächsten Übung aus. Vergleiche deine Lösung mit der deiner Mitschüler.

Médiation

55|5

8 **Avec tes parents, tu es dans un restaurant en France. Tes parents ne parlent pas français. Quelles informations sont importantes? Qu'est-ce que tu dis? | Welche Informationen sind wichtig?**

1. **Serveur:** Bonjour, messieurs dames. Voilà la carte. ... Ah, pardon, vous êtes allemands? Il y a beaucoup de touristes dans notre ville ... Nous avons aussi une carte en allemand. Je vais la chercher ...
Toi à tes parents: ?

2. **Ton père:** Das ist aber ein nettes Restaurant! Hmm, was nehme ich denn ...? Da steht „Kaninchen à la dijonnaise". Was ist denn das? Ah, da kommt der Kellner wieder! Fragst du ihn?
Toi au serveur: ?

3. **Serveur:** Ah, c'est une spécialité de la maison! Un lapin à la moutarde, à la moutarde de Dijon. Il est très bon, tout le monde adore notre lapin. Vous allez l'adorer aussi!
Toi à tes parents: ?

4. **Ta mère:** Das klingt gut, das nehmen wir. Und einen Nachtisch würde ich nachher gern probieren. Der Schokoladenkuchen, den unsere Nachbarn haben, sieht lecker aus. Den nehme ich auch.
Toi au serveur: ?

Ma ville, mon quartier

Préparer la lecture

CD 2 38–41

1 **Écoute. Est-ce qu'ils aiment leur ville / leur quartier? | Finde nur heraus, ob die interviewten Personen ihre Stadt / ihr Viertel mögen.** **(▶ Méthodes, p. 162/10)**

Les élèves de Lahr sont sur la place Kléber et font des interviews pour leur cours de français.

Tom: Was soll ich denn sagen?
Mesut: Du stellst uns vor und sagst, was wir vorhaben. Das ist doch ganz einfach!

Tom parle à une dame.
Tom: Bonjour, Madame! Nous sommes de Lahr, en Allemagne. Nous faisons des interviews. Est-ce que vous aimez votre ville?
Dame: Oui, j'aime Strasbourg. Le centre-ville n'est pas très grand. On peut faire beaucoup de choses à pied, c'est un peu comme dans un village. C'est pratique.
Tom: Merci, Madame!

Mesut demande à un monsieur.
Mesut: Monsieur, s'il vous plaît, est-ce que vous aimez Strasbourg?
Monsieur: Oui, beaucoup!
Mesut: Et qu'est-ce que vous aimez?
Monsieur: La cathédrale, les parcs ... Moi, je vais souvent au parc de l'Orangerie.
Mesut: Est-ce que vous aimez votre quartier?
Monsieur: J'habite en face de la cathédrale. Ce n'est pas toujours drôle parce qu'il y a trop de touristes, mais j'aime quand même mon quartier.
Mesut: Merci, Monsieur!
Mesut: Äh, mag er nun sein Viertel oder nicht?
Tom: Ich habe es auch nicht ganz verstanden ...

Julia parle à deux jeunes.

Julia: Salut! Qu'est-ce que vous aimez à Strasbourg?
Garçon: Moi, j'aime les cinés, le centre commercial Rivétoile ...
Fille: Moi, j'aime bien le centre, mais je n'aime pas mon quartier!
Julia: Pourquoi?
Fille: Parce qu'il n'y a pas d'activités pour les jeunes. Et puis, il n'y a pas assez de magasins. Pfff! Depuis des mois, il n'y a plus de café! Il y a un supermarché et une boulangerie, c'est tout.
Garçon: Moi, j'aime mon quartier. C'est loin du centre et c'est petit, mais tout près il y a une piscine et un stade, c'est cool.
Julia: Merci, salut!

Julia: Mann, die haben aber viel gesagt ...
Felix: Du musst ja nicht alles aufschreiben!

Felix parle à deux dames.
Felix: Bonjour! Nous sommes de Lahr et nous faisons ...
Touriste: Ach je! Ich verstehe kein Wort! Wir sind aus Deutschland! [...]

Médiation

2 **Aide les élèves de Lahr. Fais la médiation. | Übertrage die Hauptaussagen der Franzosen ins Deutsche (a, b) und die der Deutschen ins Französische (c).** (▶ Méthodes, p. 168/21)

a **Mesut:** „Äh, mag er nun sein Viertel oder nicht?"
Tom: „Ich habe es auch nicht ganz verstanden …"

Was hast du verstanden? (Zeile 16–26)

b **Julia:** „Mann, die haben aber viel gesagt …"
Felix: „Du musst ja nicht alles aufschreiben!"

Was könnte Julia aufschreiben? (Zeile 31–45)

CD 2 41

c **Felix:** „Was schreibe ich denn jetzt?"

Wie würdest du Felix' Gespräch mit den Touristen zusammenfassen? (Zeile 50– Ende des Hörtextes)

Parler

DELF 57|1

3 **Et vous? Est-ce que vous aimez votre ville/quartier/village? Dans votre classe, interviewez trois personnes.** (▶ Banque de mots, p. 179)

Tu aimes ___? / Qu'est-ce que tu aimes à ___?

Oui, j'aime ___. / Non, je n'aime pas ___. / J'aime beaucoup ___.

Regarder et comprendre

DVD 10

4 **Est-ce que les personnes interviewées aiment Strasbourg? Qu'est-ce qu'elles aiment? Qu'est-ce qu'elles n'aiment pas? Pourquoi?**

Découvrir

Koop

5 a **Lies noch einmal den Text auf S. 110. Wie sagt man das auf Französisch?** (▶ Repères, p. 115/2)

1. Es gibt **keine** Freizeitangebote.
2. Es gibt **kein** Café **mehr**.
3. Es gibt **nicht genug** Geschäfte.
4. Man kann **viele** Sachen machen.
5. Es gibt **zu viele** Touristen.

57|2
58|3

b **Qu'est-ce qu'il y a dans ta ville / ton quartier / ton village?**
Utilise *ne … plus de, assez de, beaucoup de, trop de, ne … pas de, ne … pas assez de.*
(▶ Banque de mots, p. 179, ▶ Listes des mots, p. 214)

Dans mon quartier, il y a ___.

S'entraîner

6 a In einem Chat triffst du Cyril. Du willst ihn näher kennenlernen und fragst ihn:
- wo er wohnt und ob es dort genug Freizeitangebote für Jugendliche gibt,
- ob er viel Zeit vor dem Computer verbringt,
- ob er auch zu viele Hausaufgaben hat.

Schreibe Cyril eine E-Mail.

//O ▶ p. 158

b Stell dir vor, Cyril hätte dir diese Fragen gestellt. Beantworte sie.

Médiation

7 Ihr wollt eine dreitägige Klassenfahrt nach Straßburg unternehmen, von Dienstag bis Donnerstag. Dort wollt ihr etwa vier Mal am Tag mit der Straßenbahn fahren. Finde auf der Übersicht das für euch günstigste Ticket heraus und erkläre dies deinen Mitschülern.

Tickets

ACCUEIL SE DÉPLACER TARIFS PRATIQUE LA CTS

Tarifs > Tickets

Les tickets de transport

Tickets valables dans la Communauté Urbaine de Strasbourg (CUS) et Kehl.

- **ALLER SIMPLE**
  Ticket valable pour un aller simple.
  1 ticket 1.40 €
  10 tickets 12.20 €

- **ALLER SIMPLE Tarif réduit**
  Tickets valables pour un aller simple, pour les enfants de moins de 12 ans et les séniors de plus de 65 ans.
  1 ticket 1.05 €
  10 tickets 9.50 €

- **24 H TRIO**
  Ticket valable pendant 24 heures du lundi au vendredi, pour 2 à 3 personnes.
  1 ticket 5.50 €

- **24 H TRIO WEEK-END**
  Ticket valable pendant 24 heures le samedi ou le dimanche, pour 2 à 3 personnes.
  1 ticket 5.00 €

⚠ Attention: Commandez les tickets TRIO trois semaines avant votre départ!

«Un sandwich, s'il vous plaît!»

Prix:

Sandwich (au choix: jambon, fromage, thon, poulet)	2.45 €
Petite salade	4.00 €
Grande salade	6.50 €
Quiche/Pizza	3.30 €
Plat du jour	6.50 €
Boisson*	1.50 €

Formules:

Quiche ou pizza + dessert du jour + boisson*	6.30 €
Sandwich + petite salade + boisson*	7.00 €
Sandwich + boisson*	4.10 €

* **boisson au choix 33 cl (eau minérale, coca, limonade, jus de pomme)**

Vocabulaire

oop

1 a Regarde la carte. Qu'est-ce que tu comprends?

b Et ton partenaire? Comparez.

Médiation

2 Tu es avec un ami dans une boulangerie en France. Deux jeunes sont devant vous.

CD 2 42

a Écoute le dialogue entre les jeunes et la vendeuse. Ton ami ne comprend pas le français. Fais la médiation. | Hör dir das Gespräch zwischen den Jugendlichen und der Verkäuferin an. Erkläre deinem Freund, der kein Französisch versteht, was die Jugendlichen kaufen.

CD 2 42

b Travaillez à deux. Écoutez le dialogue encore une fois et trouvez comment on dit. Le partenaire A écoute la vendeuse, le partenaire B écoute les deux jeunes.

A

1. Wie fragt die Verkäuferin, wer an der Reihe ist?
2. Wie fragt die Verkäuferin, ob der Junge noch einen Wunsch hat?

B

1. Wie sagt das Mädchen, was es möchte?
2. Wie sagt der Junge, dass er sonst nichts möchte?

CD 2 43

c À toi. Écoute et réagis. | Antworte der Verkäuferin und vermittle zwischen ihr und deinem Freund, der kein Französisch versteht.

d Travaillez à trois. Choisissez votre rôle. Faites un dialogue comme en c et jouez-le.

Wähle eine der beiden Aufgaben aus.

PF A Ma ville

Prépare une affiche sur ta ville / ton quartier / ton village.

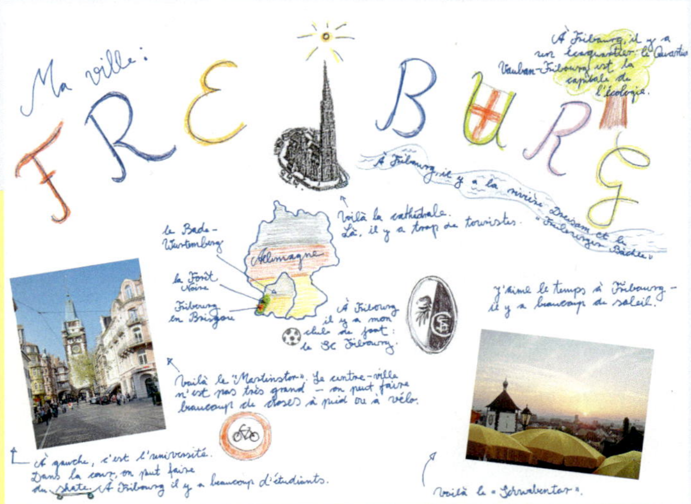

- Schreibe kurze Texte über deine Stadt / dein Viertel / dein Dorf.
- Schreibe auch über das, was du dort nicht so gut findest. (▶ Banque de mots, p. 179, ▶ Liste des mots, p. 214)
- Wenn dir Wörter fehlen, kannst du sie in einem Wörterbuch nachschlagen oder deinen Lehrer / deine Lehrerin fragen. (▶ Dictionnaire en ligne, p. 179)
- Korrigiert die Texte gegenseitig, bevor ihr eure Plakate gestaltet. (▶ Méthodes, p. 167/20)
- Suche zu den Texten passende Bilder und gestalte ein Plakat.

Nützliche Ausdrücke findest du in den *Repères* (*Qu'est-ce qu'on dit*, p. 115) und im Text (p. 110).

PF B Un séjour à Strasbourg

a Teilt die Klasse in Kleingruppen auf. Jede Gruppe bereitet ein Programm für einen zweitägigen Aufenthalt der Klasse in Straßburg vor. Benutzt auch das Informationsmaterial, das ihr vom *Office de Tourisme* bekommen habt. Wenn ihr nichts bekommen habt, geht auf www.cornelsen.de/webcodes **APLUS-1-114**.

- Informiert euch gegenseitig über das Material. (▶ Méthodes, p. 168/21)
- Was würdet ihr in Straßburg mit der Klasse gern unternehmen? Wo möchtet ihr hingehen?
- Findet diese Orte auf einem Stadtplan wieder.
- Erarbeitet ein Programm und haltet es schriftlich fest.

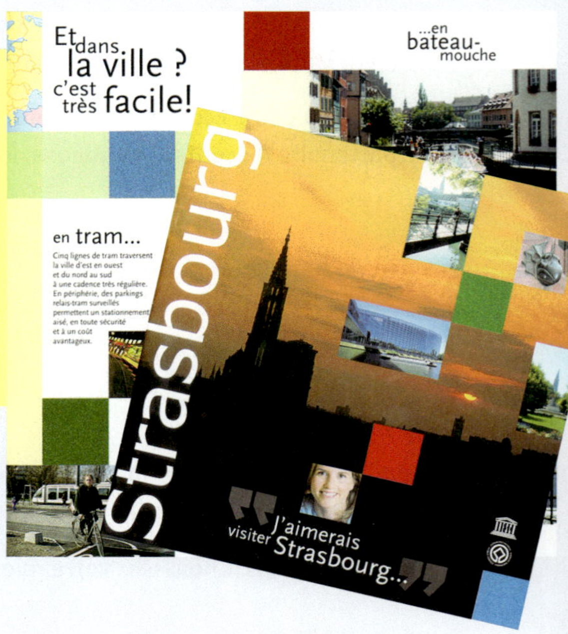

b Jede Gruppe stellt ihren Programmvorschlag vor. Dann stimmt ihr über ein Programm ab.

Qu'est-ce qu'on dit?

54|1

Du sprichst über eine Stadt / ein Stadtviertel
Le centre-ville est petit/grand.
C'est un peu comme dans un village.
(Mon quartier) est loin/près du centre.
On peut faire beaucoup de choses à pied.
Il y a trop de (touristes).
Il n'y a pas assez de (magasins).
Depuis trois mois, il n'y a plus de (café).

Du sprichst mit jemandem über das Essen
Qu'est-ce que tu prends?
Moi, je prends (le pâté).
Bon appétit!
C'est bon? – Très bon.
J'ai soif. / J'ai faim.
Je n'ai plus soif. / Je n'ai plus faim.
Tu me passes (l'eau), s'il te plaît?

Grammaire

Du sagst, dass jemand etwas nicht mehr tut: — Dazu brauchst du:

GH 33 **1**

Il **ne** mange **plus.** → **die Verneinung mit *ne ... plus***

Je **ne** sais **pas**. ... nicht. ⟷ Je **ne** sais **plus**. ... nicht mehr.

Du gibst Mengen an: — Dazu brauchst du:

GH 34 **2**

Il y a **assez de** magasins. → **Mengenangaben**

Il y a	**beaucoup**	**de**	parcs.	viele
Il y a	**trop**	**de**	touristes.	zu viele
Il y a	**assez**	**de**	magasins.	genug

Il	**n'**y a	**pas assez**	**d'**	activités.	nicht genug
Il	**n'**y a	**pas**	**de**	cinéma.	kein/e
Il	**n'**y a	**plus**	**de**	café.	kein/e ... mehr

Weitere Verben:

54|3 GH 32 **3**

Je **prends** les spaghettis. → **das Verb *prendre***

Lege eine Verbkarteikarte für *prendre* an.
Die Konjugation von *prendre* findest du auf S. 175.

Das Verb *comprendre* wird wie *prendre* konjugiert.

Übt und wiederholt gemeinsam

Werft einen Würfel und eine Münze. Der Würfel bestimmt die Person, die Münze das Verb (Kopf – *comprendre*, Zahl – *prendre*). Bildet die Verbform. Wechselt euch ab.

GH 31

commencer → ! *nous commençons* ▸ *Verbes*, p. 174

Fêtes et traditions en France

Janvier

Le 6 janvier, c'est la fête des Rois.

Février

Le 2 février, à la Chandeleur, on mange des crêpes.

Mars

À Pâques, les cloches apportent des œufs, des poules et des poissons en chocolat.

Avril

Le 1er avril, on colle des poissons en papier dans le dos des gens.

Mai

Le 1er mai, on offre du muguet et on ne travaille pas: c'est la fête du travail.

Juin

Le 21 juin, les gens font de la musique dans les rues et dans les parcs.

Juillet

Le 14 juillet est le jour de la fête nationale. Le soir, on danse dans les rues et il y a des feux d'artifice.

Août

Septembre

En septembre, après les grandes vacances, les élèves rentrent à l'école.

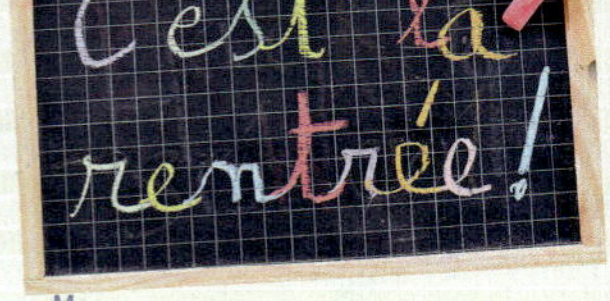

Octobre

Le 31 octobre, on fête Halloween.

Novembre

Décembre

À Noël, on décore un sapin. On ouvre les cadeaux le matin du 25 décembre.

1 Vergleicht die französischen Feste mit denen, die ihr von zu Hause kennt. Was ist gleich/anders?

Hier kannst du überprüfen, was du in den *Unités* 5–6 an Wortschatz und Grammatik gelernt hast. Unter www.cornelsen.de/webcodes APLUS-1-117 kannst du diese Aufgaben herunterladen und dann ausfüllen.

Vocabulaire

1 **Quels mots vont ensemble?**

avoir faim — être ouvert — l'arrivée
près de — la ville — en car
grand — être nul — le matin — l'entrée

à pied — le village — loin de — petit
le dessert — avoir soif — être bon
le soir — être fermé — le départ

Grammaire

L'article contracté avec *à*

2 **Où est-ce qu'ils sont?**

1 
Lukas et Yasmine – cantine

2 
Jade et Clara – infirmerie

3 
Noah – CDI

4 
Théo – toilettes

Les prépositions et l'article contracté avec *de*

3 **Regarde le dessin et complète le texte. Parfois, il y a plusieurs possibilités. | Ergänze den Text mit den Ortsangaben und achte auf den zusammengezogenen Artikel.**

Dans le centre-ville, il y a une cathédrale. ? cathédrale, il y a un musée, le musée de la musique. ? musée, il y a le collège «Jacques Brel». ? cathédrale, il y a une place. ? place, il y a un théâtre. La boulangerie «Pain du pont» est ? théâtre. ? boulangerie, il y a un pont. Et sur le pont, des gens dansent!

à gauche à droite en face	du ___ de la ___ de l' ___ des ___

Les déterminants possessifs

4 **Voilà la famille de Tom Krämer. Complète par** *son, sa, ses, leur* **ou** *leurs*.

1 Voilà Tom avec ? parents.

2 Voilà Tom avec ? sœur, Pauline.

3 Voilà Tom et Pauline avec ? parents.

4 Voilà Tom avec ? frère, Jonas.

5 Voilà Tom et Jonas avec ? sœur.

6 Voilà M. et Mme Krämer avec ? enfants.

Les verbes irréguliers *aller* et *prendre*

5 a **Complète par les formes du verbe** *aller* **.**

1
– Tu ? à la piscine?
– Non, je ? au stade.

2
– Vous ? chez Sophie?
– Non, on ? chez Louise!

3
Mes parents ? au cinéma. On est tranquille …

b **Complète par les formes du verbe** *prendre*.

Les questions

6 **Travaillez à deux. Posez des questions et répondez. Utilisez:**

Est-ce que ___?
Qu'est-ce que ___?
Où est-ce que ___?
Quand est-ce que ___?
Pourquoi est-ce que ___?
À quelle heure est-ce que ___?

Unité 7 On fait la fête!

Tâche
Am Ende dieser Unité kannst du

A/B ein Geburtstagsfest für einen französischen Austauschschüler planen.

Compétences communicatives
Du lernst

- zu sagen, wann du Geburtstag hast. (▶ V1)
- eine Geburtstagseinladung zu schreiben. (▶ V1)
- über ein Geschenk zu sprechen. (▶ V2)
- ein Rezept zu verstehen und Mengen anzugeben. (▶ V2, V3)
- jemandem zum Geburtstag zu gratulieren und ein Geburtstagslied zu singen. (▶ V3)

Dazu brauchst du z. B.

- die Monatsnamen.
- das Verb *acheter*.
- weitere Mengenangaben.
- die direkten Objektpronomen.
- Außerdem lernst du die Verben *attendre* und *entendre*.

Compétences interculturelles

- Du erfährst, wie man in Frankreich Geburtstag feiert.

Apprendre à apprendre
Du lernst

- wie du dir eine Merkhilfe anfertigen kannst.

CD 2
44–46

C'est quand, ton anniversaire?

Préparer la lecture

1 Regarde les mois. Qu'est-ce que tu comprends?

Pour Lukas
Je t'invite à ma fête d'anniversaire
Quand? Samedi, 31 mai à 15 heures
Où? 100, avenue Jean Jaurès
(tram Jean Jaurès)
Tél.: 03.88.73.64.96
Portable: 06.78.54.99.82
Je compte sur toi! Théo

In Frankreich gibt man zuerst die Hausnummer und dann die Straße an: *100, avenue Jean Jaurès.*

Lire et comprendre

DELF **2** **C'est quand, leur anniversaire? Réponds.**

1. L'anniversaire de Yasmine, c'est en Julliet. 2. L'anniversaire de Lukas, c'est 1er Avril.
3. La fête d'anniversaire de Théo, c'est 31 mai.

Écouter et chanter

CD 2 47–48
62|1

3 **Écoute et chante.**

Les mois de l'année[1]

Écoute d'abord et répète après!
Chante avec moi les mois en français!
Janvier, février, mars, avril,
Regarde, c'est facile![2]
Mai, juin, juillet, août,
Ensemble, on fait la route![3]
Septembre, octobre, novembre, décembre,
On reste[4] dans sa chambre!
Écoute d'abord et répète après!
Chante avec moi les mois en français!

1 **l'année** *f.* das Jahr 2 **facile** leicht 3 **Ensemble, on fait la route!** Wir gehen den Weg gemeinsam! 4 **rester** bleiben

Parler

DELF
62|2

4 a **Faites le tour de la classe. Trouvez la date d'anniversaire de cinq camarades de classe et notez-les.**

b **Faites un calendrier d'anniversaire de la classe.** | **Erstellt einen Geburtstagskalender.**

A: C'est quand, l'anniversaire de Sophie?
B: C'est le 6 juin.

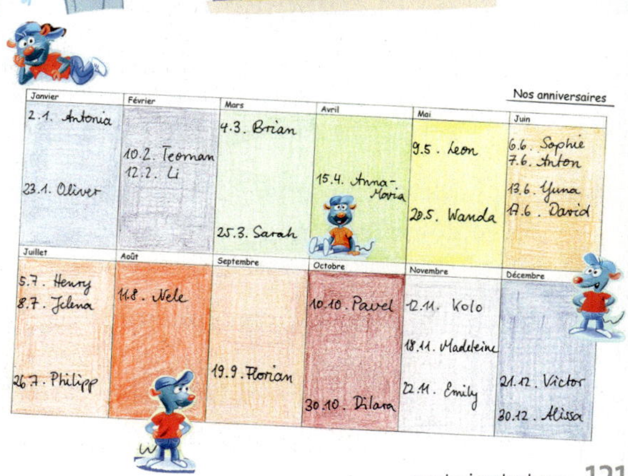

So gibst du das Datum an:
le 1er mai, le 2 juin, le 31 octobre ...

Jouer

5 **Jouez au domino des chiffres. | Spielt Zahlendomino. Setzt die Reihe fort.**

62|3

13 – 37 – 76 …

6 **Conjuguez. A dit un chiffre entre 11 et 99. B conjugue le verbe et forme une phrase. Puis changez de rôle.**

Exemple: – 31. – Il fait des photos.

1 je	**1** *faire*
2 tu	**2** *prendre*
3 il	**3** *aller*
4 elle	**4** *être*
5 on	**5** *avoir*
6 nous	**6** *manger*
7 vous	**7** *appeler*
8 ils	**8** *préférer*
9 elles	**9** *détester*

du sport   le tram   au cinéma
bavard/e   soif   faim   des photos
un jus de fruits   un sandwich
le sport   la musique classique
à la cantine   une balade
une amie   chez un copain   ___

Découvrir la civilisation

7 **Schau dir die Karte an. Welche Vorwahlen haben Paris, Straßburg, Lyon, Bordeaux und Rennes?**

Exemple: Strasbourg, c'est le 03.

In Frankreich werden die Telefonnummern in zweistelligen Zahlen angegeben: 03.88.73.64.96.
Handynummern beginnen mit 06 oder 07.

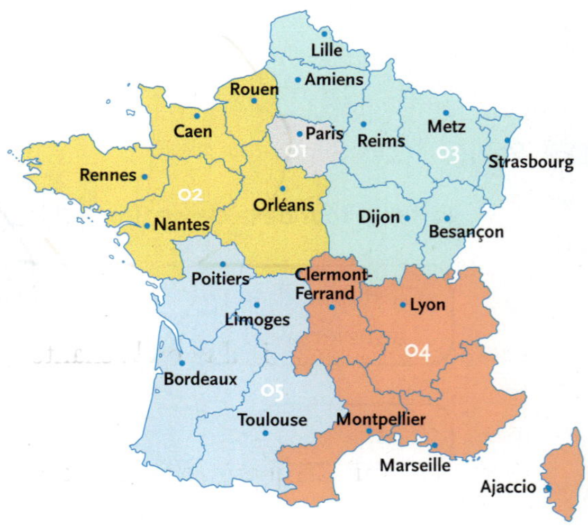

Écouter et comprendre

CD 2 49

8 a **Écoute et note les numéros de téléphone, puis lis-les. | Lies die Telefonnummern laut vor.**

Koop

b **Vergleicht zu zweit eure Ergebnisse.**

c **Dicte ton numéro de téléphone à ton/ta partenaire. | Diktiere deinem Partner / deiner Partnerin deine Telefonnummer.**

C'est quoi, ton numéro?

C'est le ____.

CD 2 50–51

Les cadeaux

Mardi, 27 mai, après les cours:
Clara, Yasmine, Jade et Lukas sont chez Noah et parlent de la fête d'anniversaire. Ils veulent faire un cadeau à Théo. Ils vont acheter une figurine. Théo adore les figurines et il les collectionne. Les cinq jeunes veulent aussi faire une surprise à leur copain. Ils trouvent vite beaucoup d'idées: ils vont faire un gâteau au chocolat parce que Théo adore ça! Yasmine va apporter son DVD d'Omar et Fred: Théo aime beaucoup leurs sketches. Et puis, c'est sympa pour un anniversaire! Noah aussi a une bonne idée: il va composer une chanson!

Yasmine: C'est trop bien! Et on la chante ensemble!
Noah: Bien sûr!
Clara: Bon, qui fait quoi? Noah compose la chanson ...
Lukas: Moi, j'achète la figurine.
Yasmine: Ça coûte combien, une figurine? C'est cher? Moi, je n'ai pas beaucoup d'argent.
Lukas: Ça dépend ... À la librairie «Album», ils ont des figurines à 10 ou 15 euros. Qui veut m'accompagner?
Clara: Moi, je t'accompagne et on l'achète ensemble! Euh ... demain à quatre heures et demie, ça va?
Lukas: Ça marche! Je te retrouve devant le magasin.
Clara: D'accord!
Jade: Et comment est-ce qu'on fait pour le gâteau?
Noah: Ben, on peut le faire ensemble, tu peux m'aider. Tu passes chez moi samedi matin. On mange ici à midi et après, on va chez Théo.
Jade: D'accord! Et je fais les courses avant. Qu'est-ce que j'achète?
Noah: Attends! Je cherche la recette sur Internet et tu fais la liste. Zut! Je ne la trouve pas ... Ah si ... la voilà! Tu notes? Alors, tu achètes:

- un kilo de farine
- un paquet de sucre
- un paquet de beurre
- une bouteille de lait
- six œufs
- deux tablettes de chocolat noir

Lire et comprendre

1 a Retrouve les cadeaux de Théo. | Welche dieser Geschenke bekommt Théo?

DELF

63|1

b Qui fait quoi? Noah | Lukas | Clara | Jade | Yasmine

Parler

DELF

2 a Tu as 12 euros et tu cherches un cadeau pour un copain. Qu'est-ce que tu achètes? | Frage B, wie viel die Gegenstände kosten. Entscheide dich dann für ein Geschenk. (B ▶ p. 152)

Exemple:
A: Le skateboard coûte combien?
B: ___.
A: Je l'achète. / Ah, c'est trop cher.

b Maintenant, c'est à B. | Tauscht die Rollen.

Exemple:
B: Le DVD coûte combien?
A: ___.
B: Je l'achète. / Ah, c'est trop cher.

Découvrir

3 Wofür stehen *le*, *la*, *l'*, *les*?

1. Théo adore les figurines et il **les** collectionne.
2. Où est la recette? Je ne **la** trouve pas!
3. – On fait le gâteau ensemble? – Oui, on **le** fait ensemble.
4. – J'achète la figurine? – On **l'**achète ensemble.

S'entraîner

64|4

4 a Qu'est-ce que c'est? Retrouve les noms. Utilise *C'est* ___ / *Ce sont* ___.
Exemple:
– On l'achète à la boulangerie. Qu'est-ce que c'est? – C'est le pain.

1. On l'achète à la boulangerie.
2. Théo les collectionne.
3. Les touristes la visitent à Strasbourg.
4. Noah et Jade le font ensemble.
5. On les emprunte au CDI.
6. On l'achète à la Vitamine C.
7. On les fait en permanence.
8. Noah la cherche sur Internet.

b À toi. Fais des devinettes pour ton/ta partenaire comme dans 4a. ▶ p. 158
Exemple:
– Les singes les aiment beaucoup. Qu'est-ce que c'est? – Ce sont les bananes.

64|5 **5** Complète les dialogues. Utilise *me*/*m'*, *te*/*t'*. (▶ Repères, p. 133/3)

1

2

3

4

5

6

65|6
65|7 **6** Pour sa fête d'anniversaire, Théo prépare des crêpes et une mousse au chocolat. (▶ Repères, p. 132/2)

1. Pour les crêpes il achète ___.

2. Pour la mousse au chocolat il achète ___.

Écouter et comprendre

CD 2 52 DELF **7** Écoute. C'est où? Quelle photo correspond à quel dialogue? | Welcher Dialog passt zu welchem Foto? (▶ Méthodes, p. 162/9)

A

B

C

D

Activité

8 a Yasmine et Noah cherchent un cadeau pour l'anniversaire de Clara. Retrouvez leur dialogue et notez le mot-clé.

C 65|8

O – D'accord. On l'achète ensemble?
V – Elle aime la musique de ZAZ.
T – C'est une super idée! Ça coûte combien?
– C'est trop cher. Moi, je n'ai pas beaucoup d'argent.
A – 12 euros 99.
L – Qu'est-ce qu'on achète?
N – Je ne sais pas. Qu'est-ce qu'elle aime?
– Alors, on achète un poster de ZAZ. Ça coûte 6 euros 95.
I – On peut acheter un CD de ZAZ.
N – Oui, je passe chez toi demain.

b Jouez le dialogue.

c À vous. Vous cherchez un cadeau pour un/une camarade de classe. Faites le dialogue et jouez-le.

Regarder et comprendre

DVD 11

9 a Regarde la séquence. Retrouve l'ordre des activités. Attention! Il y a une activité en trop.

faire les courses | aller chez Laura | acheter un cadeau | écrire la liste | aller au supermarché | attendre sa copine | préparer un gâteau

b Compare avec ton/ta partenaire et échangez vos informations.

c Utilise les réponses de a et raconte la journée de Rachida et de Laura.

Apprendre à apprendre

10 Wie du dir eine Merkhilfe anfertigen kannst (1) (▶ Méthodes, p. 169/23)

Wenn du Schwierigkeiten hast, dir neue Vokabeln oder eine Grammatikregel zu merken, kannst du ein persönliches Lernplakat anfertigen. Gestalte es so, dass es eine Hilfe für dich ist. Neben Stichpunkten kannst du zum Beispiel Bilder malen oder Symbole verwenden. Hänge das Lernplakat zu Hause an einer Stelle auf, an die du oft schaust. Das kannst du mit den Mengenangaben ausprobieren. Bringt eure Lernplakate mit und stellt sie aus.

CD 2 53–55

Joyeux anniversaire!

Samedi, 31 mai à 14 heures, le buffet est prêt. Il y a des chips, des bretzels, des biscuits, des bonbons et une salade de fruits avec des pommes, des poires et des fraises. Théo prépare un cocktail avec des oranges et des ananas.
À 14 heures 45, Théo attend ses copains.
Est-ce qu'ils vont arriver en retard? Non, ils sont à l'heure!
Théo regarde son cadeau. Il est très content: la figurine de Titeuf est super!
Ensuite, Théo et ses copains font un jeu vidéo dans sa chambre.
Une heure après, les filles ne veulent plus jouer.

Alors, ils regardent le DVD. Les sketches d'Omar et Fred sont très drôles. Lukas ne comprend pas tout, mais il rigole bien quand même.
Un moment après, les copains écoutent des CD. Ils dansent maintenant sur une chanson de Stromae: «Alors, on danse ... ». Il y a une super ambiance! Théo ne danse pas. Il regarde Clara.

La fête continue. Théo est content. Ses copains attendent un moment, puis Jade apporte le gâteau.

C'est ton anniversaire

C'est ton anniversaire,
L'ambiance est super.
On est là et on fait la fête!
Tout le monde fait la fête!

Tes copains sont là
Pour être avec toi
Le jour de tes 12 ans.
C'est la fête maintenant!
Regarde tes cadeaux
Et voilà ton gâteau!
Souffle tes bougies
Et vive la vie!
Un, deux, trois, chantons:

«Joyeux anniversaire!
Joyeux anniversaire!
Joyeux anniversaire, Théo!
Joyeux anniversaire!»

Noah Pérec

Lire et comprendre

DELF ▶ 66|1

1 **Voilà un résumé du texte. Corrige-le. | Korrigiere die Fehler.**

> Théo regarde son cadeau. Super! Une figurine du Marsupilami!
> Théo et ses copains font un jeu vidéo.
> Dix minutes après, les filles ne veulent plus jouer. Les copains regardent un DVD avec des sketches, mais Lukas ne rigole pas.
> Ensuite, Théo et ses copains dansent. Il y a une super ambiance.

Parler

DELF ▶ 65|9

2 **Qu'est-ce que tu fais à ton anniversaire? | Spielt „Kofferpacken".**
Exemple:
– Je prépare un buffet.
– Je prépare un buffet et je danse.

> préparer un buffet faire un jeu vidéo
> préparer un cocktail de jus de fruits
> écouter des CD regarder un DVD
> manger un gâteau faire un rallye
> chanter une chanson danser
> aller à la piscine / au cinéma ___

Vocabulaire

▶ 66|2

3 a **Fais un associogramme sur le thème de l'anniversaire.** (▶ Méthodes, p. 160/7)

▶ 68|5

b **Gibt es Wörter zum Thema Geburtstag, die du für dein Vokabelnetz verwenden willst und die im Text nicht vorkommen? Suche sie in einem Wörterbuch.** (▶ Dictionnaire en ligne, p. 179)

S'entraîner

▶ 67|3

4 **Forme des phrases. | Bilde mindestens fünf sinnvolle Sätze.** (▶ Repères, p. 133/4)

			devant la salle des professeurs.
J'			à la Vitamine C.
Tu			dans le parc de l'orangerie.
Noah/Lukas		Manon	en face du cinéma.
Clara/Jade		Théo	dans la cour.
Nous	*attendre*	Yasmine	devant la cathédrale.
Vous		le prof de maths	à côté de la boulangerie.
Les garçons		les élèves	au supermarché.
Les filles		___	à la cantine.
Les élèves			devant le théâtre.
			dans la salle de séjour.

67|4 **5** **Complète les dialogues. Utilise** *me/m', te/t', nous* **ou** *vous.* | **Vervollständige die Dialoge mit** *me/m', te/t', nous* **oder** *vous.* (▶ **Repères, p. 133/3**)

1

2

3

4

Écouter et comprendre

CD 2 56 **6** **C'est bientôt l'anniversaire de Samira. Qu'est-ce qu'elle va faire avec ses amis? Note.**

Apprendre à apprendre

7 **Wie du dir eine Merkhilfe anfertigen kannst (2) (▶ Méthodes, p. 169/23)**

Ein Lernplakat kann auch im Klassenzimmer hängen. Dann muss es so gestaltet sein, dass alle auf einen Blick das Wichtige erkennen können.

Erstellt in Gruppen Lernplakate zu den direkten Objektpronomen. Vergleicht eure Lernplakate und wählt eines aus, das ihr dann im Klassenzimmer aufhängt.

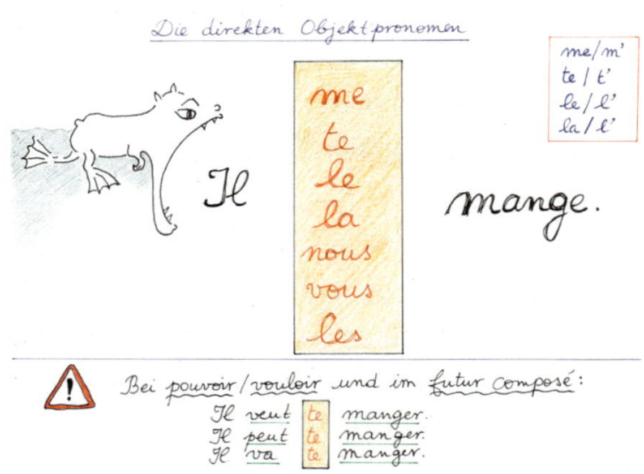

Recettes

Le gâteau au chocolat

Pour le gâteau, il faut:
100 g de farine
100 g de chocolat noir
100 g de sucre
70 g de beurre
10 cl de lait
4 œufs
un peu de sel

Pour la sauce, il faut:
60 g de chocolat noir
30 g de beurre

Thermostat: 200 °C
Préparation: 20 minutes
Cuisson: 35 minutes

Faire fondre 100 g de chocolat avec 70 g de beurre.

Ajouter le lait, puis les jaunes d'œuf.
Puis ajouter la farine, le sucre et le sel.

Battre les blancs d'œuf et ajouter au mélange.

Verser dans un moule. Laisser au four pendant 35 minutes.

Faire fondre 60 g de chocolat avec 30 g de beurre et verser sur le gâteau.

Le cocktail fraise-tomate-basilic

Pour deux personnes:
250 g de fraises
1 tomate
3 feuilles de basilic
2 cl d'huile d'olive

Mixer les fraises, la tomate, les feuilles de basilic et l'huile d'olive.

Médiation

1 Du bist zu Besuch bei deiner Oma. Ihr wollt einen Schokoladenkuchen backen und einen Cocktail mixen. Du bringst diese Rezepte mit. Was braucht ihr? In welcher Menge? Erkläre deiner Oma die Rezepte.

PF **A/B** **Organiser une fête d'anniversaire**

Vos correspondants français sont chez vous et c'est l'anniversaire de Christophe. Vous invitez tout le monde à une fête d'anniversaire. Préparez la fête. | In Kleingruppen plant ihr ein Fest für Christophes Geburtstag.

Gruppe 1:
- Formuliert eine Einladungskarte und gestaltet sie.
- Überlegt euch ein Programm für die Party:
  - Was wollt ihr tun?
  - Welche Musik möchtet ihr hören?
  - Wollt ihr auch eine Überraschung vorbereiten?
- Stellt eure Einladungskarte und euer Programm vor.

Gruppe 2:
- In eurer Gruppe überlegt ihr, was ihr Christophe schenkt.
- Was könnte ihm gefallen und wie viel Geld habt ihr zur Verfügung?
- Bereitet eine Diskussion vor und spielt sie den anderen vor.

Gruppe 3:
- Studiert ein Geburtstagslied ein. Ihr könnt ein eigenes Lied schreiben. Ihr könnt aber auch das Lied von Noah nehmen und verändern.
- Tragt euer Lied vor.

Nützliche Ausdrücke findet ihr in den *Repères (Qu'est-ce qu'on dit*, p. 132–133*)* und in den Texten (p. 120, p. 123 und p. 127).

Qu'est-ce qu'on dit?

63|1

Du sprichst über einen Geburtstag
C'est quand, ton anniversaire?
L'anniversaire de (Clara), c'est le (23 mars). / C'est en (juillet).
Je t'invite à ma fête d'anniversaire.
Je compte sur toi.
Joyeux anniversaire!

Du kaufst etwas ein
Je voudrais (un kilo de pommes).
Ça coûte combien?
Ça coûte (2,60 €).
C'est cher. / Ce n'est pas cher.
Je n'ai pas beaucoup d'argent.

Du bereitest mit Freunden eine Party vor
Qui fait quoi?
Qui fait les courses?
Qu'est-ce que j'achète?
Moi, j'achète (des pommes).
Qui veut m'accompagner / m'aider?
Moi, je t'accompagne / t'aide.
Comment est-ce qu'on fait pour (le gâteau)?
On peut faire une surprise à (Théo).
Moi, je vais apporter un DVD.
Moi, je veux composer une chanson.
Il dit que la musique est super.

Grammaire

Du sagst, dass du etwas einkaufen willst: | Dazu brauchst du:

GH 35 **1** On **achète** un CD. → **das Verb** *acheter*

acheter → j'achète, tu achètes, ...

Lege eine Verbkarteikarte für *acheter* an. Die Konjugation von *acheter* findest du auf S. 174.

Du gibst eine Menge an: | Dazu brauchst du:

GH 36 **2** J'ai **un kilo de** farine. → **Mengenangaben**

un kilo de	farine	ein Kilo
un paquet de	sucre	eine Packung
une bouteille de	lait	eine Flasche
deux tablettes de	chocolat	zwei Tafeln

Übt und wiederholt gemeinsam

Übersetzt die Einkaufsliste:
ein Kilo Bananen, eine Packung Kekse, zwei Packungen Butter, eine Flasche Apfelsaft, eine Tafel Schokolade

(▶ Solutions, p. 177)

Du verweist auf eine Person oder eine Sache: Dazu brauchst du:

GH 37 **3**

Théo collectionne **les figurines.**
Il **les** collectionne. → **die direkten Objektpronomen**

– Tu	**me**	comprends?
– Oui je	**te**	comprends.
– Qui fait le gâteau? – On	**le**	fait ensemble.
– Qui chante la chanson? – On	**la**	chante ensemble.
– Clara accompagne Lukas? – Oui, elle	**l'**	accompagne.
– Noah aide Jade? – Oui, il	**l'**	aide.
– Eh, Théo! Tu	**nous**	écoutes?
– Oui, je	**vous**	écoute.
– Théo adore les figurines et il	**les**	collectionne.

!

Lukas		**nous**	aide.	
Lukas	ne	**nous**	aide	pas.
Jade		**les**	invite.	
Jade	ne	**les**	invite	pas.

!

Clara		va		**nous** aider.
Clara	ne	va	pas	**nous** aider.
Noah		veut		**nous** aider.
Noah	ne	veut	pas	**nous** aider.

Übt und wiederholt gemeinsam

Übersetzt die Sätze:
1. *Ich lade euch ein.*
2. *Begleiten Sie uns nicht?*
3. *Du nervst uns.*
4. *Wartest du auf mich?*
5. *Kannst du mir helfen?*
6. *Können Sie uns helfen?*
7. *Ich kann dich nicht begleiten.*
8. *Ich werde nicht auf euch warten.*

(▶ Solutions, p. 177)

Weitere Verben:

GH 38 **4**

J'**attends** mes amis. → **die Verben auf** *-re*

j'	attends
tu	attends
il/elle/on	attend
nous	attendons
vous	attendez
ils/elles	attendent

Lege eine Verbkarteikarte für *attendre* an.

Das Verb *entendre* wird wie *attendre* konjugiert.

CD 2 57

Qu'est-ce que tu as fait hier*?

1

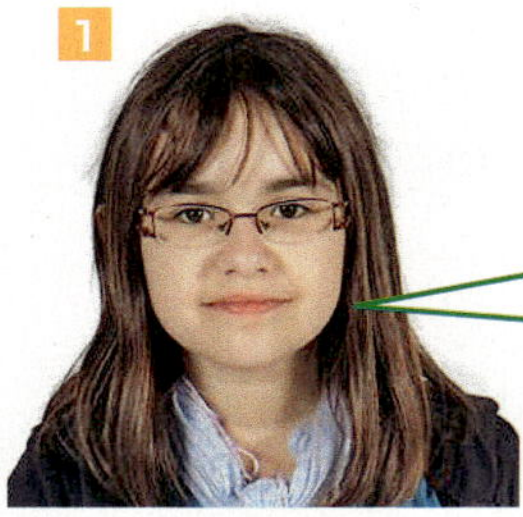

Hier, je suis allée chez ma grand-mère, on a fait un gâteau et une balade dans les Vosges.

2

Je suis allé chez Lukas. D'abord, on a fait des jeux et après, on a regardé un match de foot à la télé.

3

J'ai invité Jade. On a écouté des CD et on a chanté! À midi, on a fait des spaghettis. Puis, j'ai fait mes devoirs.

4

Hier, je suis allé au cinéma avec Karim. Après, j'ai fait mes devoirs et j'ai surfé sur Internet.

* **hier** gestern

CD 2 58

1 **Regarde les dessins et écoute. Quel dessin correspond à quel texte? Il y a un dessin en trop. | Welches Bild passt zu welchem Text? Ein Bild ist zu viel.**

A

B

C

D

2 **Et toi, qu'est-ce que tu as fait hier? Raconte. Utilise:**

J'ai fait	du tennis / du foot / du théâtre / du vélo. de l'aviron / de l'athlétisme. de la danse / de la musique / de la guitare / de la flûte. des percussions / des jeux. mes devoirs / une balade à vélo / ___.

J'ai regardé ___.
J'ai écouté ___.
J'ai mangé chez ___.
J'ai surfé sur Internet. / J'ai chatté avec ___.
J'ai passé le week-end chez ___.

Je suis allé / allée	chez ___. au cinéma / ___.

PRÉPARATION AU DELF

Hier kannst du überprüfen, was du in den *Unités* 6 und 7 gelernt hast. Unter www.cornelsen.de/webcodes APLUS-1-135 kannst du diese Aufgaben herunterladen und dann ausfüllen.

Compréhension écrite

1 Schau dir die Überschriften und die Bilder an. Worum geht es? Antworte auf Deutsch.

Ça va être ta fête!

Tu organises une fête et ça te stresse? Pas de panique: déco, buffet, musique ... Voilà quelques idées et des conseils!

Idées pour le buffet!

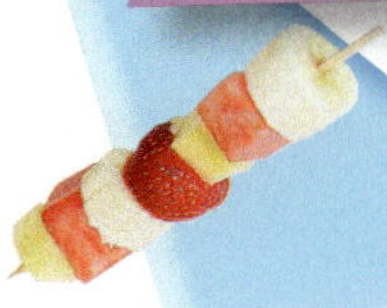

Mini-Club-sandwichs

Salés: Il te faut des tranches de pain, une boîte de pâté, un peu de fromage ...
Sucrés: Il te faut un pot de confiture, une pâte à tartiner au chocolat ...

Brochettes arc-en-ciel

Sucrées: Il te faut[1] des fruits (melon, pommes, poires, fraises, bananes, ananas, oranges) et des bonbons!
Salées: Il te faut des concombres, des carottes, des tomates, un peu de fromage et des mini-saucisses!

C'est pratique

Conseils pour ta fête!

- Prépare ta fête avec des amis. C'est super pour l'ambiance!
- Demande aux invités d'apporter leurs CD préférés.
- Il vous faut de la place pour danser. Mets les chaises contre les murs! C'est pratique!
- Tes amis ne veulent peut-être[2] pas danser. Pense à des activités: jeux, karaoké, sketches, mini-tombola ...
- Parle avec tes parents. L'idéal: Ils ne sont pas avec vous, mais ils ne sont pas loin parce que tu peux avoir un problème ...

1 **il te faut / il vous faut** du brauchst / ihr braucht
2 **peut-être** vielleicht

2 Vrai (v) ou faux (f)? Lis le texte et corrige les phrases fausses en allemand.

1. Es ist besser, eine Party alleine vorzubereiten.
2. Eine Party ist nur zum Tanzen da. Alles andere spielt keine Rolle.
3. Am besten machst du deine Party, wenn deine Eltern weit weg sind!

Médiation

3 Ein Freund findet bei dir die Seite „Ça va être ta fête!". Da er gerade eine Party vorbereitet, möchte er Folgendes wissen: Gibt es auch Vorschläge für süße Speisen? Wenn ja welche? Welche Tipps gibt es zur Musik? Antworte auf seine Fragen.

Compréhension orale

CD2 59

4 **Quelle facture va avec quel dialogue? Il y a une facture en trop. | Ordne die Dialoge den Rechnungen zu. Eine Rechnung bleibt übrig.**

A
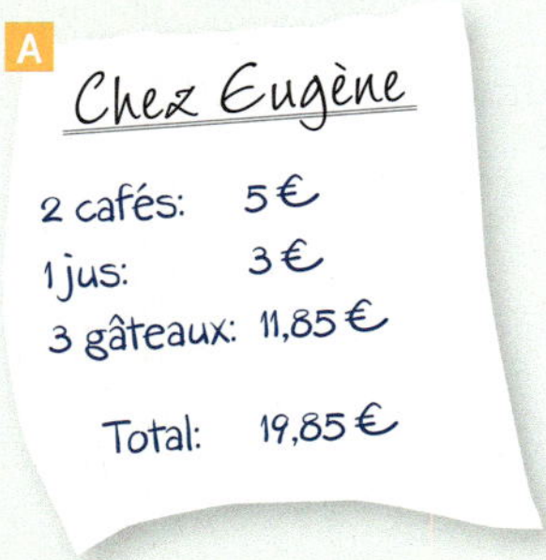

B

C

D

Production orale

5 **C'est l'anniversaire de Louise. Vous cherchez un cadeau. Qui est A, qui est B? Préparez votre rôle et jouez le dialogue en classe.**

1. – A fragt, wann Louise Geburtstag hat. → 2. – B antwortet.
3. – A macht einen Geschenkvorschlag. ← → 4. – B ist nicht einverstanden und schlägt ein anderes Geschenk vor.
5. – A will wissen, wie viel es kostet. ← → 6. – B antwortet.
7. Am Ende einigt und verabredet ihr euch, um das Geschenk zu kaufen.

Production écrite

6 **Dein französischer Austauschpartner hat dir diese E-Mail geschrieben. Antworte ihm.**

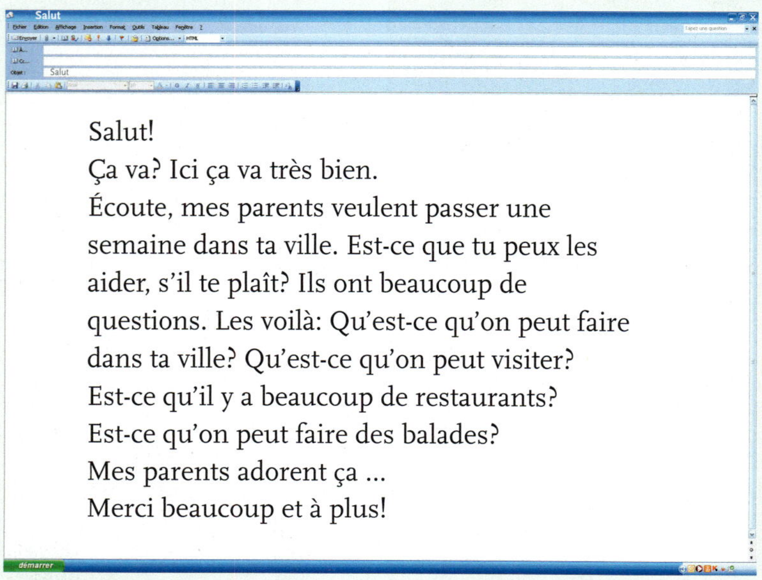
Salut

Salut!
Ça va? Ici ça va très bien.
Écoute, mes parents veulent passer une semaine dans ta ville. Est-ce que tu peux les aider, s'il te plaît? Ils ont beaucoup de questions. Les voilà: Qu'est-ce qu'on peut faire dans ta ville? Qu'est-ce qu'on peut visiter? Est-ce qu'il y a beaucoup de restaurants? Est-ce qu'on peut faire des balades? Mes parents adorent ça ...
Merci beaucoup et à plus!

Unité 8 Vive les vacances!

PF Tâches – au choix
Am Ende dieser Unité kannst du

dich über Feriencamps in verschiedenen französischen Regionen informieren, ein Camp auswählen und

A in einer E-Mail deine Wahl begründen.

B eine Postkarte aus dem Feriencamp schreiben.

Compétences communicatives
Du lernst

- zu sagen, was du in den Ferien unternehmen wirst. (▶ V1)
- über verschiedene Ferienaktivitäten zu sprechen. (▶ V2)
- über das Wetter zu sprechen. (▶ V2)

Dazu brauchst du z. B.

- das Relativpronomen *où*.
- den Nebensatz mit *quand*.

Compétences interculturelles

- Du lernst verschiedene Möglichkeiten kennen, wo und wie du in Frankreich die Ferien verbringen kannst.
- Du bekommst Informationen darüber, was die Stadt Paris im Sommer zu bieten hat.
- Du lernst den französischen Nationalfeiertag kennen.

Apprendre à apprendre
Du lernst

- das Lesen von Texten zu trainieren.

CD 2
60

Qu'est-ce que tu vas faire pendant les vacances?

A

B

C

D

E

1 Qu'est-ce que vous allez faire pendant les vacances?

2 Moi, je vais passer deux semaines chez des cousins à Marseille. On va aller à la plage!

3 Je vais chez mon père à Levallois. On va regarder l'arrivée du Tour de France et on va aller à Paris Plages!

4 Nous, on va dans les Pyrénées, mes parents adorent les randonnées en montagne. Moi, ce n'est pas trop mon truc, mais on va faire du camping, et ça, c'est cool!

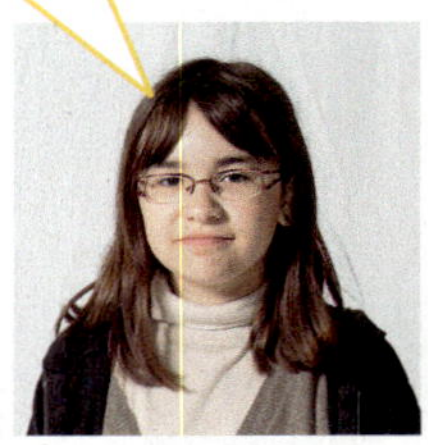

5 Quelle chance! Moi, je reste ici, je vais faire des balades dans les Vosges avec mes grands-parents. On va aller à la Volerie des Aigles ... Et toi, Jade, qu'est-ce que tu fais pendant les vacances?

6 D'abord, je vais chez mon père, en Suisse. On va passer une semaine au bord du lac Léman. Et après, je vais à Lyon, chez ma tante.

Lire et comprendre

DELF **1 a** **Quelle photo va avec quelle personne? Justifie ta réponse. | Welches Foto passt zu welcher Person? Begründe deine Antwort.**

La photo A va avec ___ parce qu'il/elle	va aller chez/à/en ___. va passer une/deux semaine(s) chez/à ___.

b **Retrouve** *Marseille*, *Paris*, *les Pyrénées*, *les Vosges*, *le lac Léman* **et** *Lyon* **sur une carte de France.**

Parler

2 **Faites le tour de la classe. Interrogez cinq camarades de classe et répondez à leur question.**

A: Qu'est-ce que tu vas faire pendant les vacances?

B: Je vais / On va	passer	___ jours/semaines à/chez ___.
	aller	à la mer / à la plage / à la montagne. à/chez ___.
	faire	du camping. des randonnées/balades. un atelier de ___.
	rester	ici / chez moi / à ___.

Écouter et comprendre

CD2 61
DELF
71|2

3 **Écoute. Quel dessin correspond à quelle personne? Attention: il manque une activité! Dessine-la! | Wer macht was? Ordne zu. Eine Unternehmung fehlt! Zeichne sie!**

Gabriel
Marie
Lukas
Émily

Écrire

71|1
71|3

4 a **Clara reste à Strasbourg pendant les vacances. Qu'est-ce qu'elle peut faire? Regarde dans ton livre et fais un associogramme.** (▶ Méthodes, p. 160/7)

b **Fais une recherche sur Internet: Qu'est-ce qu'on peut faire encore à Strasbourg? Complète ton associogramme de a.**

c **Qu'est-ce que Clara va faire pendant ses vacances? Imagine. Utilise ton associogramme de a.**

Apprendre à apprendre

5 **Wie du das Lesen von Texten trainieren kannst** (▶ **Méthodes, p. 165/17**)

Wenn du nur bestimmte Informationen in einem Text finden sollst, musst du diesen Text nicht vollständig lesen und verstehen. Lies zunächst die Fragen oder Arbeitsaufträge genau durch. Suche dann nur nach den benötigten Informationen im Text und notiere dir die Ergebnisse. Wende diese Lesetechnik beim Text über *Paris Plages* an.

Lire et comprendre

DELF **6** **Lis le texte et réponds aux questions suivantes.**

1. Von wann bis wann findet *Paris Plages* statt?
2. Kannst du dort Fußball spielen? Und Badminton?
3. Finden die Konzerte vormittags oder nachmittags statt?
4. Wie sind die Öffnungszeiten?

Paris Plages, c'est bientôt!

Du 20 juillet au 20 août, Paris Plages se trouve, comme d'habitude, sur la voie Georges-Pompidou et autour du Bassin de la Villette. Pendant 30 jours, la capitale va ressembler à une station balnéaire. Les Parisiens qui passent l'été à Paris, peuvent avoir des moments de détente.

Au programme:
Des plages de sable aménagées avec transats et palmiers comme au bord de la mer.
Des jeux de plage et des activités sportives: pédalo, voile, aviron, canoë-kayak, mais aussi badminton, danse, pétanque, beach-volley ou taï-chi.

Pour participer aux activités, il suffit de s'inscrire sur place, tôt dans la journée.
Pour bien terminer la journée, à 17 heures, des musiciens donnent des concerts gratuits sur le parvis de l'Hôtel de ville.
Une nuit magique est programmée le 24 juillet pour observer les étoiles.
Paris Plages est un évènement gratuit, ouvert tous les jours de 8 heures à 20 heures.

Regarder et comprendre

DVD 12 **7 a** **Retrouve le parcours des jeunes à Paris.** | **Finde die richtige Reihenfolge wieder.**

A le Jardin des plantes
B la station de métro Tolbiac
C la tour Eiffel
D la cité des sciences et de l'industrie
E la station de métro Gare d'Austerlitz
F le parc du Champ de Mars

b **Décris l'après-midi de Mehdi et de Félix.**

D'abord, ils font du skate près de ___.
Après ___.

CD2 62–65

Souvenirs d'été

Chère Clara, Le 13 juillet

Ça y est, je suis à Marseille! La ville est super! Ici il y a beaucoup de soleil. Mes cousins sont cool et on fait un tas de trucs ensemble. Quand il fait chaud, on va à la plage, on nage dans les calanques. L'eau est bonne et j'adore la mer!
Demain soir, on va aller au Vieux Port où il y a toujours beaucoup de monde. On va regarder le feu d'artifice!
Et toi, comment ça va? Je t'appelle quand je rentre!
Je t'embrasse.

Yasmine

1

2

L'été à Strasbourg ...

À : Yasmine

Objet : L'été à Strasbourg ...

3

Salut, Yasmine,
Merci pour ta carte! Ici ça va bien. Il ne fait pas très beau, mais on fait des balades quand même!
Demain, on va au château du Haut-Kœnigsbourg avec mes grands-parents. On va fêter les neuf ans de ma sœur. Camille va être la princesse d'un jour ... Elle est trop contente!
Après, on va passer deux jours au lac Blanc. Alexandre va faire un stage de VTT. Camille et moi, on va faire des balades à cheval. Quand est-ce que tu rentres à Strasbourg?
Bises
Clara

démarrer

Salut, Clara, Le 18 juillet
Comment ça va, à Strasbourg?
On fait du camping à Gavarnie, mais le temps n'est pas génial. Il pleut souvent et la nuit, il fait froid sous la tente ...
On fait quand même des randonnées. Je n'aime pas ça mais là où on va, la nature est super. On peut observer un tas d'animaux avec des jumelles! Je voudrais les prendre en photo, mais ils sont trop loin!
À bientôt! Théo

Mlle Clara Fabre
10, rue de l'Observatoire
67000 Strasbourg

4

Lire et comprendre

DELF 72|1 72|2

1 a **Lis les textes (p. 141). Quel temps est-ce qu'il fait à Marseille, à Strasbourg et à Gavarnie? | Wie ist das Wetter in Marseille, in Straßburg und in Gavarnie?**

b **Fais des devinettes pour ton/ta partenaire. Il/Elle trouve de qui tu parles.**
Exemple:

> Il ou elle nage dans les calanques. C'est qui?

> C'est Yasmine!

c **«Demain, [...] on va regarder le feu d'artifice!» (l. 7–9)**
Trouve la date* du feu d'artifice. Pourquoi est-ce qu'il y a un feu d'artifice?
(▶ Module p. 116)

* **la date** das Datum

Parler

74|8

2 **Lukas écrit deux cartes postales. A regarde la carte pour Clara, B regarde la carte pour Jade. Comparez les informations. (B ▶ p. 152)**

Sur ma carte, Lukas est à ___.
il est chez/avec ___.
Ses activités: ___.
Le temps: ___.

Salut, Clara! *Rügen, le 3 août*
Je passe une semaine au bord de la mer avec mes parents. Il fait super beau. On fait du camping, c'est génial! On fait des balades à vélo et à midi, on mange devant la tente. Après, je vais à la plage et je nage quand il fait trop chaud. Mais la nuit, il fait froid! Brrr! Demain, on va à Berlin.
À plus! *Lukas*

3 **Qu'est-ce qu'on peut dire quand ...? Posez des questions et trouvez des réponses.**
(▶ Repères p. 146/2)

//○ ▶ p. 158

Exemple:
– Qu'est-ce qu'on peut dire quand on ne comprend pas?
– Quand on ne comprend pas, on peut dire «Pardon?»

1. On ne comprend pas.
2. On présente une copine.
3. Les vacances commencent.
4. On aime bien l'idée d'un copain.
5. On n'est pas d'accord avec l'idée d'un copain.
6. Le prof entre* dans la classe.
7. On cherche son portable.
8. On est à la boulangerie.

* **entrer dans qc** in etw. hineingehen

S'entraîner

C 73|5

4 a Qu'est-ce que c'est? Explique. Utilise: *C'est un endroit où* ___. **(▶ Repères, p. 146/1)**

1. un cinéma
2. un CDI
3. un gymnase
4. une cantine
5. une librairie
6. une cour
7. une salle de permanence
8. un supermarché

Dir fällt die Bezeichnung eines bestimmten Ortes nicht ein? Umschreibe ihn mit *où*!

b Compare tes résultats de a avec ton/ta partenaire.

Vocabulaire

5 a Qu'est-ce qu'on peut faire en été, quand il fait beau? Et quand il ne fait pas beau? Fais un associogramme.

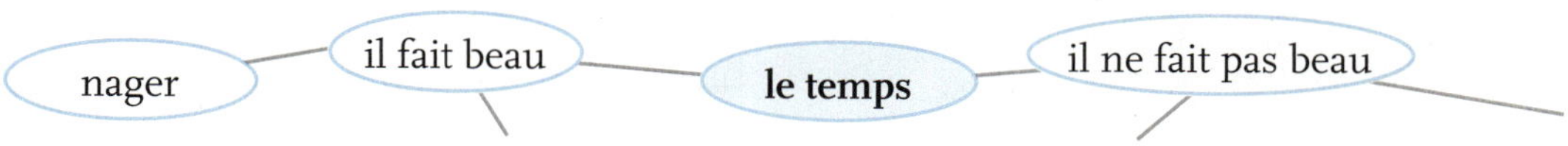

b Compare avec ton/ta partenaire.

Regarder et comprendre

DVD 13

6 a Vrai ou faux? Regarde la météo* du 13 juin.

1. Il ne fait pas beau à Paris.
2. Il pleut un peu à Strasbourg.
3. Il fait chaud à Lyon.
4. Il fait très froid à Marseille.
5. Il y a beaucoup de soleil à Toulouse.
6. Il fait assez beau à Tours.

* **la météo** der Wetterbericht

b Erkläre, wie du vorgegangen bist, um a zu beantworten.

c In jeder Region gibt Toobo für eine Stadt die Temperatur an. Welche Städte nennt er? Wie warm ist es dort jeweils?

Écouter et comprendre

CD 2 66
DELF
C 72|3

7 C'est le 24 juillet. Les jeunes sont en vacances depuis trois semaines. Écoute. Qui peut faire une balade au soleil aujourd'hui?

Théo/Pyrénées – Yasmine/Marseille – Jade/Lyon – Noah/Paris – Clara/Strasbourg

Tu aimes l'aventure?

Chez nous, c'est l'aventure dans la nature!

- **Activité:** Dans la vallée, on peut faire beaucoup de randonnées et de balades en VTT. On va observer des animaux avec des jumelles. On va aussi faire une excursion et chercher des fossiles et des pierres.
- **Âge:** 10 à 13 ans
- **Lieu:** La Bresse dans les Vosges
- **Date:** du 23 juillet au 7 août

On fait du sport!

Quand il fait beau, on fait du sport! (Il fait toujours beau ...)

- **Activité:** Tu adores le sport? Tu aimes rencontrer des copains? Alors, passe tes vacances avec des jeunes près de Marseille! Au programme: nager dans la mer, jouer au foot et au tennis. Tu peux aussi faire des balades à cheval.
- **Âge:** 11 à 14 ans
- **Lieu:** Marseille
- **Date:** du 6 au 21 août

Pour les prochaines vacances, tes parents te proposent de participer à un stage en France. |
Lies die Texte über vier verschiedene Feriencamps in Frankreich. Welches Feriencamp gefällt dir am besten? (▶ Méthodes, p. 164/15–166/18)

Wähle eine der beiden Aufgaben aus.

DELF **A** **Schreibe deinem Austauschpartner eine E-Mail, in der du ihn über deine Ferienpläne informierst.**

Erkläre ihm, warum du in dieses Feriencamp fahren möchtest.

Allô, allô – on va à l'eau!

Ici, on rigole bien!

- **Activité:** Le lac est juste devant notre maison. L'eau est bonne: c'est une invitation pour nager, faire de l'aviron et du canoë-kayak. Et pour les fans de mangas et de B. D.: l'atelier dessin vous attend.
- **Âge:** 10 à 14 ans
- **Lieu:** Thonon-les-Bains / Lac Léman
- **Date:** du 16 au 31 juillet

Tu joues avec nous?

Atelier théâtre et musique!

- **Activité:** Ensemble, nous faisons du théâtre: nous écrivons et jouons des sketches. Nous composons aussi des chansons et nous les chantons. (Tu n'aimes pas chanter? Apporte ton instrument!) Quand il fait chaud, nous allons à la piscine.
- **Âge:** 11 à 13 ans
- **Lieu:** Chaville, près de Paris
- **Date:** du 30 juillet au 14 août

DELF **B** **Stell dir vor, du bist jetzt in dem ausgewählten Feriencamp. Schreibe deinem Austauschpartner eine Postkarte.**

Erzähle ihm, wie es dort ist, was du unternimmst und wie das Wetter ist.

Nützliche Ausdrücke findest du in den *Repères* (*Qu'est-ce qu'on dit,* p. 146) und im Text (p. 141).

Qu'est-ce qu'on dit?

71|3

Du sprichst über deine Ferien
Qu'est-ce que tu fais pendant les vacances?
Où est-ce que tu vas passer tes vacances?
(Moi,) je vais aller (à Lyon / dans les Vosges / chez ma tante).
(Moi,) je reste ici.
Je vais passer (deux jours / trois semaines) à Marseille.
On va faire du camping (au bord du lac Léman).
On va faire (des randonnées en montagne).
Je t'appelle quand (j'arrive chez ma tante).

Du sprichst über das Wetter
Il y a beaucoup de soleil.
Il fait beau.
Il ne fait pas très beau.
Il fait chaud.
Il fait froid.
Le temps n'est pas génial.
Il pleut.

Du findest etwas beneidenswert
Quelle chance!

Grammaire

Du machst nähere Angaben zu einem Ort: | Dazu brauchst du:

GH 39 **1** On va au Vieux Port **où** il y a beaucoup de monde. → **das Relativpronomen** *où*

Là **où** on va, la nature est super!

Übt und wiederholt gemeinsam

Jeder nennt drei Satzanfänge, in denen ein Ort vorkommt. Der/Die andere führt den Satz mit *où* fort. Korrigiert euch gegenseitig. Ihr könnt auch lustige Sätze bilden.

Demain, on va aller au collège ...

... où il y a des singes en liberté!

Du bringst zwei Tätigkeiten in einen zeitlichen Zusammenhang: | Dazu brauchst du:

GH 40 **2** Je t'appelle **quand** je rentre. → **den Nebensatz mit** *quand*

Je t'appelle **quand** j'arrive chez ma tante.
Quand il fait chaud, on va à la plage.

CD 2 67–69

74|7

Un été à Paris

Le 15 juillet, Noah prend le TGV[1] pour Paris. Il arrive à la gare de l'Est[2] où son père l'attend. Il y a beaucoup de monde à la gare: des Parisiens et beaucoup de touristes aussi. Monsieur Pérec et son fils prennent le métro pour Levallois.

Là-bas, il y a une surprise pour Noah: Les cousins de Martinique sont là pour les vacances! Il y a le frère de Monsieur Pérec, Thierry, Hélène, sa femme et leurs trois fils: Lilian, 21 ans, Emmanuel, 19 ans et Florent, 14 ans. Noah est très content. Le soir, c'est la fête chez les Pérec.

Les vacances se passent bien[3]. Lilian et Emmanuel visitent la capitale[4]. Lilian est amoureux[5] de Paris. Il veut tout visiter et prendre un tas de photos!

Noah et Florent font un stage d'aviron sur la Seine. Ce n'est pas facile[6] quand on n'a pas l'habitude[7], mais ils rigolent bien. Et dans leur groupe, ils trouvent vite des copains: Célia, Fanta, Guillaume, Lim et Rachid. Ensemble, ils vont aussi à Paris Plages.

Célia dit qu'elle voudrait aller en Martinique, un jour. Elle pose un tas de questions à Florent. Ils parlent beaucoup ensemble. Le lendemain[8], Florent apporte des CD de musique antillaise[9]. Célia et Florent les écoutent ensemble.

Le temps passe vite. Noah est content de ses vacances, mais Florent est triste[10]! Depuis deux jours, il ne parle pas beaucoup. Est-ce qu'il a un problème? Non. Il ne mange plus. Est-ce qu'il est malade[11]? Non plus. Mais alors, qu'est-ce qu'il a? Il ne veut pas le dire. Alors, Noah ne pose plus de questions.

Le dernier[12] jour des vacances, Noah et ses cousins veulent faire plaisir à Florent[13]: ils vont au concert d'Amadou et Mariam. Florent adore leur musique.

Il y a beaucoup de monde au concert. Dans la foule[14], les quatre cousins rencontrent[15] Célia et son frère. Le monde[16] est petit ... Ah! Ça y est! Noah comprend tout maintenant!

1 **le TGV (le train à grande vitesse)** der Hochgeschwindigkeitszug; 2 **la gare (de l'Est)** der (Ost-)Bahnhof; 3 **se passer bien** gut verlaufen; 4 **la capitale** die Hauptstadt; 5 **amoureux/-euse de** verliebt in; 6 **facile** einfach; 7 **avoir l'habitude** etw. gewohnt sein; 8 **le lendemain** am nächsten Tag; 9 **antillais/e** von den Antillen; 10 **triste** traurig; 11 **malade** krank; 12 **dernier/dernière** letzte/r; 13 **faire plaisir à qn** jdm eine Freude bereiten; 14 **la foule** die Menschenmenge; 15 **rencontrer qn** jdn treffen; 16 **le monde** die Welt

a Retrouve l'ordre des titres. | Bringe die Überschriften in die richtige Reihenfolge.

A Une surprise pour Florent
B Est-ce que Florent va bien?
C L'arrivée de Noah à Paris
D Un peu de sport et beaucoup de copains
E Un oncle, une tante et trois cousins
F Le programme de Lilian

b «Noah comprend tout maintenant!» (l. 26–27) Qu'est-ce qu'il comprend?

Module

page 26

a B buchstabiert die folgenden französischen Wörter. A schreibt sie auf. Überprüft dann eure Ergebnisse.

place
clarinette
cassette
carton
musique

Unité 2

page 34

6 Où est l'ordinateur? | Du siehst nur einige Gegenstände. A sieht andere. Ergänzt eure Informationen.

a B pose des questions à A. A répond.

B: Où est / Où sont ___?
A: Il/Elle est ___.
Ils/Elles sont ___.

l'ordinateur	la chaise	l'étagère
la minichaîne	les stylos	les livres

b A pose des questions à B. B répond.

sous	sur
devant	derrière
dans	entre

Bilan des compétences

page 64

4 Du lernst in den Ferien einen deutschen Jungen / ein deutsches Mädchen kennen. Ihr stellt fest, dass ihr beide ein bisschen Französisch könnt und unterhaltet euch. Du bist der italienische Junge / das italienische Mädchen und das ist deine Rollenkarte.

Corleone

Massimo, 12 Jahre alt
Frascati (bei Rom)
keine Geschwister

Garibaldi

Sandra, 11 Jahre alt
Frascati (bei Rom)
ein Bruder

Unité 4

page 73

4 DELF **Donnez-vous rendez-vous par téléphone. | Verabredet euch telefonisch. Bereitet eure Rollen vor und übt euer Telefonat so, dass ihr es der Klasse vorspielen könnt.**

Du sitzt gerade an deinen Hausaufgaben, als **A** *dich anruft.*
- Du meldest dich am Telefon.
- Du findest den Vorschlag von **A** nicht gut, du machst einen Gegenvorschlag.
- Ihr einigt und verabschiedet euch.

regarder la télé ensemble
regarder un DVD chez moi
faire une balade dans les Vosges / à Strasbourg / à ___
écouter des CD
faire de l'aviron / des percussions / ___ ___

Vous pouvez aussi utiliser: | Ihr könnt auch verwenden:

Non, je préfère ___.
Salut, ça va?
Oui, d'accord.
Ça ne va pas, je ___.
Tu es encore là?
Ça marche.

page 74

6 **B pose des questions et utilise** *est-ce que*. **A répond par** *oui* **ou par** *non*. **(▶ Repères, p. 78/5)**

1. Tu as des animaux? → Est-ce que tu as des animaux?
2. Tu as un ordinateur?
3. Tu chattes souvent avec tes copains?
4. Tu aimes la musique?
5. Tu fais de l'aviron?

Unité 5

page 86

3 **Ils sont où? A pose des questions. B répond. Puis B pose des questions et A répond.**
Exemple: **A:** Où est le CPE? **B:** Il est au CDI.

Tes informations pour **A**

Tes questions à **A**
5. l'infirmière?
6. la documentaliste?
7. la surveillante?
8. le prof de français?

à	la cantine l'infirmerie
au	CDI gymnase secrétariat
dans	la cour la salle de classe la salle des profs

page 93

3 **Tu es chez un copain. Vous cherchez des activités pour le week-end. Faites des dialogues.**

DELF

- Du bist nicht einverstanden.
- Du machst einen anderen Vorschlag.
- Du reagierst auf den Vorschlag von **A**.
- Am Ende einigt ihr euch.

Mögliche Vorschläge:

visiter le musée ___
aller au cinéma
aller chez ___
faire une balade dans le centre-ville
faire une balade à vélo
regarder un DVD avec ___
écouter des CD
faire du foot / ___

Mögliche Reaktionen:

Je suis pour.
Ça, c'est une bonne idée!
Oh, oui, super!
D'accord!
C'est intéressant!
C'est trop cool!
Ça marche.

Bon, c'est d'accord.
Bof.
Oh, je ne sais pas.
Je ne suis pas trop d'accord.
Ce n'est pas mon truc.

Je suis contre.
Oh non, c'est l'horreur.
Je ne suis pas d'accord.
Ce n'est pas intéressant.
C'est nul.

page 102

3 **Tu es chez un/e ami/e à Strasbourg. Vous discutez. Qui est A, qui est B? Préparez votre rôle et jouez le dialogue en classe.**

1. D'abord, vous parlez de vos hobbys.
Tu aimes:

2. Après, vous préparez le programme pour le week-end. Ton ami/e propose des activités et vous discutez.
Tu aimes:
le cinéma, la musique, le sport
Tu n'aimes pas:
les musées, les balades à vélo

Unité 6

page 106

2 **Travaillez à deux. B regarde le dessin ici. Trouvez six différences.**
Utilisez *à côté de* **ou** *près de*.

~~de + le~~ = du
~~de + les~~ = des

Exemple:
A: Sur mon dessin, il y a un chat.
B: Où est-ce qu'il est?
A: Il est à côté de la boulangerie*. Et sur ton dessin?
B: Sur mon dessin, le chat est près des toilettes.

* **la boulangerie** die Bäckerei

page 109

6 DELF **Ton/Ta correspondant/e allemand/e est chez toi en France. Vous mangez à la cantine.**
Regardez le menu et jouez le dialogue.

Menu

Entrée	Salade de concombres/Melon Gurkensalat/Honigmelone
Plat	Spaghettis bolognaise/ Gratin de pommes de terre Spaghetti bolognese/Kartoffelauflauf
Dessert	Yaourt/Pomme Joghurt/Apfel

B

- Ihr fragt euch gegenseitig, was ihr essen wollt.
- Du erklärst die Wörter, die **A** nicht versteht.
- Beim Essen reagierst du auf einen Wunsch von **A**.
- Am Ende bist du satt und bietest **A** deinen Nachtisch an.

Unité 7

page 124

DELF

2 a **A a 12 euros et cherche un cadeau pour un copain. | A fragt dich, wie viel die Gegenstände kosten. Du gibst Auskunft.**

Exemple:

A: Le skateboard coûte combien?

B: ____.

A: Je l'achète. / Ah, c'est trop cher.

b **Maintenant, c'est à toi. | Tauscht die Rollen.**

Exemple:

B: Le DVD coûte combien?

A: ____.

B: Je l'achète. / Ah, c'est trop cher.

Unité 8

page 142

2 **Lukas écrit deux cartes postales. A regarde la carte pour Clara, B regarde la carte pour Jade. Comparez les informations. Tu es B, et voilà «ta» carte.**

Sur ma carte, Lukas est à ____.
il est chez/avec ____.
Ses activités: ____.
Le temps: ____.

Salut, Jade! *Berlin, le 10 août*
Je suis chez mes grands-parents maintenant. Il pleut souvent, c'est bête. Mais je suis toujours avec mon cousin. On fait un tas de jeux. Et quand il fait beau, on fait du skate dans les parcs. Dans une semaine, je rentre à Strasbourg. Je vais t'apporter une surprise …!
À bientôt
Lukas

Unité 1

page 15

//O CD 1 8

6 Écoute et écris les noms. | Hör zu und schreibe die Namen der Personen auf.

Klara?/Clara? Schmidt?/Schmitt?
Carl?/Karl?
Théo?/Léo? Furnier?/Fournier?

page 18

//O CD 1 11 DELF

4 Écoute et réponds. | Kannst du über dich Auskunft geben? Hör zu und antworte in den Pausen.

1. – Super. / Ça va. / Pas mal. / Bof.
2. – Je m'appelle ___.
3. – Je suis en ___.
4. – Je suis dans la classe de ___.
5. – Je suis l'ami/l'amie de ___.
6. – Au revoir. / Salut.

Unité 2

page 31

//O

6 e Qu'est-ce qu'il y a dans la classe?

Il y a un/une/des ___.

tables chaises élèves professeur
étagères livres posters globe
minichaîne collection de pierres

page 36

//O

2 Faites des dialogues et jouez-les. Utilisez aussi les phrases de 1b. | Spielt die Dialoge vor. Verwendet auch Sätze aus 1b.

A

Tu	regardes écoutes	des photos la télé des CD	avec moi?
On	écoute regarde cherche	des CD la télé des photos des informations sur Internet	ensemble?

B

Non, pas maintenant. Je ___.
C'est non!
Tu m'énerves!
D'accord.

page 37

//O CD 1 42

5 b Écoute et écris le poème. | Wie hast du das Gedicht aufgeschrieben? Es gibt mehrere Möglichkeiten.

Je chant ?
tu chant ?
? chant ?
? chant ?
et qui écout ? ?
Vous écout ?
Karim, Lukas, Théo
Vous écout ? ?
Non, vous rêv ? !

Unité 3

page 50

près **de** Lyon
près **d'**Avignon

//O **7** a **Ils habitent où? Réponds. Utilise *à*, *près de*, *entre*.**

Exemple:
1. Les grands-parents de Clara habitent **à** Sélestat. C'est **entre** Strasbourg et Colmar.

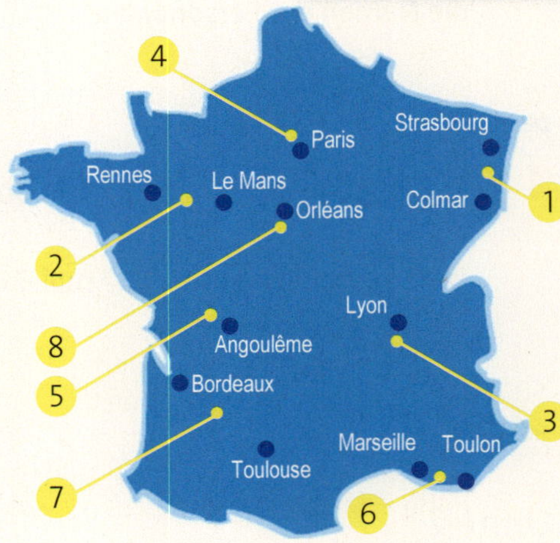

1. Les grands-parents de Clara habitent ? Sélestat. C'est ? Strasbourg et Colmar. → 1
2. L'oncle de Lukas habite ? Laval. C'est ? Rennes et Le Mans. → 2
3. La tante de Jade habite ? Vienne. C'est ? Lyon. → 3
4. Le père de Noah habite ? Levallois. C'est ? Paris. → 4
5. Les grands-parents de Théo habitent ? Fléac. C'est ? Angoulême. → 5
6. Les cousins de Yasmine habitent ? Cassis. C'est ? Marseille et Toulon. → 6
7. L'oncle de Théo habite ? Agen. C'est ? Toulouse et Bordeaux. → 7
8. Les grands-parents de Jade habitent ? Olivet. C'est ? Orléans. → 8

page 52

//O **4** **Présente David et Annika. Utilise *son*, *sa*, *ses*.** (► Repères, p. 59/1)

David habite à Paris. ? **parents** sont séparés. David habite chez ? **mère**, mais le week-end, il est chez ? **père**. ? **sœurs** Rose et Iris ont 3 et 5 ans. Maintenant, David est dans ? **chambre**, devant ? **ordinateur**.

Annika habite à Berlin. ? **parents** sont séparés. Annika habite chez ? **mère**, mais le week-end, elle est chez ? **père**. ? **sœurs** Ella et Mia ont 4 et 8 ans. Maintenant, Annika est dans ? **chambre**, devant ? **ordinateur**.

//O **5** c ***Être* ou *avoir*? Choisis le verbe correct, puis réponds à Julien.** (► Repères, p. 60/2)

Salut, je m'appelle Julien. Je/J' suis/ai en 5e et je/j' suis/ai 12 ans. Je/J' suis/ai une sœur, Sara, elle est/a 11 ans et elle est/a en 6e. Avec Sara, nous sommes/avons au collège «Maurice Ravel» à Paris. À la maison, je/j' suis/ai toujours dans ma chambre. Elle est/a super: je/j' suis/ai un coin musique avec une guitare. Et toi?

page 53

//O **6 b** **Écris d'autres strophes.** | **Schreibe weitere Strophen. Finde zuerst heraus, welche Namen sich mit welchen Wörtern reimen, z. B.** *Dario → sept photos*. **Dann ergänze das Gedicht.**

?
a ? .
? et ?
ont ? .
Toi et ? ,
vous avez ? .
Et moi, qu'est-ce que j'ai, moi?
Je ne sais pas, je ne sais pas …

Dario · Yasmine · Léo · toi et Amandine · toi et Camille · Albin et Valentin · Frédéric et Monique

trois cousins · un coin musique · une collection de figurines · cinq stylos · une copine · sept photos · deux familles

page 56

//O **4 c** **Philippe parle de ses animaux. Mais qui est qui? Écoutez.** | **Philippe spricht über seine Haustiere. Findet heraus, welches Tier wie heißt.**
Schaut euch das Bild an:
- **Welche Tiere hat Philippe?**
- **Wie heißen diese Tiere auf Französisch?**
- **Sind die Nomen männlich oder weiblich?**

Nun hört euch an, was Philippe sagt und achtet auf die Endung der Adjektive.

CD 1 62

Unité 4

page 71

//O **9 b** **Écoute encore une fois. Qui fait quoi? Note la lettre correspondante.**

CD 2 8

A les percussions · B le théâtre · C le foot · D la guitare · E la danse · F l'athlétisme

Merke:
Il/Elle fait ~~de + le~~ = **du** (théâtre).
~~de + le~~s = **des** (percussions).
de + la = **de la** (danse).
de + l' = **de l'** (athlétisme).

page 73

//O
CD 2 11

2 **Travaillez à deux. Écoutez le texte encore une fois. Le partenaire A écoute Lukas, le partenaire B écoute Théo. Trouvez comment on dit cela en français. Notez les numéros et les lettres.**

A Lukas

1. Wie meldet sich Lukas am Telefon?
4. Was antwortet Lukas auf Théos Frage?
6. Wie sagt Lukas, dass er seine Eltern um Erlaubnis bittet?
8. Wie fragt Lukas, wann sie wieder nach Hause kommen?

B Théo

2. Wie beginnt Théo das Gespräch?
3. Wie fragt Théo, was Lukas am Wochenende vorhat?
5. Wie drückt Théo seine Einladung aus?
7. Wie sagt Théo, dass sie Lukas abholen?

A Allô!
B On passe chez toi à 10 heures.
C Et on rentre à quelle heure?
D Je t'invite.
E Je ne sais pas encore.
F Salut, Lukas, c'est moi, Théo! Ça va?
G Qu'est-ce que tu fais ce week-end?
H Je demande à mes parents.

Unité 5

page 86

//O
CD 2 20

5 **C'est où? Écoute et réponds.** **(▶ Méthodes, p. 162/9)**

à	la cantine l'infirmerie	**au**	CDI gymnase secrétariat	**aux**	toilettes	**dans**	la cour la salle de classe la salle des profs

Exemple: C'est dans la cour.

page 87

//O

6 **Lis et complète le mail de la sixième B par** *notre*, *nos*, *votre*, *vos*. **(▶ Repères, p. 98/1)**

Salut,
Nous sommes en sixième B au collège «Maxime Alexandre» à Lingolsheim. C'est près de Strasbourg. Nous cherchons une classe en Allemagne. Dans notre/nos classe, nous sommes 28 élèves, 16 filles et 12 garçons. Et dans votre/vos classe? Notre/Nos professeurs sont super. Avec notre/nos prof d'allemand, Mme Hengele, nous jouons beaucoup et nous chantons en allemand. Avec notre/nos prof de français, M. Moulin, nous travaillons beaucoup. C'est pénible. Mais nous faisons aussi du théâtre, c'est cool, non? Est-ce que votre/vos profs sont sympa?

Dans notre/nos collège, il y a aussi un CDI. C'est notre/nos endroit préféré. Nous pouvons emprunter des livres ou des bédés, surfer sur Internet et faire notre/nos devoirs sur un ordinateur. C'est pratique. Notre/Nos documentaliste, Mme Lemaire, est toujours là pour nous. Et votre/vos endroit préféré, c'est aussi le CDI?
Notre/Nos salles de classe sont moches. Mais la salle de géo est notre/nos salle préférée: il y a un coin géo avec un globe et une collection de pierres. Est-ce que votre/vos salles de classe sont bien?
Et votre/vos école, elle est comment?
Vous cherchez une école en France? Répondez vite!

À plus!
Les élèves de la sixième B de Lingolsheim

page 87

//O DELF

8 **Réponds au mail de la sixième B. (▶ p. 87/6) | Schau dir die Fragen, die dir die Schüler in der E-Mail stellen, genau an. Beantworte sie und gliedere deinen eigenen Text danach. Hebe deine Antwort auf, du wirst sie im *Volet* 2 benötigen.**

Dans notre classe, nous sommes ___.
Nos professeurs sont ___.
Dans notre collège, il y a ___.
Avec M. / Mme ___, nous ___.

Notre endroit préféré, c'est ___.
Nos salles de classe sont ___.
Dans notre salle de ___, il y a ___.

page 90

//O

5 c **Et toi? Raconte ta journée. Utilise *le matin, à midi, l'après-midi, le soir.***
(▶ Repères, Qu'est-ce qu'on dit? p. 98)

aller à l'école
manger à la cantine / à la maison
avoir cours de français/___
être / aller au gymnase
faire ses devoirs
retrouver les copains
faire du sport ___

Unité 6

page 106

//O DELF

5 **Préparez un séjour à Strasbourg. Demandez des informations. | Bereitet eine Klassenfahrt nach Straßburg vor. Fordert Informationsmaterial an. Ihr braucht es für die *Tâche B* (p. 114).**

Nous sommes ___.
Nous avons ___ ans.
Nous voulons ___.
Est-ce que vous pouvez nous envoyer* des informations/___?

* **nous envoyer** uns schicken

page 112

6 a In einem Chat triffst du Cyril. Du willst ihn näher kennen lernen und fragst ihn:
- wo er wohnt und ob es dort genug Freizeitangebote für Jugendliche gibt,
- ob er viel Zeit vor dem Computer verbringt,
- ob er auch zu viele Hausaufgaben hat.

Schreibe Cyril eine E-Mail.

il y a ? activités pour les jeunes
passer ? temps devant l'ordinateur
avoir ? devoirs

Unité 7

page 124

4 b À toi. Fais des devinettes pour ton/ta partenaire comme dans 4a.

Exemple:
– Les singes les aiment beaucoup. Qu'est-ce que c'est? – Ce sont les bananes.

1. Les singes / *aimer* beaucoup → les bananes
2. Théo / *prendre* à Jean Jaurès → le tram
3. Lukas / *acheter* à la librairie «Album» → la figurine
4. Les copains / *chanter* pour l'anniversaire de Théo → la chanson
5. On / *écouter* sur une minichaîne → le CD
6. Théo / *inviter* à son anniversaire → les copains

Unité 8

page 142

3 Qu'est-ce qu'on peut dire quand ...? Posez des questions et trouvez des réponses. (▶ Repères, p. 146/2)

Exemple: – Qu'est-ce qu'on peut dire quand on ne comprend pas?
– Quand on ne comprend pas, on peut dire ____.

1. On ne comprend pas.
2. On présente une copine.
3. Les vacances commencent.
4. On aime bien l'idée d'un copain.
5. On n'est pas d'accord avec l'idée d'un copain.
6. Le prof entre* dans la classe.
7. On cherche son portable.
8. On veut acheter des croissants à la boulangerie.

Je voudrais des croissants, s'il vous plaît.
Pardon? | Je suis contre.
Voilà Laurie. | C'est une super idée!
Vive les vacances! | Bonjour, Monsieur!
Où est mon portable?

* **entrer dans qc** in etw. hineingehen

Apprendre le vocabulaire | Vokabeln lernen – einprägen – wiederholen

Vokabeln kann man auf unterschiedliche Weise lernen. Wir stellen dir hier mehrere Möglichkeiten vor. Probiere sie im Laufe des Schuljahres alle aus um festzustellen, welche Art Vokabeln zu lernen die beste für dich ist. Egal für welche Art du dich entscheidest, lerne regelmäßig! Lieber täglich ein paar Minuten als ganz viel auf einmal.

TIPP Was du geschrieben oder gezeichnet hast, kannst du dir leichter merken!

1 Mit der Wortliste lernen

Verwende die Schablone aus deinem *Carnet d'activités*, p. 104, um mit der *Liste des mots*, p. 180–223 zu lernen.

1. Decke die mittlere Spalte ab und prüfe, ob du die deutsche Bedeutung kennst.
2. Decke die linke Spalte ab und prüfe, ob du das französische Wort kennst.

2 Mit dem Vokabelheft lernen

So gehst du vor:

1. Übertrage die neuen Wörter aus deinem Französischbuch in dein Vokabelheft: links die französischen Wörter, rechts die deutsche Bedeutung.
   TIPP Als Merkhilfe für das Geschlecht der Nomen kannst du weibliche Nomen rot und männliche Nomen blau schreiben.
2. Übe die Vokabeln, indem du immer eine Spalte abdeckst: zuerst die deutsche, dann die französische.
   TIPP Lies die Wörter beim Üben laut.

le lit	das Bett
la table	der Tisch
...	...

3 Mit Karteikarten lernen

1. Schreibe auf die eine Seite der Karteikarte das französische Wort und dazu einen französischen Beispielsatz, in dem dieses Wort vorkommt (z. B. den Beispielsatz aus der *Liste des mots*).
2. Auf die andere Seite schreibst du die deutsche Übersetzung des Wortes. Du kannst auch ein Bild malen.

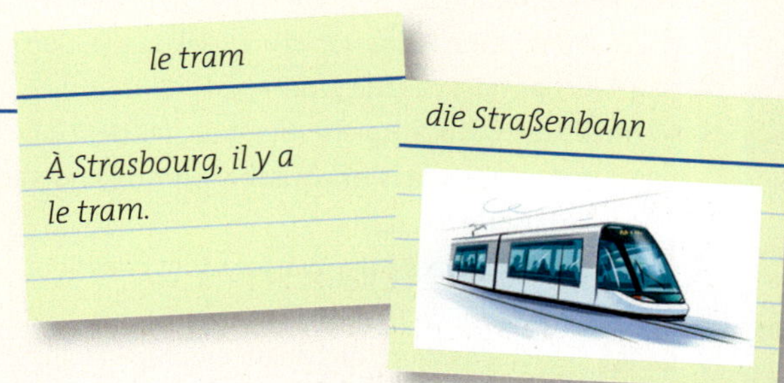

So lernst du mit den Karteikarten:

Zuerst liest du das französische Wort laut und sagst die deutsche Bedeutung dazu. Dann kontrollierst du, ob das richtig war. Im nächsten Durchgang liest du die deutsche Bedeutung, sagst das französische Wort und kontrollierst dich wieder.

Übung

Lege zehn Karteikarten mit dem Wortschatz der *Unité* an, die ihr gerade behandelt. Lerne zuerst die zehn Vokabeln auf deinen Karteikarten. Tausche dann die Karteikarten mit deinen Lernpartnern und lerne „ihre" zehn Wörter. Danach hört ihr euch gegenseitig ab.

4 Mit Bildern lernen

Zeichnest du gerne? Dann denke dir zu den Wörtern, die du lernen willst, kleine Zeichnungen aus, die zur Bedeutung der Wörter passen. Zeichne sie in dein Vokabelheft oder auf deine Karteikarten. Du kannst auch ein Wort so gestalten, dass seine Bedeutung auf den ersten Blick klar wird.

Übung

Jede/r gestaltet fünf Wortbilder. Hängt eure schönsten Wortbilder im Klassenzimmer auf.

5 Mit Merkzetteln lernen

Schreibe Wörter, die du dir merken willst, auf kleine Klebezettel. Die Zettel klebst du dann bei dir zuhause an Stellen, die du oft ansiehst. Diese Technik eignet sich sehr gut für Wörter, die du dir schlecht merken kannst oder bei denen du immer wieder Fehler machst.
Du kannst auch Gegenstände in deinem Zimmer oder in deinem Klassenzimmer beschriften und damit die französischen Wörter für diese Gegenstände lernen.

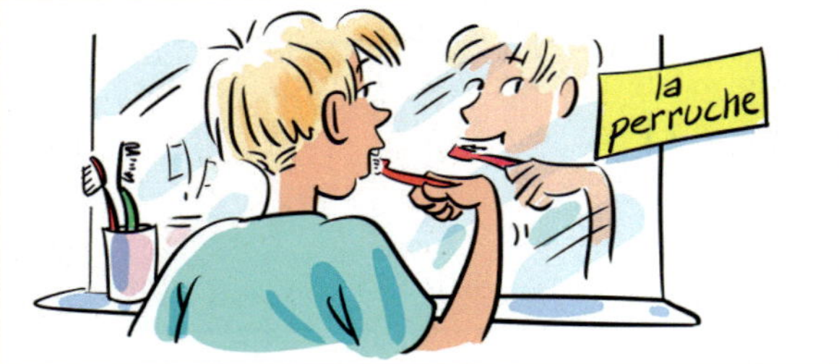

Übung

Suche in der *Liste des mots*, p. 180–223 sieben Wörter, die du dir schlecht merken kannst. Schreibe sie auf kleine Zettel und klebe sie gut sichtbar an verschiedene Stellen bei dir zuhause. Prüfe nach einer Woche, ob du die Wörter nun kannst.

6 Mit digitalen Medien lernen

Es gibt viele Vokabellernprogramme, die du auf deinem Computer oder deinem Handy nutzen kannst. Du kannst digitale Geräte aber auch einfach als Aufnahmegeräte verwenden und mit deinen eigenen Aufnahmen lernen.

So gehst du vor:
1. Bei der Aufnahme sagst du zuerst das deutsche Wort und machst dann eine Pause von etwa 5 Sekunden. Danach sagst du das französische Wort.
2. Wenn du die Datei abspielst, hörst du das deutsche Wort, sagst in die Pause das französische Wort und hörst dir dann die Lösung an.
   TIPP Die Aussprache der Wörter kannst du dir in Online-Wörterbüchern anhören.
   TIPP Sprich das Wort, das du dir einprägen willst, auf unterschiedliche Weise aus: Du kannst es singen, rufen, flüstern, es fröhlich, genervt oder traurig aussprechen.

7 Durch Ordnen lernen

1. Wortpaare bilden

Lerne Wörter paarweise. Suche zu neuen Wörtern ein „Partner-Wort“, das zu ihnen passt, z. B. das Gegenteil, ein Wort mit einer ähnlichen Bedeutung oder auch ein Wort aus der gleichen Familie.

Monsieur – Madame

génial – super

chanter – la chanteuse

Übung

1 Suche ein „Partner-Wort“ für die folgenden Wörter:
aimer – ? ; *le père* – ? ; *merci* – ? ; *la sœur* – ? ; *joli* – ?

2 Bereite für deinen Lernpartner / deine Lernpartnerin fünf Wortpaare wie in der Übung 1 vor. Er/Sie findet die dazu passenden Wörter.

2. Wörter und Ausdrücke in einem Vokabelnetz ordnen *(associogramme)*
Wörter, die zu einem Thema gehören, kannst du in einem Vokabelnetz anordnen. So gehst du vor:

la cinquième, les profs, les élèves, la classe, les surveillants, la cour, rentrer ensemble, la sixième

1. Du hast zum Thema *le collège* z. B. diese Wörter gesammelt.

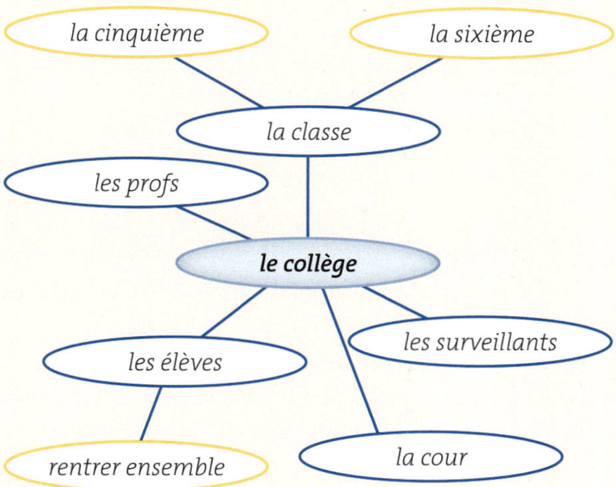

2. In die Mitte deines Blattes schreibst du das Thema *(le collège)*.
3. Dann bestimmst du mögliche Oberbegriffe (z. B. *la classe*) und trägst sie in dein Vokabelnetz ein.
4. Ordne die anderen Wörter diesen Oberbegriffen zu (z. B. *la cinquième* und *la sixième*).
5. Fallen dir noch weitere Wörter ein, die zum Thema passen? Du kannst dein Vokabelnetz beliebig erweitern.

Übung

Erstelle Vokabelnetze zu den Themen *les animaux (Unité 3), les activités (Unité 4)* oder *mon anniversaire (Unité 7)*.

8 Sich Übungen ausdenken

Wenn du dir Übungen für andere ausdenkst, lernst du dabei selbst immer mit.

1. Wortschlange *(serpent de mots)*
Verstecke Wörter, z. B. Verbformen, in einer Wortschlange. Deine Lernpartner sollen die Formen finden und mit dem dazugehörigen Personalpronomen aufschreiben. Hier eine Wortschlange zum Verb *aller*:

Übung

Erstelle für deinen Lernpartner / deine Lernpartnerin eine Wortschlange zu einem dieser Verben: *être – avoir – faire – manger – vouloir.*

2. Wortgitter *(grille de mots)*
Verstecke Wörter in einem Wortgitter. Dein Lernpartner / deine Lernpartnerin soll sie finden.
TIPP Das geht leichter, wenn die Wörter inhaltlich zueinander passen und du die Anzahl der versteckten Wörter vorgibst.

X	V	A	C	L	I	E	P	P	E
A	P	C	H	A	R	C	O	E	F
P	E	H	E	P	A	H	M	H	R
M	R	A	N	I	M	A	L	A	O
H	R	T	A	N	C	X	V	M	B
P	U	I	A	N	M	T	O	S	Q
U	C	H	I	E	N	E	L	T	O
R	H	T	T	O	R	T	U	E	N
B	E	I	O	C	H	R	I	R	T
S	T	A	M	O	N	G	T	E	R

1. Trage die Wörter, die du verstecken willst, in das leere Gitter ein.
2. Fülle dann die leeren Kästchen mit beliebigen Buchstaben.

Übung

Verstecke Wörter zu einem Thema deiner Wahl in einem Wortgitter. Deine Lernpartner sollen sie finden.

Écouter et comprendre | Hörverstehen

In diesem Buch triffst du auf zwei Arten von Höraufgaben: Je nach Aufgabenstellung musst du entweder grob verstehen, worum es in einem Text geht, oder nur ganz bestimmte Informationen heraushören. Für beide Aufgabenarten gilt:
– Du musst nicht jedes Wort verstehen. Deshalb: Bei unbekannten Wörtern nicht erschrecken, sondern weiterhören.
– Bevor du einen Hörtext hörst, lies dir die Aufgabenstellung genau durch und stell dir die beschriebene Situation vor.

9 Verstehen, worum es geht

Es gibt drei Fragen, die dir helfen, Hörtexte grob zu verstehen:
1. Wer spricht? *(Qui parle?)*
2. Wo findet das Gespräch statt? *(Où sont les personnes?)*
3. Worüber reden die Personen? *(De quoi parlent les personnes?)*

QUI?	*2 garçons*
OÙ?	*à la maison, au téléphone*
QUOI?	*ce week-end, faire du foot*

Wenn du diese drei Fragen beantwortet hast, kannst du kurz und bündig erklären, worum es im gehörten Text geht. Notiere deine Antworten, aber nicht in ganzen Sätzen, sondern als Stichworte.
Oft hörst du Hörtexte ein zweites Mal. Was hast du nach dem zweiten Hören zusätzlich verstanden? Notiere es dir.
TIPP Achte beim Hören auch auf den Klang der Stimmen und auf Hintergrundgeräusche. Sie geben dir zusätzliche Informationen über Orte und Stimmungen.

10 Einzelne Informationen heraushören

Wenn die Aufgabenstellung von dir verlangt, bestimmte Informationen zu verstehen, bereite eine Tabelle vor, in die du die gehörten Informationen eintragen kannst.
CD 2 70 Hier ein Beispiel: Auf einer Party stellt dir Romain, ein französischer Freund die anderen Gäste vor. Aber wer ist wer? Und wie alt sind die Gäste?
Beim Hören kreuzt du in der Tabelle an, wer die Gäste sind (Romains Geschwister, Cousins oder Freunde?) und trägst ihr Alter in Zahlen ein.
TIPP Lerne selbstständig: Wenn du z. B. die Altersangaben nicht verstanden hast, dann wiederhole die Zahlen!

Prénom	***frère/ sœur***	***cousin/ cousine***	***ami/ amie***	***âge***
Anaïs				
Quentin				
Rémi				
Mélodie				

Parler sans difficulté | Flüssig sprechen

Die Aussprache-Übungen in diesem Buch dienen dazu, die Besonderheiten der französischen Aussprache so zu üben, dass du beim freien Sprechen nicht über sie stolperst.

11 Laut lesen

Wenn du dir oder anderen Texte laut vorliest, lernst du, flüssiger zu sprechen. Lies dabei nicht Wort für Wort. Schau dir stattdessen den ganzen Satz an und sprich ihn dann mehrmals hintereinander als Ganzes aus.
Das laute Lesen kannst du auch mit der CD üben. Hör dir einen Text Satz für Satz an und sprich die Sätze nach. Sobald das gut gelingt, versuchst du laut mit der CD mitzulesen.

Übung

Arbeite mit einem Partner. Lest euch einen Text, den ihr schon behandelt habt, mehrmals laut vor und korrigiert euch gegenseitig. (Übrigens: Ihr findet alle *Volet*-Texte auf der CD im *Carnet d'activités*.)

12 Sätze einüben

Wenn du Ausdrücke oder Sätze auswendig gelernt hast, kannst du sie beim Sprechen leichter verwenden. Dadurch sprichst du flüssiger. Lerne vor allem:

- einzelne Sätze (z. B. aus einem *Volet*-Text), die dir besonders gut gefallen oder die du besonders schwierig findest,
- deine Rolle in einem Rollenspiel,
- die Sätze aus dem Abschnitt *Qu'est-ce qu'on dit?* in den *Repères*.

  TIPP Es lohnt sich, diese Sätze auswendig zu lernen, weil du dann beim Sprechen nicht ständig einzelne Wörter oder Formulierungen suchen musst.

Egal, was du auswendig lernst: Sprich die Sätze laut und achte dabei auf die Bindung der Wörter. Sprich sie dir so lange vor, bis sie dir keine Schwierigkeiten mehr bereiten.

Übung

Lerne die Redewendungen aus dem Abschnitt *Qu'est-ce qu'on dit?* der *Unité 3*, p. 59 auswendig.
Übe dann mit einem Lernpartner / einer Lernpartnerin. Hört euch gegenseitig ab und achtet dabei auf die Aussprache und die Bindung der Wörter.

Jouer une scène | Ein Rollenspiel oder eine Szene vorspielen

13 Vorbereitung

So geht ihr vor:

1. Sammelt zuerst Ideen zur vorgegebenen Situation und notiert sie in Stichpunkten. Welche Personen kommen vor? Was sagen sie? Wie verhalten sie sich?
2. Dann schreibt ihr das „Drehbuch" und verteilt die Rollen.
3. Danach arbeitet jeder für sich, um sich auf seine Rolle vorzubereiten und sie einzuüben:
   - Welche Bewegungen (Gestik) und Gesichtsausdrücke (Mimik) könnten deine Rolle beim Vortragen lebendiger machen? Bist du fröhlich, genervt oder traurig? Schreibe dir Hinweise in deinen Text (am besten in einer anderen Farbe).
   - Brauchst du Requisiten um deine Rolle anschaulicher zu gestalten (z. B. Schultasche, Jacke, Handy, Einkaufstasche)?
   - Lerne deinen Text auswendig.
4. Danach probt ihr gemeinsam euer Rollenspiel und übt dabei auch die Gestik und die Mimik ein. Denkt daran, euch beim Vorspielen auch anzusehen.

14 Vortrag – Der „Kniff mit dem Knick"

Ziel ist es, euren Dialog oder deine Rolle frei vorzutragen. Als Hilfestellung kannst du aber einen „erlaubten" Spickzettel verwenden: den „Kniff mit dem Knick".

So funktioniert er:

1. Du schreibst den Text, den du vortragen möchtest, auf den großen Teil des Blattes.
2. Du unterstreichst in deinem Text die wichtigsten Stichwörter.
3. Diese Stichwörter überträgst du auf den kleinen Teil des Blattes. Sie dienen dir beim Vortrag als Gedächtnisstütze.
4. Zum Vortragen klappst du den ausführlichen Text weg und schaust nur auf deine Stichwörter.
   Wenn du nicht mehr weiter weißt, kannst du dein Blatt aufklappen, um in deinem Text nachzuschauen.

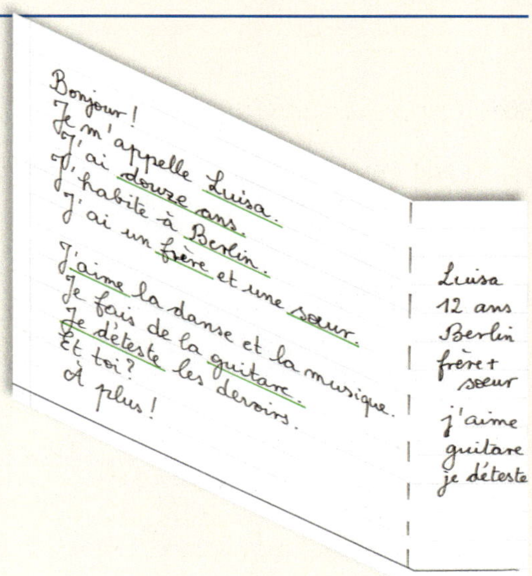

Lire et comprendre des textes | Texte lesen und verstehen

In diesem Buch triffst du auf zwei Arten von Leseaufgaben: Je nach Aufgabenstellung musst du entweder grob verstehen, worum es in einem Text geht, oder nur ganz bestimmte Informationen herauslesen. Dabei gilt:
– Du muss nicht jedes Wort verstehen.
– Du musst nicht beim ersten Lesen alles im Detail verstehen, sondern kannst schrittweise vorgehen.
Hier erfährst du, wie das geht.

15 Vor dem Lesen

Das Aussehen eines Textes verrät dir oft schon etwas über seinen Inhalt. Schau dir Texte, die du lesen sollst, also erst einmal an:
1. Um welche Art von Text handelt es sich? (Wenn du das weißt, bist du auch dem Inhalt schon ein Stück näher, denn in einer Urlaubspostkarte erwartest du z. B. andere Informationen als in einer Geburtstagseinladung.)
2. Hat der Text eine Überschrift? Was sagt sie dir über den Textinhalt?
3. Ist der Text mit Bildern, Fotos oder anderen Illustrationen versehen? Welche Informationen liefern sie dir?

Textarten sind z. B.:

Gespräch	E-Mail	Werbeprospekt
Erzählung	SMS	Einladung
Gedicht	Postkarte	...

Übung

1 Schau dir den Text A an. Um welche Art von Text handelt es sich? Woran hast du das erkannt?
2 Seht euch zu zweit die Texte B, C und D an. Worum geht es in diesen Texten wahrscheinlich?

A

B

Immenstadt, le 13 janvier 2012

Chère famille Dupuis,

Je vous remercie de m'avoir si gentiment reçu. J'ai passé des jours extraordinaires avec vous.

Je n'oublierai jamais le moment de mon arrivée où je n'ai rien compris de ce que vous m'avez dit. Vous m'avez beaucoup aidé à comprendre et à parler le français.

Mes parents et moi serions très heureux de recevoir Thomas chez nous.
Cordialement
Tobias

C

D

16 Verstehen, worum es geht

Es gibt drei Fragen, die dir helfen, Lesetexte grob zu verstehen:

1. Um wen geht es? *(Qui?)*
2. Wo spielt die Handlung? *(Où?)*
3. Worum geht es? *(De quoi?)*

QUI?	*groupe de jeunes*
OÙ?	*à Strasbourg*
QUOI?	*concours de skate*

Wenn du diese drei Fragen beantwortet hast, kannst du mit wenigen Worten erklären, worum es in dem gelesenen Text geht.
Lies den Text einmal ganz durch, ohne dich von unbekannten Wörtern aufhalten zu lassen.
Notiere deine Antworten, aber nicht in ganzen Sätzen, sondern als Stichworte.

17 Einzelne Informationen herauslesen

Lies dir die Aufgabenstellung genau durch. Welche Informationen werden von dir verlangt? Überfliege den Text und suche ihn dabei nur nach diesen Informationen ab. Alles andere kannst du überlesen.
Hier ein Beispiel: Du liest eine Museumsbroschüre und sollst darin nur die Öffnungszeiten des Museums finden.

1. Lies kein einziges Wort, sondern halte nur nach Zahlen Ausschau. So findest du schnell den Abschnitt, in dem es um die Öffnungszeiten geht.
2. Wenn du den Abschnitt gefunden hast, lies ihn dir gut durch, um genau zu verstehen, an welchen Tagen das Museum wie lange geöffnet ist.
3. Notiere dir sofort, was du herausgefunden hast, damit du nicht später von vorne anfangen musst.

Übung

Du möchtest das Planetarium in Straßburg besuchen und suchst im Werbefaltblatt nach den Öffnungszeiten am Wochenende. Wie lauten sie?

Planétarium de Strasbourg

Le planétarium est l'Univers au cœur de la ville. Il propose des spectacles qui permettent de rêver et de s'informer sur l'actualité astronomique et spatiale. On y découvre des images étonnantes qui dévoilent les merveilles du ciel.
C'est aussi un lieu d'émotion, un bel outil pédagogique qui permet de comprendre l'architecture et l'évolution de l'Univers qui nous entoure.
Et autour de lui, s'ouvre un lieu d'exposition et de découverte des plus beaux instruments du patrimoine de l'Observatoire de Strasbourg.

Planétarium
13 rue de l'Observatoire
67000 Strasbourg

Réservations et renseignements
03 68 85 24 50 – accueil@planetarium.u-strasbg.fr

Séances

Regards sur le Système solaire
Vous êtes les invités d'un grand voyage au cœur de notre Système solaire. Vous pourrez ainsi comprendre ce qui différencie les planètes du Soleil, découvrir si Mars abrite de l'eau liquide, rêver autour des anneaux de Saturne et observer de plus près les satellites de Jupiter. Tout ce périple pour se rendre compte que notre planète Terre est unique… et précieuse.
À partir de 12 ans

Le Rêve de Clara
Immergés sous la voûte étoilée du planétarium, vous allez accompagner une jeune passionnée d'astronomie dans son rêve, qui vous emmènera bien au-delà des planètes …
De 6 à 11 ans

Horaires d'ouverture

Lundi, mardi, jeudi et vendredi:
Ouvert de 9h à 12h et de 14h à 17h
Mercredi:
Ouvert de 14h à 17h
Dimanche:
Ouvert de 14h à 18h
Fermé les samedis.

L'Univers en mouvement
Spectacles
Visites guidées
Observations astronomiques

18 Unbekannte Wörter erschließen

Beim Lesen musst du nicht jedes unbekannte Wort im Wörterbuch nachschlagen, um zu verstehen, worum es geht. Viele Wörter kannst du auch verstehen, obwohl du sie noch nicht gelernt hast. Es gibt verschiedene Möglichkeiten, die Bedeutung eines unbekannten Wortes zu erschließen.

1. Wörter über Bilder erschließen
Bilder und Fotos, z. B. in Blogs, Werbeprospekten oder Speisekarten, können dir dabei helfen, die Bedeutung eines Wortes herauszufinden.
Hier ein Beispiel:
Aus dem Foto kannst du erschließen, dass *chien* „Hund“ bedeutet.

2. Kenntnisse aus anderen Sprachen nutzen
Viele Wörter verschiedener Sprachen haben denselben Ursprung und sind sich deshalb ähnlich. Nutze dein Wissen aus anderen Sprachen, um dir französische Wörter zu erschließen.

- le supermarché
- der Supermarkt
- supermarket
- süpermarket

Übung

1 Was bedeuten diese Wörter auf Deutsch? *l'exercice, la question, le camion, l'hôpital, confortable, le lavabo, le dictionnaire, différent, comparer, le train.* Wie bist du darauf gekommen?

2 Kennst du andere Wörter, die sich in verschiedenen Sprachen ähneln? Tausche dich mit deinem Lernpartner / deiner Lernpartnerin aus und sammelt zu zweit weiter. Stellt anderen eure Wörter vor und lasst sie ihre Bedeutung erraten.

Écrire des textes | Texte schreiben

19 Vor dem Schreiben

Beim Schreiben von Texten gilt: Nicht einfach drauflosschreiben! Je besser du das Schreiben vorbereitest, desto besser werden deine Texte gelingen.
Hier erfährst du, wie das geht.

1. Lies dir genau die Aufgabenstellung durch und stell dir folgende Fragen:
   – Welche Art von Text wird verlangt?
   Sollst du eine Postkarte, eine E-Mail, einen Blog oder ein Programm schreiben?
   Was ist typisch für diese Art von Text? Für eine Postkarte sind z. B. typisch die Adresse, die Anrede am Anfang und die Grußformel am Ende.
   – Worum soll es im Text gehen?

Anrede

Grußformel

2. Sammle anschließend Ideen zum Thema.
   – Formuliere sie am besten gleich auf Französisch und notiere sie in Stichpunkten. Du kannst sie auch in einem Vokabelnetz anordnen (▶ Méthodes, p. 160/7).

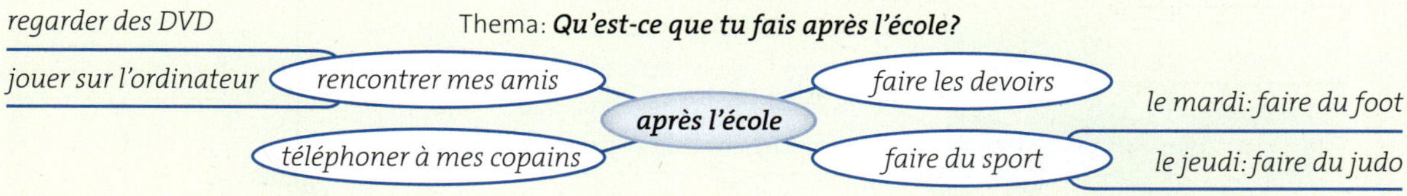

   – Wenn du nach geeigneten Ausdrücken suchst, schau auch in den *Repères* der jeweiligen *Unités* nach. Dort findest du unter *Qu'est-ce qu'on dit?* viele Redewendungen, die dir weiterhelfen.
3. Entscheide, wie du deinen Text aufbaust: Womit fängst du an? Was kommt danach? Wie beendest du den Text?

Übung

Schreibe einen Blog über deinen Lieblingsstar.

TIPP Lies zur Vorbereitung die Blogs auf S. 75.

20 Nach dem Schreiben

Wenn du deinen Text fertig geschrieben hast, lies ihn dir gründlich durch und achte dabei auf folgende Punkte:

1. Inhalt

Hast du dich an die Aufgabenstellung gehalten? Setze ein Häkchen hinter jede Vorgabe, die du erfüllt hast.

Schreibe eine E-Mail an deinen Austauschpartner. Sag ihm,
wie alt du bist ✔
in welcher Stadt du wohnst ✔
und in welche Klasse du gehst

2. Sprache

Überprüfe deinen Text mit Hilfe der Fehlerliste.

*les copains, **ma** copine*	Passen Begleiter und Nomen zusammen? ✔
***Les** copains dans**ent**.*	Passen Subjekt und Verbform zusammen? ✔
Nous allons au cinéma.	Stimmt die Satzstellung (Subjekt – Verb – Ergänzungen)? ✔
*La **fille** est jolie.*	Passen Nomen und Adjektiv zusammen? ✔
*– Où est-ce qu'il emprunte **les DVD**? – Il **les** emprunte au CDI.*	Passen die Objektpronomen zu den Wörtern, die sie ersetzen? Stehen sie an der richtigen Stelle? ✔
***l'**armoire, **j'**habite, tu **n'**as pas*	Hast du an die Apostrophe gedacht? ✔
*f**ê**te, l**à**-bas, él**è**ve, Tu es o**ù**?*	Hast du alle *accents* richtig gesetzt? ✔

Übung

1 Finde die Fehler im Text A mithilfe der Fehlerliste und korrigiere sie im Heft.
2 Überprüfe den von dir geschriebenen Blog (siehe Karteikarte oben).
3 Tauscht dann eure Blogs aus und korrigiert sie.

A

Dans mon quartier, il y a des boulangeries et des cinéma. |
Ma famille et moi, nous habitent 5, rue de Paris. |
Jai deux cochons d'Inde. Ils sont adorable. ||
Mon copine Laure habite 7, rue de Paris. |
Je la aime bien parce qu'elle sympa est. ||
Après l'ecole, on rentres et on passe par la boulangerie de Monsieur Lepain. ||

TIPP Es ist leichter, Fehler in einem Text zu finden, den man nicht selbst geschrieben hat. Deswegen ist es sinnvoll, wenn du mit einem Partner / einer Partnerin den Text tauschst und ihr euch (mit Bleistift) gegenseitig korrigiert.

Faire une médiation | Sprachmitteln

21 Wichtige Informationen in die andere Sprache übertragen

Falls deine Familie oder deine deutschen Freunde kein Französisch sprechen, bist du als Französischexpertin bzw. -experte gefordert. Umgekehrt werden dich französische Jugendliche, die dich z. B. in Deutschland besuchen, vielleicht bitten, deutsche Aussagen oder Texte ins Französische zu übertragen.
In beiden Fällen vermittelst du zwischen den Sprachen. Das nennt man Sprachmittlung.

Beachte dabei folgendes:

1. Übersetze nicht Wort für Wort oder Satz für Satz. Teile nur das mit, was der andere im jeweiligen Fall unbedingt wissen muss.
2. Bei deutschen Texten:
   – Überlege, wie du das Wichtigste mit deinen Französischkenntnissen ausdrücken kannst.
   – Versuche Wörter, die du nicht kennst oder die dir nicht einfallen, zu umschreiben oder nenne Beispiele für das, was du meinst.

Übung

Du fährst mit deinen Eltern für ein Wochenende nach Straßburg, aber die Anreise und die Übernachtung sind ziemlich teuer und ihr wollt vor Ort so wenig Geld wie möglich ausgeben. Du informierst dich im Internet über Angebote und entdeckst dabei diesen Pass. Erkläre deinen Eltern (auf Deutsch), was ihr damit alles umsonst machen könnt.

Outils pour apprendre | Lernhilfen

22 Verbkartei

Lege für die Verben, die du schon kennst, eine Verbkarteikarte an. Verwende dazu die Vorlage im *Carnet d'activités*, p. 103. Trage alle Verbformen ein, die du schon kennst. Mit Hilfe der Verbliste im Buch oder dem Grammatikheft überprüfst du, ob die Verbformen richtig sind. Die leeren Felder wirst du später ergänzen.

Infinitif *avoir*	Terminaison	Régulier ☐ Irrégulier ☒	Particularité
	Présent	Impératif	
	je/j' *ai*		Futur
	tu *as*		
	il/elle/on *a*		Passé composé
	nous *avons*		
	vous *avez*		Imparfait
	ils/elles *ont*		
	se conjugue comme: ______		

Und so arbeitest du mit der Verbkartei:
Im Verlauf des Schuljahres überprüfst du regelmäßig, ob du die Verbformen noch weißt. Das bietet sich vor allem vor einer Klassenarbeit an.

1. Du konjugierst die Verben schriftlich.
2. Du überprüfst mit Hilfe deiner Verbkartei, ob die Formen richtig sind.
3. Du bildest zu jedem Verb drei Sätze, in denen es vorkommt.

Wenn du mit einem Lernpartner / einer Lernpartnerin arbeitest, könnt ihr euch gegenseitig korrigieren.

23 Lernplakate

Lernplakate sind große Merkzettel, auf denen du alles Wichtige zu einem Thema übersichtlich darstellst. Du kannst ein Lernplakat für dich selbst oder für die Klasse herstellen.

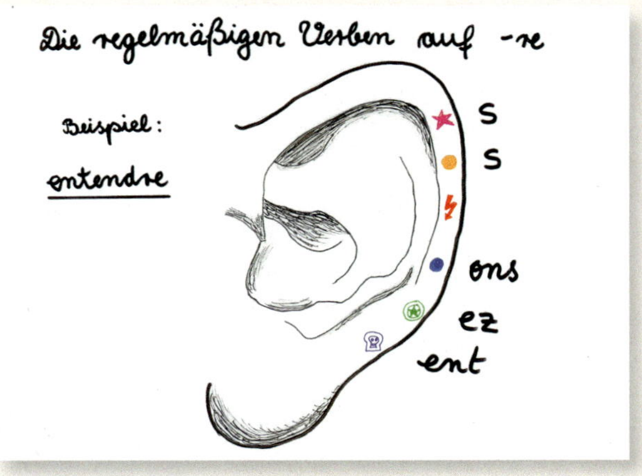

1. Dein persönliches Lernplakat
Dieses Plakat ist nur für dich bestimmt und andere müssen nicht unbedingt etwas damit anfangen können. Entscheidend ist, dass ***du*** damit gut lernen kannst!

1. Sammle die Lerninhalte, die du auf deinem Lernplakat darstellen willst.
2. Fertige eine Skizze des Plakats an. Du kannst Symbole (z. B.: → oder !), Kästchen, Farben und Unterstreichungen zur Verdeutlichung verwenden.
   Wie ist es für dich am übersichtlichsten und deutlichsten?
3. Überprüfe deine Skizze auf Fehler.
4. Übertrage deine Skizze ordentlich auf ein großes Blatt Papier oder einen Karton. Das fertige Plakat hängst du an einem Ort auf, an dem du es oft sehen kannst. Nach einer Woche überprüfst du, ob du jetzt auswendig weißt, was darauf steht.

2. Ein Lernplakat für deine Klasse
Dieses Plakat ist nicht nur für dich, sondern für die ganze Klasse. Es muss also klar und für alle nachvollziehbar sein.

1. Sammle die Lerninhalte, die du auf dem Lernplakat darstellen willst.
2. Fertige eine Skizze des Plakats an. Du kannst Symbole (z. B.: → oder !), Kästchen, Farben und Unterstreichungen zur Verdeutlichung verwenden.
3. Frage mindestens zwei Mitschüler, ob sie deine Skizze verstehen.
4. Lass sie von deinem Lehrer / deiner Lehrerin korrigieren.
5. Übertrage deine Skizze ordentlich und gut lesbar auf einen Karton, der in der Klasse als Lern- und Merkhilfe aufgehängt werden kann.

TIPP Überprüfe vor der Reinschrift, wie groß du schreiben musst, damit auch alle in der Klasse das Plakat lesen können.

Übung

Fertige für deine Klasse ein Lernplakat zu dem Thema „Mengenangaben" an. Sammle darauf alle Mengenangaben, die ihr schon kennt.

Petit dictionnaire de civilisation | Kleines landeskundliches Lexikon

Personen

les BB Brunes [lebebebʀyn]
Französische Rockband, die 2001 gegründet wurde. Das zweite Album „Nico Teen love" erschien 2009. (→ U4/2)

Karim Benzema [kaʀimbɛnzema] (geb. 1987)
Französischer Fußballspieler (Stürmer) algerischer Abstammung. Begann seine Karriere bei Olympique Lyon und wechselte 2009 zu Real Madrid. 2007 erstes Spiel in der französischen Nationalmannschaft. (→ U4/2)

Maxime Alexandre [maksimalɛksɑ̃dʀ] (1899–1976)
Elsässischer Dichter. Er schrieb auf Französisch und Deutsch. (→ U1/3)

Omar et Fred [omaʀefʀɛd] (geb. 1978, 1977)
Zwei Komiker, die seit 2005 auf humorvolle Art in einer dreiminütigen Fernsehsendung die französischen Nachrichten kommentieren. (→ U7/2)

Sinik [sinik] (geb. 1980)
Sinik ist ein französischer Rapper mit algerischen Wurzeln. Er rappt, seit er 13 ist und gewann zweimal den *double disque d'or* (Goldene Schallplatte). (→ U4/2)

Stromae [stʀomaj]
(geb. 1985)
Paul Van Haver ist ein belgisch-ruandischer Rapper und Musikproduzent (Hip-Hop und Elektro). Für seinen Künstlernamen Stromae hat er die Silben des Wortes *Maestro* vertauscht.
(→ U7/3)

Titeuf [titœf]
Held der gleichnamigen Comic-Serie des Genfer Zeichners Zep. Titeufs Markenzeichen ist seine blonde Haartolle. *Titeuf* gibt es seit 2011 auch als Zeichentrickfilm. (→ U4/2)

ZAZ [zaz] (geb. 1980)
ZAZ ist eine französische Sängerin. Ihre Musik ist eine Mischung aus Jazz, Swing und lebendiger Straßenmusik. Mit ihrem ersten Album „Je veux" stürmte sie 2010 an die Spitze der französischen Musikcharts. (→ U4/2)

Geographische Namen

l'Alsace [lalzas] **Elsass**
An Deutschland grenzende Region im Osten Frankreichs, entlang des Rheins. Gehörte 1871–1918 und 1940–1944 zum Deutschen Reich. Größte Stadt ist Straßburg (→ Strasbourg). (→ U4/3)

le château du Haut-Kœnigsbourg
[ləʃɑtodyokøniksbuʀ]

Bekannte Burgfestung im Elsass (→ *Alsace*). Sie stammt aus dem 15. Jahrhundert. Sie wurde nach mehrmaliger Zerstörung im Auftrag von Kaiser Wilhelm II. wieder aufgebaut. (→ U8/2)

Genève [ʒənɛv] **Genf**
Mit etwa 200 000 Einwohnern die zweitgrößte Stadt des gleichnamigen Kantons der französischen Schweiz. Genf liegt am Genfer See (→ lac Léman) und an der Rhône. Die Stadt ist Sitz bedeutender internationaler Organisationen wie z. B. der Weltgesundheitsorganisation. (→ U3/3)

l'Ill [lil] *m.*
Nach dem Rhein längster und wichtigster Fluss im Elsass. Die Ill fließt durch Straßburg.(→ U4/2)

le lac Léman [ləlaklemɑ̃]
Genfer See
Das Südufer des Sees gehört zu Frankreich, das Nordufer zur Schweiz. Die Grenze verläuft mitten durch den See. (→ U8/1)

Levallois [ləvalwa]
Vorort nordwestlich von → Paris mit 63 400 Einwohnern, den man von Paris aus mit der Metro erreicht. Durch Levallois fließt die Seine. (→ U8/1)

Lyon [ljɔ̃]
Drittgrößte Stadt Frankreichs (nach → Paris und → Marseille) mit 480 000 Einwohnern. Sie liegt am Zusammenfluss der Rhône und der Saône. Zentrum der französischen Textil-, insbesondere der Seidenindustrie. (→ U3/3)

Marseille [maʀsɛj]
Stadt am Mittelmeer mit 860 000 Einwohnern. Älteste und nach Paris zweitgrößte Stadt Frankreichs. Heute ist Marseille Frankreichs bedeutendster Handelshafen. (→ U8/1)

Paris [paʀi]

Hauptstadt Frankreichs und größte Stadt des Landes mit über 2 Mio Einwohnern. Die Stadt liegt an der Seine. Bekannte Sehenswürdigkeiten sind u. a. die Kathedrale Notre-Dame, der Louvre und der Eiffel Turm. Hier endet jedes Jahr die *Tour de France*, das größte Radrennen der Welt. (→ U3/2, → U8/2)

la Passerelle Mimram [lapɑsʀɛlmimʀam]

Fußgänger- und Radfahrerbrücke über den Grenzfluss Rhein, benannt nach ihrem Erbauer Marc Mimram. Im Volksmund wird sie aber *Passerelle des deux rives* (Brücke der zwei Ufer) genannt. Sie verbindet Straßburg (→ Strasbourg) und Kehl. Sie gilt als Symbol der engen deutsch-französischen Beziehungen. (→ U5/3)

les Pyrénées [lepiʀene] *f. pl.* **Pyrenäen**

Hoch- und Grenzgebirge zwischen Frankreich, Spanien und Andorra. Beliebte Wanderregion. Im Departement Hautes-Pyrénées befindet sich das kleine Dorf Gavarnie, mit lediglich 149 Einwohnern. Der Tal-Kessel von Gavarnie mit seinen Wasserfällen steht als besonderes Naturerlebnis auf der Welterbeliste der UNESCO. (→ U8/1)

Strasbourg [stʀazbuʀ] **Straßburg**
276 200 Einwohner. Moderne Industrie- und Verwaltungsstadt im Osten Frankreichs und Hauptstadt des Elsass (→ Alsace). Wahrzeichen des Elsass ist das Straßburger Münster *(Cathédrale de Strasbourg)*, das circa 1180–1439 gebaut wurde. Sein Turm ist 140 Meter hoch.
In Straßburg gibt es zahlreiche europäische Einrichtungen: das Europäische Parlament (*le Parlement européen*), den Europäischen Gerichtshof für Menschenrechte und den Europarat (*le Conseil de l'Europe*). 1991/92 wurde hier der erste europäische Kulturkanal Arte gegründet. Der Sender strahlt sein Programm sowohl in Deutsch, als auch in Französisch aus.
Die grüne Lunge Straßburgs ist der *parc de l'Orangerie*. Mehr Geschichte bieten die historischen Viertel *la Petite France, le Quartier allemand*. Sehr lebendig und genauso beliebt ist die zentrale *place Kléber* und das 2005 gegründete Erlebnismuseum *le Vaisseau*: Dort entdecken Kinder und Jugendliche spielerisch und interaktiv Wissenschaft und Technik. (→ U1/3, → U6/1)

les Vosges [levoʒ] *f. pl.* **Vogesen**
Das Mittelgebirge liegt im Nordosten Frankreichs, am Schnittpunkt von Elsass und Lothringen. Es zeichnet sich aus durch die Vielfalt seiner Landschaften: Gipfel mit Aussicht bis zu den Alpen, Bergwiesen, Seen, Schluchten, Grotten, Burgruinen und Schlösser. Auch seine Tierwelt (Falken, Störche, sogar Luchse) macht die Vogesen zu einem erlebnisreichen Naturpark. (→ U4/1)

L'alphabet | Das Alphabet

a [a]	d [de]	g [ʒe]	j [ʒi]	m [ɛm]	p [pe]	s [ɛs]	v [ve]	y [igʀɛk]
b [be]	e [ə]	h [aʃ]	k [ka]	n [ɛn]	q [ky]	t [te]	w [dubləve]	z [zɛd]
c [se]	f [ɛf]	i [i]	l [ɛl]	o [o]	r [ɛʀ]	u [y]	x [iks]	

Les signes dans la phrase | Die Zeichen im Satz

la majuscule · l'apostrophe *f.* · le trait d'union · le point d'exclamation · l'accent circonflexe *m.* · les deux-points · le « c » cédille · la minuscule

Samedi, c'est l'anniversaire de Clément! Il fait une fête et il invite ses amis: deux garçons et trois filles. Mercredi après-midi, les copains achètent des cadeaux. Louna achète le CD « Joyeux anniversaire », Zoé regarde une B.D. – elle est super, mais trop chère. Et moi? (Je n'ai pas encore d'idée ...)

les guillemets *m. pl.* · les parenthèses *f. pl.* · l'accent aigu *m.* · les points de suspension · le tiret · la virgule · le point · l'accent grave *m.* · le point d'interrogation

L'alphabet phonétique | Die Lautschrift

Les consonnes | Die Konsonanten

[b] **b**anane, li**b**re
[d] **d**anse, or**d**inateur
[f] **ph**oto, sou**ff**ler
[g] **g**rand, **gu**itare
[k] **c**lasse, **ch**o**c**olat
[l] **l**a, vi**ll**e
[m] **m**ardi, ai**m**er, fil**m**, co**mm**e
[n] **n**on, a**nn**iversaire
[ŋ] campi**ng**
[ɲ] monta**gn**e, Allema**gn**e
[p] **p**age, ré**p**ondre
[ʀ] **r**ue, liv**r**e
[s] *scharfes „s" wie in* Ku**ss**: **ç**a, mer**c**i, **s**alut, pa**ss**er
[z] *summendes „s" " (tritt nur zwischen zwei Vokalen, als Bindungs -s bzw. -x oder in der Schreibung „z" auf) wie in* ra**s**en: mai**s**on, le**s**‿enfants, si**x**‿heures, **z**éro
[ʃ] „sch" *wie in* Ta**sch**e: **ch**er**ch**er, **ch**at
[ʒ] *wie in* Gara**g**e: intelli**g**ent, **j**ouer
[t] **t**ouristique, a**tt**endre
[v] **v**élo, a**v**ril, élè**v**e

Les voyelles | Die Vokale

[a] *kurzes „a" wie in* B**a**ll: **a**mi, f**e**mme
[ɑ] *langes „a" wie in* B**ah**n: ne ... p**a**s, g**â**teau
[ɛ] *offenes „e" wie in* **E**nde: m**ai**s, rec**e**tte, c'**e**st, p**è**re
[e] *geschlossenes „e" wie in* S**ee**: **é**cole, rentr**ée**
[ə] *stummes „e" wie in* Kab**e**l: l**e**, d**e**, r**e**garder
[i] **i**dée, l**i**t
[o] *geschlossenes „o" wie in* Fl**oh**: tr**o**p, **au**jourd'hui
[ɔ] *offenes „o" wie in* d**o**ch: sp**o**rt, n**o**ter
[ø] *geschlossenes „ö" wie in* b**ö**se: j**eu**di, Monsi**eu**r
[œ] *offenes „ö" wie in* **ö**ffnen: h**eu**re, s**œu**r
[u] „u" *wie in* M**u**t: **où**, bonj**ou**r, s**ou**s
[y] „ü" *wie in* m**ü**de: **u**nité, m**u**sée, min**u**te

Les semi-voyelles | Die Gleitlaute

[ɥ] c**u**isine, min**u**it
[j] surve**ill**ant, fami**ll**e, ca**hi**er
[w] **oi**seau, hist**oi**re, **ou**i

Les voyelles nasales | Die nasalierten Vokale

[ɑ̃] **en**f**an**t, c**an**tine, l**am**pe
[ɔ̃] p**on**t, rac**on**ter, pard**on**
[ɛ̃] **un**, dess**in**, f**aim**, cop**ain**

Les nombres cardinaux | Die Grundzahlen

0	zéro	[zeʀo]
1	un	[ɛ̃] *(männlich)*
	une	[yn] *(weiblich)*
2	deux	[dø]
3	trois	[tʀwa]
4	quatre	[katʀ]
5	cinq	[sɛ̃k]
6	six	[sis]
7	sept	[sɛt]
8	huit	[ɥit]
9	neuf	[nœf]
10	dix	[dis]
11	onze	[ɔ̃z]
12	douze	[duz]
13	treize	[tʀɛz]
14	quatorze	[katɔʀz]
15	quinze	[kɛ̃z]
16	seize	[sɛz]
17	dix-sept	[disɛt]
18	dix-huit	[dizɥit]
19	dix-neuf	[diznœf]
20	vingt	[vɛ̃]
21	vingt **et** un	[vɛ̃teɛ̃] *(männlich)*
	vingt **et** une	[vɛ̃teyn] *(weiblich)*
22	vingt-deux	[vɛ̃tdø]
30	trente	[tʀɑ̃t]
40	quarante	[kaʀɑ̃t]
50	cinquante	[sɛ̃kɑ̃t]
60	soixante	[swasɑ̃t]
70	soixante-dix	[swasɑ̃tdis]
71	soixante et onze	[swasɑ̃teɔ̃z]
72	soixante-douze	[swasɑ̃tduz]
73	soixante-treize	[swasɑ̃ttʀɛz]
74	soixante-quatorze	[swasɑ̃tkatɔʀz]
75	soixante-quinze	[swasɑ̃tkɛ̃z]
76	soixante-seize	[swasɑ̃tsɛz]
77	soixante-dix-sept	[swasɑ̃tdisɛt]
78	soixante-dix-huit	[swasɑ̃tdizɥit]
79	soixante-dix-neuf	[swasɑ̃tdiznœf]
80	quatre-vingt**s**	[katʀəvɛ̃]
81	quatre-vingt-un	[katʀəvɛ̃ɛ̃] *(männlich)*
	quatre-vingt-une	[katʀəvɛ̃yn] *(weiblich)*
82	quatre-vingt-deux	[katʀəvɛ̃dø]
90	quatre-vingt-dix	[katʀəvɛ̃dis]
91	quatre-vingt-onze	[katʀəvɛ̃ɔ̃z]
100	cent	[sɑ̃]

Die Schreibung mit Bindestrich ist nach den Empfehlungen zur französischen Rechtschreibung bei allen zusammengesetzten Zahlwörtern möglich. Du kannst also auch schreiben: *vingt-et-un, soixante-et-onze*.

2 (22, 32, ...)	deux‿enfants [døzɑ̃fɑ̃]
3 (23, 33, ...)	trois‿enfants [tʀwazɑ̃fɑ̃]
6 (26, 36, ...)	six‿heures [sizœʀ]
	six livres [silivʀ]
8 (18, 28, ...)	huit musées [ɥimyze]
9 (19, 29, ...)	neuf‿ans [nœvɑ̃], neuf‿heures [nœvœʀ]
10 (70, 90, ...)	dix‿heures [dizœʀ]
	dix livres [dilivʀ]
20	vingt‿heures [vɛ̃tœʀ]
100	cent‿ans [sɑ̃tɑ̃]

La conjugaison des verbes | Die Konjugation der Verben

Hier findest du die Präsens-Konjugation der Verben, die in *À plus! 1* vorkommen.

Les verbes auxiliaires *avoir* et *être* | Die Hilfsverben *avoir* und *être*

		avoir		être
infinitif		avoir		être
présent	j'	ai	je	suis
	tu	as	tu	es
	il/elle/on	a	il/elle/on	est
	nous	avons	nous	sommes
	vous	avez	vous	êtes
	ils/elles	ont	ils/elles	sont

Les verbes réguliers en *-er* | Die regelmäßigen Verben auf *-er*

infinitif		regarder		acheter		appeler
présent	je	regarde	j'	achète	j'	appelle
	tu	regardes	tu	achètes	tu	appelles
	il/elle/on	regarde	il/elle/on	achète	il/elle/on	appelle
	nous	regardons	nous	achetons	nous	appelons
	vous	regardez	vous	achetez	vous	appelez
	ils/elles	regardent	ils/elles	achètent	ils/elles	appellent
impératif		Regarde.		Achète.		Appelle.
		Regardons.		Achetons.		Appelons.
		Regardez.		Achetez.		Appelez.

infinitif		commencer		manger		préférer
présent	je	commence	je	mange	je	préfère
	tu	commences	tu	manges	tu	préfères
	il/elle/on	commence	il/elle/on	mange	il/elle/on	préfère
	nous	commençons	nous	mangeons	nous	préférons
	vous	commencez	vous	mangez	vous	préférez
	ils/elles	commencent	ils/elles	mangent	ils/elles	préfèrent
impératif		Commence.		Mange.		Préfère.
		Commençons.		Mangeons.		Préférons.
		Commencez.		Mangez.		Préférez.
			ebenso:	nager	*ebenso*:	répéter

Les verbes réguliers en *-re* | Die regelmäßigen Verben auf *-re*

infinitif		**attendre**
présent	j'	attends
	tu	attends
	il/elle/on	attend
	nous	attendons
	vous	attendez
	ils/elles	attendent
impératif		Attends.
		Attendons.
		Attendez.
	ebenso:	entendre

Les verbes irréguliers | Die unregelmäßigen Verben

infinitif		**aller**		**faire**
présent	je	vais	je	fais
	tu	vas	tu	fais
	il/elle/on	va	il/elle/on	fait
	nous	allons	nous	faisons
	vous	allez	vous	faites
	ils/elles	vont	ils/elles	font
impératif		Va.		Fais.
		Allons.		Faisons.
		Allez.		Faites.

infinitif		**pouvoir**		**prendre**		**vouloir**
présent	je	peux	je	prends	je	veux
	tu	peux	tu	prends	tu	veux
	il/elle/on	peut	il/elle/on	prend	il/elle/on	veut
	nous	pouvons	nous	prenons	nous	voulons
	vous	pouvez	vous	prenez	vous	voulez
	ils/elles	peuvent	ils/elles	prennent	ils/elles	veulent
impératif				Prends.		
				Prenons.		
				Prenez.		
			ebenso:	comprendre		

Unité 1

page 23, Repères

3 **1** Der männliche Artikel lautet *le*.
Der weibliche Artikel lautet *la*.
Vor Vokal steht im Singular immer der Artikel *l'*.
Der Artikel im Plural lautet *les*.

2 **Beispiellösung:** la classe (Sg.) – les professeurs (Pl.) – la rentrée (Sg.) – le français (Sg.) – l'élève (Sg.) – la sixième (Sg.)

Unité 2

page 40, Repères

1 un poster, des posters, une chambre, une lampe, des ordinateurs, une photo, un lit, des étagères, une table, des armoires, une minichaîne, un globe, des livres, des chaises

Unité 3

page 47, Volet 1

2
1. Muriel, c'est la **grand-mère** de Manon.
2. David, c'est le **fils** de Frédéric.
3. Franck, c'est le **père** de Clara.
4. Élise, c'est la **fille** de Muriel.
5. Louise et Manon, ce sont les **cousines** de Clara.
6. Élise, c'est la **mère** de Clara.
7. Frédéric, c'est le **grand-père** de Manon.
8. Alexandre, c'est le **cousin** de Paul.
9. Franck, c'est le **frère** de Valérie.
10. Isabelle, c'est la **tante** de Camille.
11. Monique, c'est l'**arrière-grand-mère** de Clara.
12. Camille, c'est la **sœur** de Clara.
13. David, c'est l'**oncle** d'Alexandre.
14. Philippe et Isabelle, ce sont les **parents** de Manon.

page 60, Repères

2 **1** – Tu **as** quel âge? – J'**ai** quatorze ans.
– Vous **avez** des animaux? – Oui, nous **avons** un chien et deux perruches.
– Lisa **a** un animal? – Non, ses frères **ont** une allergie.

2 Hier findet ihr den Rap-Text zum Mitsingen. (▶ CD1, 63)

J'ai treize ans.
Tu as douze ans?
Il a un chat.
Elle a un chien.
On a des copains.
Nous avons un frère.
Vous avez une sœur.
Ils ont des frères et sœurs. / **Elles** ont des frères et sœurs.

3 – Die weibliche Singularform des Adjektivs wird durch das Anhängen eines *-e* an die männliche Form gebildet. Wenn die männliche Form schon auf *-e* endet (z. B. *adorable*), wird kein weiteres *-e* mehr angehängt.
– Die Pluralform eines Adjektivs wird durch das Anhängen eines *-s* an die Singularform gebildet.

Unité 4

page 72, Volet 3, 2e partie du texte

2 b **Théo:** Maman! Ma-man! Ah, tu es là!
Mme Valin: Oui, qu'est-ce que tu veux?
Théo: Est-ce que je peux inviter Lukas, dimanche ?
Mme Valin: Pfff ... je ne sais pas ... Je ne suis pas trop d'accord. Écoute, Théo, le week-end, ton père et moi, nous voulons être tranquilles.
Théo: Maman, s'il te plaît! Lukas est super sympa! Vous ne pouvez pas être contre!
Mme Valin: Bon, c'est d'accord!
Théo: Merci! Est-ce qu'on passe le chercher?
Mme Valin: Oui, bonne idée.
Théo: À quelle heure?
Mme Valin: Euh ... à dix heures, ça va?
Théo: Ça marche! J'appelle Lukas!

Unité 5

page 99, Repères

3 Quand est-ce que tu as sport?
À quelle heure est-ce que tu rentres (à la maison) aujourd'hui?
Où est-ce que tu vas?
Pourquoi est-ce que tu ne vas pas à la cantine?

4 Das *futur composé* wird mit *aller* und dem Infinitiv des Verbs gebildet.
Bei der Verneinung umschließt *ne ... pas* die konjugierte Verbform von *aller*. Der Infinitiv steht hinter *pas*.

Unité 7

page 132, Repères

2 un kilo de bananes
un paquet de biscuits
deux paquets de beurre
une bouteille de jus de pommes
une tablette de chocolat

page 133, Repères

3
1. Je vous invite.
2. Vous ne nous accompagnez pas? / Est-ce que vous ne nous accompagnez pas?
3. Tu nous énerves.
4. Tu m'attends? / Est-ce que tu m'attends?
5. Tu peux m'aider? / Est-ce que tu peux m'aider?
6. Vous pouvez nous aider? / Est-ce que vous pouvez nous aider?
7. Je ne peux pas t'accompagner.
8. Je ne vais pas vous attendre.

Ma chambre

▶ Unité 2, p. 31/10

le tapis [lətapi]

la collection de petites voitures [la kɔlɛksjɔ̃dəpətitvwatyʀ]

la guirlande (lumineuse) [lagiʀlɑ̃dlyminøz]

la télé [latele]

le canapé [ləkanape]

la plante [laplɑ̃t]

le lecteur MP3 [ləlɛktœʀɛmpetʀwa]

la peluche [lapəlyʃ]

la console de jeux [lakɔ̃sɔldəʒø]

Mes animaux

▶ Unité 3, p. 55/2

le cheval [ləʃəval]

l'araignée [laʀeɲe] *f.*

le perroquet [ləpeʀɔkɛ]

le serpent [ləsɛʀpɑ̃]

la souris [lasuʀi]

le canari [ləkanaʀi]

Mes activités

▶ Unité 4, p. 67/4 b+5

le cinéma [ləsinema]

le judo [ləʒydo]

le piano [ləpjano]

l'équitation [lekitasjɔ̃] *f.*

la natation [lanatasjɔ̃]

le violon [ləvjɔlɔ̃]

la gymnastique [laʒimnastik]

le ping-pong [ləpiŋpɔ̃g]

la photo [lafɔto]

Ma ville, mon quartier

▶ Unité 6, p. 111/3+5 b

la vieille ville
[lavjɛjvil]

le lac
[ləlak]

le port
[ləpɔʀ]

la rue piétonne
[laʀypjetɔn]

le château
[ləʃɑto]

la gare
[lagaʀ]

le terrain de foot
(de tennis, ___)
[ləteʀɛ̃dəfut/dətenis]

l'hôtel de ville
[lotɛldəvil] *m.*

la voiture
[lavwatyʀ]

la rivière
[laʀivjɛʀ]

la plage
[laplaʒ]

le bus
[ləbys]

Dictionnaire en ligne

Du möchtest wissen, was z. B. *Schaf* auf Französisch heißt? Dann schlage in einem Online-Wörterbuch nach.

Hier gibst du deinen Suchbegriff ein.

Hier kannst du dir das Wort anhören.

f. = féminin = weiblich → Verwende ***la***, ***l'*** oder ***une***.
m. = masculin = männlich → Verwende ***le***, ***l'*** oder ***un***.

Symbole und Abkürzungen

~ Die Tilde bezeichnet die Lücke, in die du das neue Wort einsetzen sollst.

~[1] Die Fußnote nach der Tilde zeigt dir an, dass du auf die Angleichung des Wortes achten musst. Die richtige Lösung findest du auf einem weißen Streifen **am Ende jedes *Volet*.**

≠ Hier findest du das Gegenteil des Wortes.

→ Hinter diesem Pfeil findest du ein Wort, das zur gleichen Familie gehört und das du schon gelernt hast.

 Hier siehst du ein englisches Wort, das dem französischen Wort ähnlich ist.

▶ *Civilisation* zeigt dir an, dass du im *Petit dictionnaire de civilisation*, S. 170–171, weitere Informationen zu dem Begriff findest.

▶ *Verbes* zeigt dir an, dass du in der *Conjugaison des verbes*, S. 174–175, die Konjugation des Verbs findest.

Kursiv gedruckte Wörter sind ergänzender Wortschatz (fakultativ).

f.	*féminin*/feminin (weiblich)
m.	*masculin*/maskulin (männlich)
sg./Sg.	*singulier*/Singular (Einzahl)
pl./Pl.	*pluriel*/Plural (Mehrzahl)
qc/etw.	*quelque chose*/etwas
qn/jd/jdn/jdm	*quelqu'un*/jemand/jemanden/jemandem
pers./Pers.	*personne*/Person
adj.	*adjectif*/Adjektiv
fam.	*familier*/umgangssprachlich
inf.	*infinitif*/Infinitiv

Unter www.cornelsen.de/webcodes APLUS-1-180 findest du Arbeitsblätter zum Üben der neuen Wörter.

Unité 1 | Volet 1

la rentrée [laʀɑ̃tʀe]	der Schuljahresbeginn *in Frankreich: Anfang September*	
Salut! [saly] *fam.*	Hallo! *auch:* Tschüss!	
Ça va? [sava]	Wie geht's? / Geht's dir gut?	
Ça va. [sava]	Es geht (mir) gut.	– Ça va? – ~.
Et toi? [etwa]	Und dir? / Und du?	
et [e]	und	
toi [twa]	du *betonte Form des Personalpronomens*	– Moi, c'est Thomas et ~? – Moi, c'est Max.
bof [bɔf] *fam.*	Na ja. / Es geht so.	– Salut, ça va? – ~.
À plus! [aplys] *fam.*	Bis später!	
À demain! [adəmɛ̃]	Bis morgen!	
Bonjour! [bɔ̃ʒuʀ]	Guten Tag!, Guten Morgen!	

Zu Erwachsenen sagst du nicht einfach nur *Bonjour*, sondern *Bonjour, Madame* oder *Bonjour, Monsieur*.

Madame/Mme [madam]	Frau *Anrede*	Bonjour, ~.
Au revoir! [ɔʀəvwaʀ]	Auf Wiedersehen!	
super [sypɛʀ] *fam.*	super, toll	– Ça va? – ~!
Monsieur/M. [məsjø]	Herr *Anrede*	Au revoir, ~.

Unité 1 | Volet 2

c'est [sɛ]	das ist	~ la classe de sixième A.
être [ɛtʀ]	sein ▶ *Verbes, p. 174*	
voilà [vwala]	das ist *auch:* Da kommt ...	~ Théo.
la classe de sixième A [laklɑsdəsizjɛma]	die Sechs A (6A)	
la classe [laklɑs]	die Klasse	
la sixième / la 6ᵉ [lasizjɛm]	*Die erste Jahrgangsstufe nach Beendigung der fünfjährigen Grundschule*	
je suis [ʒəsɥi]	ich bin *1. Pers. Sg. von* être	
le/la professeur de français [lə/lapʀɔfɛsœʀdəfʀɑ̃sɛ]	der/die Französischlehrer/in	Bonjour, je suis le ~.
le/la professeur [lə/lapʀɔfɛsœʀ]	der/die Lehrer/in	
le français [ləfʀɑ̃sɛ]	Französisch *Unterrichtsfach, auch:* die französische Sprache	
oui [wi]	ja	Ça va? ~, ça va.
je m'appelle [ʒəmapɛl]	ich heiße *1. Pers. Sg. von* s'appeler	~ Stéphane Martel.
ah [ɑ]	ach, ach so	
pardon [paʀdɔ̃]	Verzeihung	
C'est moi. [sɛmwa]	Ich bin's. / Das bin ich.	Oui, ~.
moi [mwa]	ich *betonte Form des Personalpronomens*	
alors [alɔʀ]	also	
tu es [tyɛ]	du bist *2. Pers. Sg. von* être	Alors toi, ~ Clara.
tu t'appelles [tytapɛl]	du heißt *2. Pers. Sg.*	
Avec un C? [avɛkɛ̃se]	Mit einem C?	Nicolas, ~?
Non? [nɔ̃] *fam.*	Nicht wahr?	– Tu es Léo, ~? – Oui, je suis Léo.
avec [avɛk]	mit	La 6ᵉ A est ~ Monsieur Martel.

un [ɛ̃]	ein	– Lucas, avec ~ C?
non [nɔ̃]	nein	– Tu t'appelles Maria? – ~, je m'appelle Marie.
il est [ilɛ]	er ist *3. Pers. Sg. m. von* être	~ avec Monsieur Martel.
de [də]	aus	Il est ~ Berlin.
Berlin [bɛʀlɛ̃]	Berlin	
très [tʀɛ]	sehr	
bien [bjɛ̃]	gut	– Ça va? – Oui, très ~.
elle est [ɛlɛ]	sie ist *3. Pers. Sg. f. von* être	~ est de Strasbourg?
là [la]	da/hier	~, c'est la classe de Monsieur Martel.
euh [ø]	äh	~ non, moi c'est Clara, avec un C.
deux [dø]	zwei	Schmitt, avec ~ T.

Unité 1 | Volet 3

la récréation [laʀekʀeasjɔ̃]	die Pause	C'est la ~.
nous sommes [nusɔm]	wir sind *1. Pers. Pl. von* être	~ avec Monsieur Martel.
à [a]	in	
Strasbourg [stʀazbuʀ]	Straßburg ▶ *Civilisation, p. 171*	
l'école [lekɔl] *f.*	die Schule	Elle est à l'~.
Maxime Alexandre [maksimalɛksɑ̃dʀ]	elsässischer Dichter ▶ *Civilisation, p. 170*	
l'élève [lelɛv] *m./f.*	der/die Schüler/in	
le surveillant / la surveillante [ləsyʀvɛjɑ̃/lasyʀvɛjɑ̃t]	die Aufsichtsperson	Voilà la ~.

In französischen Schulen führen nicht die Lehrer, sondern *surveillants* und *surveillantes* die Pausen- und Mittagsaufsicht.

ils sont [ilsɔ̃]	sie sind *3. Pers. Pl. m. von* être	– Théo et Clara sont là? – Oui, ~ là.
dans [dɑ̃]	in	
la cour [lakuʀ]	der Schulhof	Les élèves sont dans la ~.
comment [kɔmɑ̃]	wie	Tu t'appelles ~?
ou [u]	oder	Tu es de Strasbourg ~ tu es de Colmar?
nouveau *m.* / **nouvelle** *f.* [nuvo/nuvɛl] *adj.*	neu	Lukas est ~[1] à Strasbourg. Maria est ~[2] à l'école.

le garçon [ləgaʀsɔ̃]	der Junge	Le ~, c'est Stéphane.
C'est qui? [sɛki]	Wer ist das?	– ~? – C'est Madame Fournier.

! Achte auf den kleinen Strich am Q! *Oui* = ja, aber *Qui* = wer

Je ne sais pas. [ʒənəsɛpa]	Ich weiß es nicht.	– C'est qui? – ~.
elles sont [ɛlsɔ̃]	sie sind *Personalpron. 3. Pers. Pl. von* être	

ils, elles

ils

ils

elles

cool [kul] *adj. fam.*	cool	Elles sont ~.
il/elle s'appelle [il/ɛlsapɛl]	er/sie heißt *3. Pers. Sg. von* s'appeler	~[3] Clara. ~ Marc[4].
regarde [ʀəgaʀd]	schau mal, guck mal *Imperativ 2. Pers. Sg. von* regarder ▶ *Verbes, p. 174*	~, voilà Jade!
regarder (qn/qc) [ʀəgaʀde]	jdn/etw. ansehen	
en cinquième [ɑ̃sɛ̃kjɛm]	in der siebten Klasse	Noah est ~.
la cinquième / 5e [lasɛ̃kjɛm]	*entspricht meistens der 7. Klasse in Deutschland*	

! Unterscheide: in = **dans**, **en**, **à**

... in Théos Klasse ▶ Lukas est **dans** la classe de Théo.
... in der 7 B ▶ Jade est **en** cinquième B.
... in Straßburg ▶ Le collège de Clara est **à** Strasbourg.

de [də]	von	C'est la classe ~ Lukas.
la fille [lafij] ≠ le garçon	das Mädchen	La ~, c'est Yasmine.
aussi [osi]	auch	Karim est ~ dans la classe de Jade.
pas mal [pamal]	nicht schlecht	– Ça va? – ~.
l'ami / l'amie [lami] *m./f.*	der/die Freund/in	Il est l'~[5] de Karim. Elle est l'~[6] de Jade.
on est [ɔ̃nɛ] *fam.*	wir sind *wörtlich: man ist 3. Pers. Sg. von* être	
on [ɔ̃]	man *Personalpronomen 3. Pers. Sg.*	

Im gesprochenen Französisch wird oft *on* anstelle von *nous* verwendet.

ensemble [ɑ̃sɑ̃bl]	zusammen	On est ~ en cinquième.
C'est trop cool! [sɛtʀokul] *fam.*	Das ist total cool!	C'est la récréation! ~!
vous êtes [vuzɛt]	ihr seid *2. Pers. Pl. von* être *auch:* Sie sind *wenn du jdn siezt*	– ~ aussi en sixième? – Oui.

ihr oder Sie:
beides heißt *vous*

1 nouveau **2** nouvelle **3** elle s'appelle **4** il s'appelle **5** ami **6** amie

Le français en classe (1)

Das Modul kann früher behandelt werden. Nach *Unité* 1 wird der Wortschatz als bekannt vorausgesetzt.

le crayon de couleur [ləkʀɛjɔ̃dəkulœʀ]	der Buntstift	
le crayon [ləkʀɛjɔ̃]	der Bleistift	
le stylo [ləstilo]	der Kugelschreiber	
l'effaceur [lefasœʀ] *m.*	der Tintenkiller	
la règle [laʀɛgl]	das Lineal	
le cahier [ləkaje]	das Heft	
le papier [ləpapje]	das Papier	
le classeur [ləklasœʀ]	der Ordner	
Comment est-ce qu'on dit ...? [kɔmɑ̃ɛskɔ̃di ...]	Wie sagt man ...?	
en français / en allemand [ɑ̃fʀɑ̃sɛ/ɑ̃nalmɑ̃]	auf Französisch / auf Deutsch	Comment est-ce qu'on dit «Kugelschreiber» ~?
On dit ... [ɔ̃di ...]	Man sagt ...	
Je ne sais pas. [ʒənəsɛpa]	Ich weiß es nicht.	
Comment est-ce qu'on écrit ...? [kɔmɑ̃ɛskɔ̃nekʀi ...]	Wie schreibt man ...?	
On écrit ... [ɔ̃nekʀi ...]	Man schreibt ...	

Unité 2 | Volet 1

à la maison [alamɛzɔ̃]	zu Hause	Clara est ~.
la maison [lamɛzɔ]	das Haus	
chez moi [ʃemwa]	bei mir (zu Hause)	
chez [ʃe]	bei	Elle est ~ Jade.
un/une [ɛ̃/yn]	ein/eine	Noah, c'est ~[1] garçon. Jade, c'est ~[2] fille.
l'armoire [laʀmwaʀ] *f.*	der Schrank	Voilà l'~ de Monsieur Martel.
des [de]	*unbestimmter Artikel im Pl.; wird nicht übersetzt*	

un cahier – **ein** Heft

des cahiers – ∅ Hefte

le livre [ləlivʀ]	das Buch	C'est le ~ de français de Samira.
la lampe [lalɑ̃p]	die Lampe	
l'étagère [letaʒɛʀ] *f.*	das Regal	C'est l'~ de Théo.
la minichaîne [laminiʃɛn]	die Mini-Stereoanlage	
le lit [ləli]	das Bett	
la chaise [laʃɛz]	der Stuhl	
ma chambre / ta chambre [ma/taʃɑ̃bʀ]	mein Zimmer / dein Zimmer	
la chambre [laʃɑ̃bʀ]	das Schlafzimmer	Voilà la ~ de Théo.
il y a [ilja]	es gibt	Dans la cour ~ deux surveillants.
le poster [ləpɔstɛʀ]	das Poster	Dans ma chambre, il y a des ~[3].
la photo [lafɔto]	das Foto/Bild	C'est la ~ de Yasmine.
partout [paʀtu]	überall	Dans la classe, il y a des posters ~.
le coin musique [ləkwɛ̃myzik]	die Musikecke	Dans la chambre, il y a un ~.
le coin [ləkwɛ̃]	die Ecke	
la musique [lamyzik]	die Musik	
la guitare [lagitaʀ] guitar	die Gitarre	C'est la ~ de Clara.
le CD / ! les CD [ləsede/lesede]	die CD	Le ~ est dans la minichaîne.
l'ordinateur [lɔʀdinatœʀ] *m.*	der Computer	C'est l'~ de Karim.
! le hamac [ləamak]	die Hängematte	Yasmine est dans le ~.
la table [latabl] table	der Tisch	

la bédé / B. D. / ! les B. D. [labede/lebede]	der Comic	Les ~[4] sont dans l'armoire.
la collection [lakɔlɛksjɔ̃] collection	die Sammlung	Voilà la ~ de CD de Noah.
la figurine [lafigyʀin]	die Figur	Voilà la ~ de Lucky Luke.
Qu'est-ce qu'il y a? [kɛskilja]	Was gibt es?	~ dans ta chambre?
Qu'est-ce que …? [kɛskə …]	Was …?	
encore [ɑ̃kɔʀ]	noch	Les élèves sont ~ dans la cour.
la géo [laʒeo] *fam.* **la géographie** [laʒeogʀafi]	die Geographie	Monsieur Rivière est le prof de ~.
la pierre [lapjɛʀ]	der Stein	
le globe [ləglɔb]	der Globus	

1 un **2** une **3** posters **4** bédés

Unité 2 | Volet 2

la salle de bains [lasaldəbɛ̃]	das Badezimmer	Dans la ~, il y a une chaise.
maman [mamɑ̃] *f.*	Mama	~, regarde, c'est Monsieur Martel!
où [u]	wo *auch:* wohin	– ~ est Lukas? – Il est à Berlin.

! Unterscheide: où = wo
ou = oder

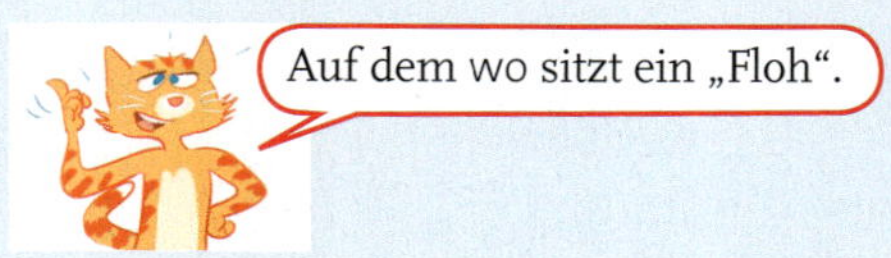

le shampoing [ləʃɑ̃pwɛ̃]	das Shampoo	Le ~ est dans l'armoire de la salle de bains.
sur [syʀ]	auf	La lampe est ~ la table.
à droite [adʀwat]	rechts	Les pierres sont ~, dans l'armoire.
la cuisine [lakɥizin]	die Küche	Yasmine et Karim sont dans la ~.
le biscuit [ləbiskɥi]	der Keks	Les ~[1] sont sur l'étagère.
le placard [ləplakaʀ]	der Wandschrank	Dans la classe, il y a un ~.
à gauche [agoʃ] ≠ à droite	links	Les pierres sont ~, sur l'étagère.
le couloir [ləkulwaʀ]	der Flur	Dans le ~, il y a des posters.
papa [papa] *m.*	Papa	~, est-ce qu'il y a encore des biscuits?

la clé [lakle]	der Schlüssel	Les ~[2] sont sur la table.
l'appartement [lapaʀtəmɑ̃] *m.* apartment	die Wohnung	Voilà l'~ des Fabre.
ZAZ [zaz]	*französische Sängerin* ▶ *Civilisation, p. 170*	
devant [dəvɑ̃]	vor	~ le bureau, il y a un globe.
derrière [dɛʀjɛʀ]	hinter	~ l'école, il y a une cour.
sous [su] ≠ sur	unter	– Où est le CD? – Regarde ~ le lit!
la salle de séjour [lasaldəseʒuʀ]	das Wohnzimmer	Ils sont dans la ~.
la télécommande [latelekɔmɑ̃d]	die Fernbedienung	La ~ est derrière l'étagère.
entre [ɑ̃tʀ]	zwischen	La chaise est ~ la table et le lit.
la télé [latele] *fam.* **la télévision** [latelevizjɔ̃] television	der Fernseher	La ~ est dans la salle de séjour.

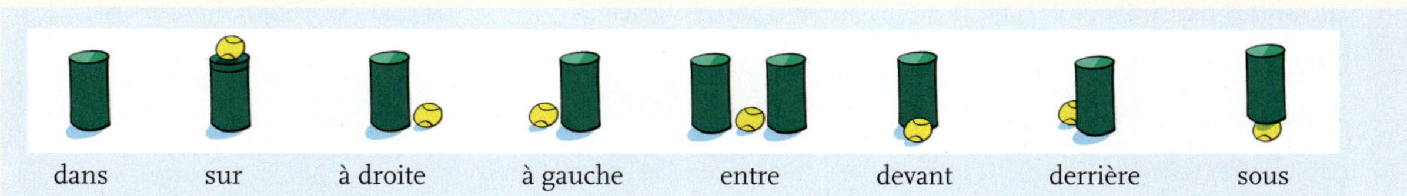

1 biscuits **2** clés

Unité 2 | Volet 3

après [apʀɛ]	nach	
Elle rentre à la maison. [ɛlʀɑ̃tʀalamɛzɔ̃]	Sie geht nach Hause. *3. Pers. Sg. von* rentrer	
rentrer (à la maison) [ʀɑ̃tʀe] → la rentrée	nach Hause gehen	Karim ~ avec Yasmine.
les devoirs [ledəvwaʀ] *m. pl.*	die Hausaufgaben	Après l'école, il y a encore les ~.
elle écoute [ɛlekut]	sie hört *3. Pers. Sg. von* écouter	
écouter qn/qc [ekute]	etw. anhören, jdm zuhören, auf jdn hören	Amandine et Yasmine ~[1] un CD.
elle cherche [ɛlʃɛʀʃ]	sie sucht *3. Pers. Sg. von* chercher	Il ~[2] le CD de ZAZ.
chercher [ʃɛʀʃe]	suchen	

l'information [lɛ̃fɔʀmasjɔ̃] *f.*	die Information	
Internet [ɛ̃tɛʀnɛt] *m.*	das Internet	J'ai ~ à la maison.
elle chatte [ɛltʃat]	sie chattet *3. Pers. Sg. von* chatter	~ avec son amie.
chatter [tʃate]	chatten	
le copain / la copine [ləkɔpɛ̃/lakɔpin]	der/die Freund/in, der Kumpel	Voilà le ~ de Karim. Il s'appelle Louis.
elle téléphone [ɛltelefɔn]	sie telefoniert *3. Pers. Sg. von* téléphoner	
téléphoner [telefɔne]	telefonieren	Jade ~ dans la salle de séjour.
elle rêve [ɛlʀɛv]	sie träumt *3. Pers. Sg. von* rêver	
rêver [ʀɛve]	träumen	Théo regarde le globe et ~[3].
Qu'est-ce qu'il y a? [kɛskilja]	Was ist los?	– Madame, Madame! – Oui, ~?
Qu'est-ce que tu fais? [kɛskətyfɛ]	Was machst du?	– ~? – J'écoute un CD.
je travaille [ʒətʀavaj]	ich lerne *auch:* ich arbeite *1. Pers. Sg. von* travailler	
travailler [tʀavaje]	arbeiten, lernen	Lukas ~[4] dans la cuisine.
Tu m'énerves. [tymenɛʀv]	Du nervst (mich).	
maintenant [mɛ̃tənɑ̃]	jetzt	Jade est en cinquième ~.
elle chante [ɛlʃɑ̃t]	sie singt *3. Pers. Sg. von* chanter	
chanter [ʃɑ̃te]	singen	Clara ~ dans la salle de bains.
tu joues [tyʒu]	du spielst *2. Pers. Sg. von* jouer	~ avec moi?
jouer (avec qn) [ʒwe]	(mit jdm) spielen	
Pas maintenant. [pamɛ̃tənɑ̃]	Nicht jetzt.	– Tu regardes la télé avec moi? – Non, ~.
s'il te plaît [siltəplɛ]	bitte, *wenn du eine Person ansprichst, die du duzt*	~, tu regardes les devoirs avec moi?
regarder la télé [ʀəgaʀdelatele]	fernsehen	Les garçons ~[5].
toujours [tuʒuʀ]	immer	Après les devoirs, j'écoute ~ un CD.
d'accord [dakɔʀ]	einverstanden	– Tu joues avec moi? – ~!
la partie de cartes [lapaʀtidəkaʀt]	eine Runde Karten	
la carte [lakaʀt]	die Karte *hier: Spielkarte*	
merci [mɛʀsi]	danke	– Ça va? – Oui, ~. Et toi?

1 écoutent 2 cherche 3 rêve 4 travaille 5 regardent la télé

Le français en classe (2)

Das Modul kann früher behandelt werden. Nach *Unité* 2 wird der Wortschatz als bekannt vorausgesetzt.

le rap [ləʀap]	der Rap	
tout le monde [tulmɔ̃d]	alle	~ chante.
On y va! [ɔ̃niva]	Los geht's!	
écoutez [ekute]	Hört zu! *Imperativ 2. Pers. Pl. von* écouter; Hören Sie zu! *wenn du jdn siezt*	
vous parlez [vupaʀle]	ihr sprecht *2. Pers. Pl. von* parler; Sie sprechen *wenn du jdn siezt*	
parler [paʀle]	sprechen	Léa et Matthis ~[1] ensemble.
trop [tʀo]	zu, zu sehr, zu viel	Les élèves travaillent ~.
vite [vit]	schnell	Après l'école, Clara rentre ~ à la maison.
Je ne comprends pas. [ʒənəkɔ̃pʀɑ̃pa]	Ich verstehe (es) nicht.	~. Vous parlez trop vite.
s'il vous plaît [silvuplɛ]	bitte *wenn du dich an mehrere Personen wendest oder jdn siezt*	

! Merke:
- *s'il te plaît* = „bitte" wenn du jdn duzt
- *s'il vous plaît* = „bitte" wenn du jdn siezt

Vous pouvez répéter? [vupuveʀepete]	Können Sie das wiederholen? *auch:* Könnt ihr das wiederholen? *wenn du dich an mehrere Personen wendest, die du duzt*	~, s'il vous plaît?
répéter (qc) [ʀepete] 🇬🇧 to repeat	(etw.) wiederholen, nachsprechen	
fermez [fɛʀme]	Schließt! / Schließen Sie! *Imperativ 2. Pers. Pl. von* fermer	
fermer (qc) [fɛʀme]	(etw.) schließen, zumachen	~[2] l'armoire, s'il te plaît.
le livre [ləlivʀ]	das Buch	C'est le ~ de Nina.
regardez [ʀəgaʀde]	Schaut an! / Schauen Sie an! *Imperativ 2. Pers. Pl. von* regarder	

le tableau / ! les tableaux [lətablo/letablo]	die (Schul-)Tafel	Dans la salle de classe, il y a un ~.
répétez [ʀepete]	Wiederholt! / Wiederholen Sie! *Imperativ 2. Pers. Pl. von* répéter *(qc)*	
encore une fois [ɑ̃kɔʀynfwa]	noch einmal	Écoutez le CD ~.
chantez [ʃɑ̃te]	Singt! / Singen Sie! *Imperativ 2. Pers. Pl. von* chanter	
chanter [ʃɑ̃te]	singen	Les élèves ~[3] dans la cour de récréation.
ouvrez [uvʀe]	Öffnet!, *hier:* Macht ... auf! / Öffnen Sie! *Imperativ 2. Pers. Pl. von* ouvrir *(qc)*	
lisez [lize]	Lest! / Lesen Sie! *Imperativ 2. Pers. Pl. von* lire	
le texte [lətɛkst]	der Text	Écrivez un ~.
écrivez [ekʀive]	Schreibt! / Schreiben Sie! *Imperativ 2. Pers. Pl. von* écrire	~ dans les cahiers.
continuez [kɔ̃tinɥe]	Macht weiter! / Machen Sie weiter! *Imperativ 2. Pers. Pl. von* continuer	
continuer (qc) [kɔ̃tinɥe] to continue	(etw.) weiter machen	
la fenêtre [lafənɛtʀ]	das Fenster	
la porte [lapɔʀt]	die Tür	
le mot [ləmo]	das Wort	Je ne comprends pas le ~ «stylo».
la phrase [lafʀaz]	der Satz	Écoutez et répétez la ~.

1 parlent **2** Ferme **3** chantent

Unité 3 | Volet 1

ma [ma]	mein(e) *Possessivbegleiter der 1. Pers. Sg., steht vor weibl. Nomen im Sg.*	Voilà ~ chambre.
la famille [lafamij] family	die Familie	Ma ~ est en France maintenant.

la sœur [lasœʀ]	die Schwester	C'est la chambre de ma ~.
mon [mɔ̃]	mein(e) *Possessivbegleiter der 1. Pers. Sg., steht vor männlichen Nomen im Sg. und vor weiblichen Nomen mit Vokalanfang im Sg.*	Noah, c'est ~ ami.
le frère [ləfʀɛʀ] ≠ la sœur	der Bruder	Le ~ de Yasmine est en cinquième.
mes [me]	meine *Possessivbegleiter der 1. Pers. Sg., steht vor Nomen im Pl.*	Manon et Paul sont ~ cousins.
les parents [lepaʀɑ̃] *m. pl.* parents	die Eltern	Mes ~ sont chez ma tante.
le père [ləpɛʀ]	der Vater	Mon ~ est professeur.
la mère [lamɛʀ]	die Mutter	La sœur de ma ~ est ma tante.
le cousin / la cousine [ləkuzɛ̃/lakuzin]	der/die Cousin/e	Ma ~[1] habite à Nice.
le fils [ləfis]	der Sohn	Regarde, c'est le ~ de mon prof de français.
la tante [latɑ̃t]	die Tante	La ~ de Clara s'appelle Isabelle.
ce sont [səsɔ̃]	das sind	– Le garçon et la fille, c'est qui? – ~ les cousins de Clara.
la fille [lafij]	die Tochter *auch:* das Mädchen	La ~ de Madame Fabre s'appelle Clara.
l'oncle [lɔ̃kl] *m.*	der Onkel	Mon ~ est sympa.
les grands-parents [legʀɑ̃paʀɑ̃] *m. pl.* grandparents	die Großeltern	Les ~ de Lukas habitent en Allemagne.
la grand-mère [lagʀɑ̃mɛʀ]	die Großmutter	Ma ~ s'appelle Joséphine.
le grand-père [ləgʀɑ̃pɛʀ]	der Großvater	Mon ~ Frédéric est le père de ma mère.
l'arrière-grand-mère [laʀjɛʀgʀɑ̃mɛʀ] *f.*	die Urgroßmutter	Mon ~ regarde la télé dans la salle de séjour.

1 cousine

Unité 3 | Volet 2

ton [tɔ̃]	dein(e) *Possessivbegleiter der 2. Pers. Sg., steht vor männlichen Nomen im Sg. und vor weiblichen Nomen mit Vokalanfang im Sg.*	– Le garçon, là, c'est ~ frère? – Non, c'est un copain.
habiter [abite] ! **j'habite** [ʒabit]	wohnen	Mes cousins ~[1] à Berlin.
avenue de la Forêt Noire [avənydəlafɔʀɛnwaʀ]	Schwarzwaldallee	
l'avenue [lavəny] *f.* avenue	die Allee	J'habite ~ de Colmar.
tout près [tupʀɛ]	ganz nah, ganz in der Nähe	
rue de l'Observatoire [ʀydəlɔpsɛʀvatwaʀ]	Sternwartstraße	
la rue [laʀy]	die Straße	Mon oncle habite ~ d'Alésia .
près de [pʀɛdə]	bei, in der Nähe (von)	Mon amie habite ~ l'école.
loin [lwɛ̃] ≠ près	weit (weg)	– C'est encore ~? – Non, c'est tout près.
mais [mɛ]	aber	D'accord, je joue avec toi, ~ après les devoirs.
pratique [pʀatik] *m./f. adj.*	praktisch	J'ai un ordinateur dans ma chambre. C'est ~.
ben [bɛ̃] *fam.*	naja, äh	
la vitamine [lavitamin]	das Vitamin	
le bar à jus de fruits [ləbaʀaʒydəfʀɥi]	die Saftbar	Le ~ des parents de Clara s'appelle la Vitamine C.
le bar [ləbaʀ]	die Bar	
le jus de fruits [ləʒydəfʀɥi]	der Fruchtsaft	
le fruit [ləfʀɥi]	die Frucht, das Obst	Les ~[2], sont sur la table.
tard [taʀ]	spät	Mon frère rentre ~.
garder qn [gaʀde]	auf jdn aufpassen	Ma grand-mère ~[3] mes frères et sœurs après l'école.
pénible [penibl] *m./f. adj.*	lästig	Après l'école, il y a encore les devoirs. C'est ~!
On rigole bien. [ɔ̃ʀigɔlbjɛ̃]	Wir haben viel Spaß.	~ avec mes cousins.
rigoler [ʀigɔle]	lachen, Spaß haben	Dans la cour, les élèves jouent et ~[4].

tes [te]	deine *Possessivbegleiter der 2. Pers. Sg., steht vor Nomen im Pl.*	– Où sont ~ frères? – Ils sont à la maison.
en [ɑ̃]	in	Elle habite ~ France.

J'habite **en** France. ▸ Ich wohne in Frankreich.

J'habite **à** Paris. ▸ Ich wohne in Paris.

J'habite rue d'Alésia. ▸ Ich wohne in der Alésiastraße.

l'Allemagne [lalmaɲ] *f.*	Deutschland	Mon père travaille en ~.
tôt [to] ≠ tard	früh	Ma sœur rentre ~ à la maison.
Paris [paʀi]	*Hauptstadt Frankreichs* ▶ *Civilisation, p. 171*	
le week-end [ləwikɛnd]	das Wochenende, am Wochenende	Le ~, on est chez mes cousins.
pendant [pɑ̃dɑ̃]	während	~ la récréation, on rigole bien.
la semaine [lasəmɛn]	die Woche	
il/elle m'énerve [il/ɛlmenɛʀv]	er/sie nervt	

1 habitent **2** fruits **3** garde **4** rigolent

Unité 3 | Volet 3

Comment ça va? [kɔmɑ̃sava]	Wie geht's?, Wie läuft es?	– ~ à l'école? – Ça va bien, merci!
ta [ta]	dein(e) *Possessivbegleiter der 2. Pers. Sg., steht vor weiblichen Nomen im Sg.*	Elle est comment ~ chambre?
Lyon [ljɔ̃]	*drittgrößte Stadt Frankreichs* ▶ *Civilisation, p. 171*	
son [sɔ̃]	ihr(e), sein(e) *Possessivbegleiter der 3. Pers. Sg., steht vor männlichen Nomen im Sg. und vor weiblichen Nomen mit Vokalanfang im Sg.*	Ma sœur est devant ~ ordinateur.
Je n'ai pas de frères et sœurs. [ʒənɛpadəfʀɛʀesœʀ]	Ich habe keine Geschwister.	
les frères et sœurs [lefʀɛʀesœʀ] *m. pl.*	die Geschwister	– Tu as des ~? – Oui, j'ai un frère.

Mes parents sont séparés. [mepaʀɑ̃sɔ̃sepaʀe]	Meine Eltern sind getrennt.	
être séparé [ɛtʀsepaʀe]	getrennt sein	
Genève [ʒənɛv]	Genf *Stadt in der französischsprachigen Schweiz ▶ Civilisation, p. 170*	
sa [sa]	sein(e), ihr(e) *Possessivbegleiter der 3. Pers. Sg., steht vor weiblichen Nomen im Sg.*	Voilà Noah avec ~ copine.
la femme [lafam]	die Frau, die Ehefrau	C'est la ~ de Monsieur Martel.
passer [pase]	verbringen	Je ~[1] la récréation dans la cour.
les vacances [levakɑ̃s] *f. pl.*	die Ferien	Pendant les ~, Théo est chez sa tante et son oncle.
la belle-mère [labɛlmɛʀ]	die Stiefmutter	La ~ de Léa habite à Paris.
sympa *fam.* / **sympathique** [sɛ̃pa/sɛ̃patik] *adj.*	nett, sympathisch	Le prof de français est ~.
ses [se]	sein(e), ihr(e) *Possessivbegleiter der 3. Pers. Sg., steht vor Nomen im Pl.*	Voilà Lucie avec ~ copines. Voilà Alexandre et ~ copains.

Clara et son père

Alexandre et son père

Clara et sa mère

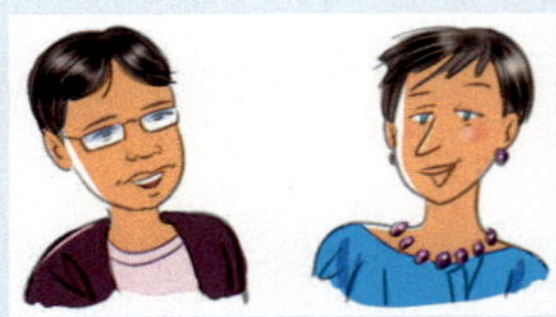
Alexandre et sa mère

l'enfant [lɑ̃fɑ̃] *m./f.*	das Kind	Nous sommes trois ~[2]: ma sœur, mon frère et moi!
ils/elles m'énervent [il/ɛlmenɛʀv]	sie nerven	Mes frères et sœurs ~[3].
l'an [lɑ̃] *m.*	das Jahr *auch für Altersangabe*	Mon cousin Albin a six ~[4].

Die Zahlen von 1–20

1 un [ɛ̃]	5 cinq [sɛ̃k]	9 neuf [nœf]	13 treize [tʀɛz]	17 dix-sept [disɛt]
2 deux [dø]	6 six [sis]	10 dix [dis]	14 quatorze [katɔʀz]	18 dix-huit [dizɥit]
3 trois [trwa]	7 sept [sɛt]	11 onze [ɔ̃z]	15 quinze [kɛ̃z]	19 dix-neuf [diznœf]
4 quatre [katʀ]	8 huit [ɥit]	12 douze [duz]	16 seize [sɛz]	20 vingt [vɛ̃]

die Zahlen findest du auf S. 173

beaucoup [boku]	viel	Je rêve ~.
Ils/Elles sont là pour nous. [il/ɛlsɔ̃lapuʀnu]	Sie sind für uns da.	

pour [puʀ]	für	
j'ai [ʒɛ]	ich habe *1. Pers. Sg. von* avoir ▶ *Verbes, p. 174*	~ dix ans et toi?

Im Französischen **hat** man die Jahre auf dem Buckel.

avoir [avwaʀ]	haben	
Colmar [kɔlmaʀ]	*drittgrößte Stadt im Elsass*	
! le **h**amster [ləamstɛʀ]	der Hamster	Le ~ de ma sœur joue beaucoup.
C'est l'horreur! [sɛlɔʀœʀ]	Das ist der Horror!	Mes frères regardent toujours la télé. ~!
le problème [ləpʀɔblɛm]	das Problem	– Tu as un ~ avec tes devoirs? – Non, merci, ça va.
le beau-père [ləbopɛʀ]	der Stiefvater	
crier [kʀije]	schreien	Les élèves ~[5] dans la cour de récréation.
C'est tout. [sɛtu]	Das ist alles.	
tout [tu]	alles	– Tu as ~? – Oui!
au chômage [oʃomaʒ]	arbeitslos	Mon père est ~.
le travail [lətʀavaj] → travailler	die Arbeit	Le ~ de ma mère? Elle est professeur.

1 passe **2** enfants **3** m'énervent **4** ans **5** crient

Unité 3 | Volet 4

l'animal / ! **les animaux** [lanimal/lezanimo] *m.* 🇬🇧 animal	das Tier	– Tu as des ~[1] à la maison? – Oui, j'ai un hamster.
le chien [ləʃjɛ̃]	der Hund	Les enfants jouent avec le ~.
intelligent/intelligente [ɛ̃teliʒɑ̃/ɛ̃teliʒɑ̃t] *adj.*	intelligent	Ton cousin est ~[2].
adorable [adɔʀabl] *m./f. adj.*	süß, niedlich	Il est ~ sur la photo!

la perruche [lapeʀyʃ]	der Wellensittich	J'ai deux ~[3] et un chien.
bavard/bavarde [bavaʀ/bavaʀd] *adj.*	geschwätzig	Yasmine et Clara sont ~[4].
joli/jolie [ʒɔli] *adj.*	hübsch	Tes pierres de collection sont très ~[5].
le chat [ləʃa]	die Katze	Voilà une photo de mon ~. Il a un an.
le bureau / ! les bureaux [ləbyʀo/lebyʀo]	der Schreibtisch, das Büro	
la tortue [latɔʀty]	die Schildkröte	La ~ est dans la salle de bains.
le lapin [ləlapɛ̃]	das Kaninchen	Le ~ est sous la table de la cuisine.
avoir un caractère de chien [avwaʀɛ̃kaʀaktɛʀdəʃjɛ̃] *fam.*	einen fiesen Charakter haben	
le cochon d'Inde [ləkɔʃɔ̃dɛ̃d]	das Meerschweinchen	Je garde le ~ de ma sœur. C'est l'horreur!
le poisson [ləpwasɔ̃]	der Fisch	Nous avons trois ~[6]. Un pour ma sœur, un pour moi et un pour le chat.
surfer sur Internet [sœʀfesyʀɛ̃tɛʀnɛt]	im Internet surfen	Après les devoirs, Yasmine ~[7].
le concours [ləkɔ̃kuʀ]	der Wettbewerb	
avoir l'âge de qn [avwaʀlɑʒdə]	so alt sein wie jdn	Ma cousine ~[8] ma mère!
l'âge [lɑʒ] *m.* age	das Alter	J'ai l'~ de mes cousins.
Elle a quel âge? [ɛlakɛlɑʒ]	Wie alt ist sie?	– Ma sœur a seize ans. Et ta sœur, ~? – Elle a dix-sept ans.
je voudrais [ʒəvudʀɛ]	ich möchte gern, ich hätte gern	~ un coin musique dans ma chambre.
être contre (qn/qc) [ɛtʀkɔ̃tʀ]	gegen jdn / etw. sein, dagegen sein	Je voudrais une télé dans ma chambre, mais mes parents ~[9].
Je n'ai pas d'animal. [ʒənɛpadanimal]	Ich habe kein Tier.	
l'allergie [lalɛʀʒi] *f.*	die Allergie	
bête [bɛt] *m./f. adj.* ≠ intelligent/e	dumm, blöd *hier:* schade	– Je voudrais un animal, mais ma mère est contre. – Oh, c'est ~.
Qui? [ki]	Wer?	~ joue avec moi?

être pour (qn/qc) [ɛtʀpuʀ] ≠ être contre (qc)	für jdn/etw. sein, dafür sein	
moche [mɔʃ] *m./f. adj.* ≠ joli/e, adorable	hässlich	Le cochon d'Inde est ~, mais le chat est joli.

1 animaux 2 intelligent 3 perruches 4 bavardes 5 jolies 6 poissons 7 surfe sur Internet 8 a l'âge de 9 sont contre

Le français en classe (3)

Das Modul kann früher behandelt werden. Nach *Unité* 3 wird der Wortschatz als bekannt vorausgesetzt.

Parle plus fort! [paʀlplyfɔʀ]	Sprich lauter!	
la question [lakɛstjɔ̃] question	die Frage	Tu as une ~?
Est-ce que je peux + inf. [ɛskəʒəpø]	Darf ich ...?	Maman, ~ avoir un chat?
l'exercice [legzɛʀsis] *m.* exercise	die Übung	Écris l'~ dans ton cahier.
Je n'ai pas mes devoirs. [ʒənɛpamedəvwaʀ]	Ich habe meine Hausaufgaben nicht.	
C'est juste? [sɛʒyst]	Ist das richtig? / Stimmt das?	
On travaille ensemble? [ɔ̃tʀavajɑ̃sɑ̃bl]	Wollen wir zusammen arbeiten?	
d'accord [dakɔʀ]	einverstanden	– Tu joues avec moi? – ~.
Qu'est-ce que ça veut dire? [kɛskəsavødiʀ]	Was bedeutet das?	
Ça veut dire ... [savødiʀ]	Das bedeutet ...	
Qui commence? [kikɔmɑ̃s]	Wer fängt an?, Wer beginnt?	
Qui note? [kinɔt]	Wer schreibt (das auf)?	
lundi [lɛ̃di] *m.*	Montag, am Montag	

Die Wochentage

lundi [lɛ̃di]	Montag
mardi [maʀdi]	Dienstag
mercredi [mɛʀkʀədi]	Mittwoch
jeudi [ʒødi]	Donnerstag
vendredi [vɑ̃dʀədi]	Freitag
samedi [samdi]	Samstag
dimanche [dimɑ̃ʃ]	Sonntag

Tu es libre aujourd'hui? [tyɛlibʀoʒuʀdɥi]	Hast du heute Zeit? *wörtlich:* Bist du heute frei?	
aujourd'hui [oʒuʀdɥi]	heute	Qu'est-ce que tu as ~ à l'école?
Tu as le temps aujourd'hui? [tyalətɑ̃oʒuʀdɥi]	Hast du heute Zeit?	
le temps [lətɑ̃]	die Zeit	Tu as le ~, lundi, après les cours?
si ça te dit [sisatədi]	wenn du Lust hast	– On rentre ensemble? – Oui, ~.

Unité 4 | Volet 1

l'activité [laktivite] *f.*	die Freizeitaktivität	Après l'école, les enfants ont des ~[1].
ils font [ilfɔ̃]	sie machen *3. Pers. Pl. von* faire	– Qu'est-ce qu' ~? – Ils regardent une B. D.
faire qc [fɛʀ]	etw. machen, tun ▶ *Verbes, p. 175*	– Qu'est-ce que tu ~[2]? – Mes devoirs.
faire de l'athlétisme [fɛʀdəlatletism]	Leichtathletik treiben	
l'athlétisme [latletism] *m.*	die Leichtathletik	
faire du théâtre [fɛʀdyteɑtʀ]	Theater spielen	Les deux amies ~[3].
le théâtre [ləteɑtʀ]	das Theater	
faire de la guitare [fɛʀdəlagitaʀ]	Gitarre spielen	Je chante et je ~[4].
faire du tennis [fɛʀdytenis]	Tennis spielen	Pierre ~[5] avec son cousin Pascal.
le tennis [lətenis]	das Tennis, das Tennisspielen	
faire de la musique [fɛʀdəlamyzik]	musizieren	
faire de la flûte [fɛʀdəlaflyt]	Flöte spielen	
la flûte [laflyt]	die Flöte	
faire de la danse [fɛʀdəladɑ̃s] to dance	tanzen	Après l'école, Lara ~[6].
la danse [ladɑ̃s]	der Tanz, das Tanzen	
en hiver [ɑ̃nivɛʀ]	im Winter	~, on passe les vacances à Chamonix.
l'hiver [livɛʀ] *m.*	der Winter	
faire du ski [fɛʀdyski]	Ski fahren	En hiver, nous ~[7].
le ski [ləski]	der Ski, das Skifahren	
les Vosges [levoʒ] *f. pl.*	die Vogesen *Gebirge im Elsass* ▶ *Civilisation, p. 171*	
faire du sport [fɛʀdyspɔʀ]	Sport treiben	– Est-ce que tu ~[8]? – Oui, je fais de l'athlétisme et du foot.

le sport [ləspɔʀ]	der Sport	
faire du foot [fɛʀdyfut]	Fußball spielen	
le foot(ball) [ləfutbol]	der Fußball, das Fußballspielen	Mes frères regardent le ~ à la télé.
faire des percussions [fɛʀdepɛʀkysjɔ̃]	trommeln, Schlagzeug spielen	
les percussions [lepɛʀkysjɔ̃] *f. pl.*	das Schlagzeug, das Trommeln	

1 activités 2 fais 3 font du théâtre 4 fais de la guitare 5 fait du tennis 6 fait de la danse 7 faisons du ski 8 fais du sport

Unité 4 | Volet 2

le DVD [lədevede]	die DVD	– On regarde un ~? – D'accord.
préparer qc [pʀepaʀe] 🇬🇧 to prepare	etw. vorbereiten	Les professeurs ~[1] la rentrée.
la rencontre [laʀɑ̃kɔ̃tʀ]	das Treffen	C'est une ~ entre les élèves de Strasbourg et de Cologne.
! le hobby [ləobi]	das Hobby	Mon ~, c'est la danse.
aimer qc/qn/+ inf. [eme]	mögen (etw./jdn), lieben *Nach* aimer *steht das Nomen mit dem bestimmten Artikel.*	J'~[2] les jus de fruits.
le chanteur / la chanteuse [ləʃɑ̃tœʀ/laʃɑ̃tøz] → chanter	der/die Sänger/in	Tu aimes le ~ Yannick Noah?
préféré/préférée [pʀefeʀe] *adj.*	Lieblings-	Lucky Luke est ma bédé ~[3].
adorer qc/qn/+ inf. [adɔʀe]	etw./jdn (sehr) lieben, es lieben, etw. zu tun *Nach* adorer *steht das Nomen mit dem bestimmten Artikel.*	J'~[4] lire dans ma chambre.
ne ... pas [nə ... pa]	nicht	Elle ~ est ~ [5] à la maison.
préférer qn/qc/+ inf. [pʀefeʀe] 🇬🇧 to prefer	etw. bevorzugen, lieber mögen *Nach* préférer *steht das Nomen mit dem bestimmten Artikel.*	J'aime les chiens, mais je ~[6] les chats.
la musique classique [lamyziklasik]	klassische Musik	
le dessin [lədesɛ̃]	die Zeichnung, das Zeichnen	Les enfants font aussi du ~ à l'école.
être fan de qn/qc [ɛtʀfandə]	ein Fan von jdm/etw. sein	
le/la fan [lə/lafan]	der Fan	Mes parents sont des ~[7] de reggae.

Titeuf [titœf]	*französische Comicfigur* ▶ *Civilisation, p. 170*	
le rock [ləʀɔk]	die Rockmusik	– Tu aimes le ~? – Oui, beaucoup.
les BB Brunes [lebebebʀyn]	*französische Rockgruppe* ▶ *Civilisation, p. 170*	
le groupe [ləgʀup]	die Band, die Gruppe	
aimer bien qn/qc/+ inf. [emebjɛ̃] ≠ détester	etw./jdn gern mögen; es mögen, etw. zu tun	J'~[8] ma chambre.
Sinik [sinik]	*französischer Rapsänger* ▶ *Civilisation, p. 170*	
Moi non plus. [mwanɔ̃ply]	Ich auch nicht.	– Je n'aime pas beaucoup les cochons d'Inde. – ~.
Moi si. [mwasi]	Doch, ich schon.	
Ce n'est pas mon truc. [sənɛpamɔ̃tʀyk] *fam.*	Das ist nicht mein Ding.	La flûte, ~.
le truc [lətʀyk]	das Ding	
faire de l'aviron [fɛʀdəlaviʀɔ̃]	rudern	
l'aviron [laviʀɔ̃] *m.*	das Rudern	Le week-end, je fais de l'~ sur l'Ill avec mes parents.
l'Ill [lil] *m.*	die Ill, *französischer Zufluss des Rheins* ▶ *Civilisation, p. 170*	
faire du vélo [fɛʀdyvelo]	Rad fahren	
le vélo [ləvelo]	das Fahrrad	C'est le ~ de ma sœur.
détester qc/qn/+ inf. [detɛste] ≠ aimer ≠ adorer	etw./jdn hassen *Nach* détester *steht das Nomen mit dem bestimmten Artikel.*	Je ~[9] les chiens.
la nature [lanatyʀ]	die Natur	Je n'aime pas la ~ en hiver.
Karim Benzema [kaʀimbɛnzema]	*französischer Fußballspieler* ▶ *Civilisation, p. 170*	
Moi aussi. [mwaosi]	Ich auch.	– J'adore les vacances! – ~!
notre [nɔtʀ]	unser, unsere *Possessivbegleiter der 1. Pers. Pl., steht vor Nomen im Sg.*	Voilà ~ école.
le/la prof [lə/lapʀɔf] *fam.* / le/la professeur [lə/lapʀɔfesœʀ]	der/die Lehrer/in	
l'allemand [lalmɑ̃] *m.* → l'Allemagne	Deutsch *Unterrichtsfach*	La prof d'~ parle avec la prof de français.

la lecture [lalɛktyʀ]	die Lektüre, das Lesen	Mon activité préférée, c'est la ~.
le cinéma [ləsinema]	das Kino	Je suis une fan de ~.

Diese Sportarten kennst du schon:

▸ *Banques de mots, p. 178*

l'athlétisme · le tennis · la danse · le ski · le foot · le vélo · l'aviron

1 préparent **2** aime **3** préférée **4** adore **5** n'est pas **6** préfère **7** fans **8** aime bien **9** déteste

Unité 4 | Volet 3

ce week-end [səwikɛnd]	an diesem Wochenende	~, on n'est pas là.
bientôt [bjɛ̃to]	bald	C'est ~ le week-end!
ils veulent [ilvœl]	sie wollen *3. Pers. Pl. von* vouloir	
vouloir qc/+ inf. [vulwaʀ]	etw. wollen, etw. tun wollen	Tu ~[1] jouer avec moi?
la balade [labalad]	der Ausflug	Nous faisons une ~ dans les Vosges.
la montagne [lamɔ̃taɲ] 🇬🇧 mountain	der Berg	– Tu aimes les ~[2]? – J'adore le ski, alors oui!
le singe [ləsɛ̃ʒ]	der Affe	Les ~[3] sont mes animaux préférés.
l'idée [lide] *f.*	die Idee	Ton ~ est super!
inviter qn [ɛ̃vite] 🇬🇧 to invite	jdn einladen	Il ~[4] ses cousins à la maison.
et puis [epɥi]	außerdem	Mael n'aime pas les chiens, ~ il est contre les concours d'animaux.
le parc [ləpaʀk]	der Park	Les enfants jouent dans le ~ .
en liberté [ɑ̃libɛʀte]	in Freiheit	Les animaux vivent ~ dans le parc.
la liberté [labibɛʀte]	die Freiheit	
est-ce que [ɛskə]	*wird nicht übersetzt, zeigt dir an, dass es sich um eine Frage handelt*	~ tu as une sœur?

Text, S. 177 *(Solutions)*

je peux [ʒəpø]	ich kann *1. Pers. Sg. von* pouvoir	Est-ce que je ~ regarder la télé?
pouvoir + inf. [puvwaʀ]	etw. tun können *hier:* etw. dürfen ▸ *Verbes, p. 175*	

ne … pas trop [nə … patʀo]	nicht so (sehr, gern)	Je ~ aime ~[5] l'école.
tranquille [tʀɑ̃kil] *m./f. adj.*	ruhig *hier:* Ruhe haben, in Ruhe gelassen werden	Yasmine veut être ~ dans sa chambre et rêver.
On passe le chercher. [ɔ̃pasləʃɛʀʃe]	Wir holen ihn ab.	
passer (chez qn) [pase]	(bei jdm) vorbeikommen	On ~[6] chez toi demain.
Bonne idée! [bɔnide]	Gute Idee!	
À quelle heure? [akɛlœʀ]	Um wie viel Uhr?	~ est-ce que tu rentres à la maison?
l'heure [lœʀ] *f.* hour	die Stunde, Uhr *zur Angabe der Uhrzeit*	

! Merke: Nach den Zahlen 2 bis 23 steht *heure* im Plural.

Vergleiche:

une heure	ein Uhr
deux heures	zwei Uhr
14 heures	14 Uhr

à 10 heures [adizœʀ]	um 10 Uhr	Moi, je rentre ~.

Meistens ist das *h* am Anfang eines Wortes ein stummes *h* wie z. B. in:
habiter = j'habite / nous habitons [nuzabitɔ̃] – l'hiver – l'heure
Aber du kennst auch folgende Sonderfälle:
le hamac – **le** hamster – **le** hobby

Ça va? [sava]	In Ordnung?	Est-ce que 10 heures, ~?
Ça marche. [samaʀʃ] *fam.*	Geht klar.	– On regarde un DVD? – ~!
appeler qn [apəle]	(jdn) anrufen ▶ *Verbes, p. 174*	Théo ~[7] sa mère.

Hörtext

Allô! [alo]	Ja, bitte?, Hallo? *In Frankreich meldet sich die Person, die angerufen wird, nicht mit dem Namen, sondern mit Allô!*	
l'Alsace [lalzas]	das Elsass *Region im Osten Frankreichs* ▶ *Civilisation p. 170*	
Je t'invite. [ʒətɛ̃vit]	Ich lade dich ein.	
demander (qc) à qn [dəmɑ̃dea]	jdn (nach etw.) fragen	Je ~[8] à notre professeur, d'accord?

1 veux 2 montagnes 3 singes 4 invite 5 n'aime pas trop 6 passe 7 appelle 8 demande

Unité 5 | Volet 1

notre [nɔtʀ]	unser/unsere *Possesivbegleiter, 1 Pers. Pl., steht vor Nomen im Sg.*	~ prof de français, c'est M. Martel.
le collège [ləkɔlɛʒ]	die Sekundarstufe I *Schultyp in Frankreich, entspricht etwa der Sekundarstufe I. Im Anschluss an die fünfjährige Grundschule gehen alle für vier Jahre auf das Collège.*	
présenter qn/qc [pʀezɑ̃te]	jdn/etw. vorstellen	Noah ~[1] son groupe préféré.
la journée portes ouvertes [laʒuʀnepɔʀtzuvɛʀt] *f. pl.*	der Tag der offenen Tür	
la journée [laʒuʀne]	der Tag	Qu'est-ce que tu fais après ta ~ à l'école?
ouvert/ouverte [uvɛʀ/uvɛʀt] *adj.*	offen	La fenêtre est ~[2]. Le bar à jus de fruits est encore ~[3].
nos [no]	unsere *Possessivbegleiter der 1. Pers. Pl., steht vor Nomen im Pl.*	~ profs sont sympa.
l'endroit [lɑ̃dʀwa] *m.*	der Ort	Ma chambre est mon ~ préféré.
le CDI (= le Centre de Documentation et d'Information) [ləsedei]	die Schulbibliothek *Bezeichnung für die Bibliothek an französischen Collèges. Zugang zu Materialien wie Büchern, Zeitschriften, CDs oder DVDs und zum Internet.*	Le ~ ferme à 17 h 30.
le/la CPE (= le/la Conseiller/-ère principal/e d'Éducation) [lə/lasepeø]	*Person, die für das Einhalten der Regeln an der Schule zuständig ist. Sie kümmert sich um die Probleme der Schüler und steht in Kontakt mit Lehrern und Eltern.*	
le secrétariat [ləsəkʀetaʀja]	das Sekretariat	C'est la rentrée. Le ~ est ouvert.
le/la documentaliste [lə/ladɔkymɑ̃talist]	der/die Dokumentalist/in *Person, an die sich die Schüler im CDI wenden, um Medien zu entleihen.*	La ~ travaille au CDI.
emprunter qc [ɑ̃pʀɛ̃te]	etw. ausleihen	Au CDI, on peut ~ des livres.
l'infirmerie [lɛ̃fiʀməʀi] *f.*	die Krankenstation	L' ~ est ouverte.
l'infirmier / l'infirmière [lɛ̃fiʀmje/lɛ̃fiʀmjɛʀ] *m./f.*	der/die Krankenpfleger/in	
la cantine [lakɑ̃tin]	die Kantine, der Speisesaal	Qu'est-ce qu'il y a à la ~?

le gymnase [ləʒimnaz]	die Turnhalle	Il y a des élèves dans le ~.

le gymnase die Turnhalle ≠ *le lycée* das Gymnasium

l'EPS (= l'Éducation physique et sportive) [løpeɛs] *f.*	der Sportunterricht *Schulfach*	J'adore la journée du mardi: j'ai ~!
en permanence [ɑ̃pɛʀmanɑ̃s]	im Aufenthaltsraum	– On fait les devoirs ensemble en ~? – D'accord!
la (salle de) permanence [la(saldə)pɛʀmanɑ̃s]	der Aufenthaltsraum *für Schüler, die keinen Unterricht haben. Sie werden von surveillant(e)s beaufsichtigt. Dabei machen sie z. B. ihre Hausaufgaben oder sie lernen für die nächste Stunde.*	
les toilettes [letwalɛt] *f. pl.*	die Toilette	Où sont les ~?
votre [vɔtʀ]	euer, eure *Possessivbegleiter der 2. Pers. Pl., steht vor Nomen im Sg.*	Ouvrez ~ livre de français, s'il vous plaît.
vos [vo]	eure/Ihre *Possessivbegleiter der 2. Pers. Pl., steht vor Nomen im Pl.*	Écrivez ~ devoirs dans votre cahier.
Ça dépend. [sadepɑ̃]	Es kommt darauf an.	– Tu joues avec moi? – ~.
la salle des profs [lasaldepʀɔf]	das Lehrerzimmer	Madame Vidal est dans ~.
la salle de classe [lasaldəklas]	der Klassenraum	Les élèves sont dans la ~ avec M. Martel.

1 présente 2 ouverte 3 ouvert

Unité 5 | Volet 2

et quart [ekaʀ]	Viertel nach	Il est cinq heures ~.
le quart [ləkaʀ] 🇬🇧 quarter	die Viertelstunde	
l'emploi du temps [lɑ̃plwadytɑ̃] *m.*	der Stundenplan	– Il est bien ton ~? – Bof.
le cours [ləkuʀ]	der Unterricht	Je n'ai pas ~ demain.
parce que [paʀskə]	weil	J'aime bien le mercredi ~ je rentre tôt à la maison.

retrouver qn [ʀətʀuve]	jdn treffen	Clara ~[1] Yasmine après l'école parce qu'elles font du théâtre ensemble.
les maths [lemat] *fam.* **les mathématiques** [lematematik] *f. pl.*	Mathe	J'aime les ~ et le sport.
de … à … [də … a …]	von … bis …	Simon a foot ~ 14 heures ~ 16 heures.
la matière [lamatjɛʀ]	das Schulfach	Mes ~[2] préférées? L'allemand et le français.
le matin [ləmatɛ̃]	der Morgen, morgens	
après [apʀɛ]	danach	Le samedi, Noah fait ses devoirs, ~ il va jouer au foot.
les SVT (= les sciences de la vie et de la Terre) [leɛsvete] *f. pl.*	Biologie *Schulfach, das Biologie und Geologie umfasst.*	On a ~ de 2 à 3.
intéressant/intéressante [ɛ̃teʀɛsɑ̃/ɛ̃teʀɛsɑ̃t] *adj.*	interessant	– Qu'est-ce que tu regardes? – C'est ~? – Oui, très!
à midi [amidi]	mittags, um 12.00 Uhr	~, les élèves sont à la cantine.
manger [mɑ̃ʒe] **!** **nous mangeons**	essen ▶ *Verbes, p. 174*	– Tu ~[3] où à midi? – À la cantine, et toi?
les spaghettis [lespageti] *m. pl.*	die Spaghetti	J'aime les ~.
il/elle va [il/ɛlva]	er/sie geht *3. Pers. Sg. von* aller	
aller [ale]	gehen ▶ *Verbes, p. 175*	Clara et Yasmine ~[4] au théâtre ensemble.
l'après-midi [lapʀɛmidi] *m.*	der Nachmittag, am Nachmittag	L'~, après la cantine, les élèves ont encore cours.
l'anglais [lɑ̃glɛ] *m.*	Englisch	J'ai des devoirs d'~ pour demain.
à … heure(s) [a … œʀ]	um … Uhr	Le samedi ~[5] quatorze ~, Maxime va au foot.
jusqu'à [ʒyska]	bis	En France, les élèves peuvent avoir cours ~ 17 h 30.
demi/demie [dəmi/dəmi] *adj.*	halb	On passe chez toi à quatre heures et ~[6].

! Unterscheide: Il est dix heures et demie.
Il est midi et demi.

moins le quart [mwɛ̃l[ə]kaʀ]	Viertel vor	La récréation est à dix heures ~.

Il est quelle heure? | Wie spät ist es?

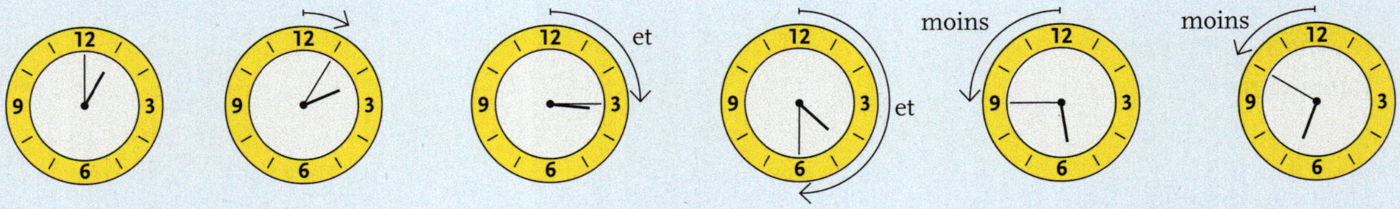

Il est une heure. — Il est deux heures cinq. — Il est trois heures et quart. — Il est quatre heures et demie. — Il est six heures moins **le** quart. — Il est sept heures moins dix.

le soir [ləswaʀ] ≠ le matin	der Abend, abends	Les parents de Clara rentrent tard le ~.
souvent [suvɑ̃]	oft	Clara rigole ~ avec son frère.
le mail [ləmɛl]	die Mail	Le ~, c'est pratique.
cher/chère [ʃɛʀ] *adj.*	liebe/r *Anrede*	
mamie [mami] *f.*	Oma *Kindersprache*	
papi [papi] *m.*	Opa *Kindersprache*	
cet après-midi [sɛtapʀɛmidi]	heute Nachmittag	~, je vais à mon cours de flûte.

ce matin ► heute Morgen — cet après-midi ► heute Nachmittag — ce soir ► heute Abend

Je n'ai pas cours. [ʒənɛpakuʀ]	Ich habe keinen Unterricht.	
demain [dəmɛ̃]	morgen	~, c'est la rentrée.
le TJP (le Théâtre Jeune Public) [ləteʒipe/ləteɑtʀʒœnpyblik]	*Jugendtheater in Straßburg*	
l'interro [lɛ̃teʀɔ] *fam.* **l'interrogation** [lɛ̃terɔgasjɔ̃] *f.*	der Test	Demain, j'ai une ~ de maths.
nul/nulle [nyl] *adj.*	(sehr) schlecht, mies	
être nul/nulle en [ɛtʀnylɑ̃]	in etw. schlecht sein, eine Niete sein	Julie est ~[7] en maths.
bon/bonne [bɔ̃/bɔn] *adj.*	gut	
être bon/bonne en [ɛtʀbɔ̃ɑ̃/bɔnɑ̃]	in etw. gut sein	Marc ~[8] géo.
Pourquoi? [puʀkwa]	Warum?	~ est-ce que vous ne voulez pas jouer avec moi?
grosses bises [gʀosbiz] *f. pl.*	liebe Grüße *in einem Brief* *wörtlich: dicke Küsse*	
la bise [labiz] *fam.*	der Kuss	À plus! ~[9], Léonore.

1 retrouve 2 matières 3 manges 4 vont 5 à quatorze heures 6 demie 7 nulle 8 est bon en 9 bise(s)

Unité 5 | Volet 3

le programme [ləpʀɔgʀam]	das Programm	Le ~ du TJP est sur le bureau de Clara.
leurs [lœʀ]	ihre *Possessivbegleiter der 3. Pers. Pl., steht vor Nomen im Pl.*	Clara, Camille, Alexandre et ~ cousins sont en vacances.
le/la corres [lə/lakɔʀɛs] *fam.* / **le correspondant / la correspondante** [ləkɔʀɛspɔ̃dɑ̃/lakɔʀɛspɔ̃dɑ̃t]	der/die Austauschpartner/in	Les élèves de Mme Vidal sont dans la cour avec leurs ~[1].
leur [lœʀ]	ihr, ihre *Possessivbegleiter der 3. Pers. Pl., steht vor Nomen im Sg.*	Voilà les élèves de la 6^{e}A et ~ professeur d'allemand.
noter (qc) [nɔte]	etw. aufschreiben, notieren	~[2] les exercices pour demain, s'il vous plaît!
Quand est-ce que …? [kɑ̃tɛskə]	Wann?	~ tu rentres?
arriver [aʀive] 🇬🇧 to arrive	ankommen	Le père de Théo ~[3] vendredi à Strasbourg.
d'abord [dabɔʀ]	zuerst	Clara va ~ à la Vitamine C et après, à l'atelier théâtre.
visiter qc [vizite] 🇬🇧 to visit	etw. besichtigen	Ils vont ~ Strasbourg.
le musée [ləmyze]	das Museum	Tu aimes aller au ~?
le chocolat [ləʃɔkola]	die Schokolade	Je n'aime pas beaucoup le ~.
là-bas [laba]	dort	– Elle est où, Yasmine? – ~.
en plus [ɑ̃plys]	außerdem	Je n'aime pas ce prof: il n'est pas sympa, et ~ il crie souvent.
fermé/fermée [fɛʀme] *adj.* ≠ ouvert/e	geschlossen	Samedi et dimanche, l'école est ~[4].
Où est-ce que …? [uɛskə]	Wohin …?	– ~ tu vas? – Chez ma copine Clara.
le Vaisseau [ləvɛso]	*Zentrum zur Entdeckung der Wissenschaft und der Technik* ▶ *Civilisation, Strasbourg, p. 171*	
l'atelier [latəlje] *m.*	der Workshop	Au Vaisseau, il y a des ~[5] en allemand et en français.
sur [syʀ]	über	J'adore les livres ~ la géo.
le fossile [ləfosil]	das Fossil	Théo a aussi une collection de ~[6].

en ce moment [ɑ̃səmɔmɑ̃]	zurzeit, im Moment	~, ma mère est au chômage.
Oh si! [osi]	Ach doch!	– Je ne veux pas aller avec vous. – ~, ça va être bien!
la balade en bateau [labaladɑ̃bato]	die Bootsfahrt	Les élèves vont faire une ~ sur l'Ill.
le bateau / ! les bateaux [ləbato/lebato]	das Schiff, Boot *hier:* der Ausflugsdampfer	Pendant les vacances, j'aime faire du ~ avec mes parents.
la visite [lavizit] → visiter qc	die Besichtigung *auch:* der Besuch	Il y a une ~ à 16 h 00.
vers [vɛʀ]	gegen *zeitlich*	On passe chez toi ~ 11 h 00, d'accord?
le rallye [ləʀali]	die Rallye	La classe de 6ᵉA prépare un ~.
avant [avɑ̃] ≠ après	vor	C'est cool, ~ l'interro, il y a la récré!

! Unterscheide: WANN

avant la récréation
vor der Pause

après la récréation
nach der Pause

WO

devant la maison
vor dem Haus

derrière la maison
hinter dem Haus

être d'accord sur qc [ɛtʀdakɔʀsyʀ]	sich über etw. einig sein	
l'arrivée [laʀive] *f.* 🇬🇧 arrival	die Ankunft	L'~ des élèves de Lahr est à 8 h 00.
le départ [lədepaʀ] 🇬🇧 departure	die Abfahrt	Le ~ des Allemands est à 18 h 00.
le retour [ləʀətuʀ]	die Rückkehr	Je n'aime pas le ~ des vacances.
en car [ɑ̃kaʀ]	mit dem Reisebus	Les élèves allemands vont à Strasbourg ~.
le car [ləkaʀ]	der Reisebus	

le car

le bus

le déjeuner [ledeʒœne]	das Mittagessen	Le ~ est à 12 h 15, à la cantine.
le centre-ville [ləsɑ̃tʀəvil]	das Stadtzentrum	Le ~ de Strasbourg est très joli.
la Passerelle Mimram [lapasʀɛlmimʀam]	die Mimram-Brücke *Fußgänger- und Radfahrerbrücke über den Rhein* ▶ *Civilisation, p. 171*	

1 correspondants 2 Notez 3 arrive 4 fermée 5 ateliers 6 fossiles

Unité 6 | Volet 1

vingt et un [vɛ̃teɛ̃]	einundzwanzig	Ma sœur a ~ ans.

Die Zahlen bis 100 findest du auf S. 173.

avril [avʀil]	April	Les vacances sont en ~.

Die Monatsnamen findest du auf S. 214.

monter dans qc [mɔ̃tedɑ̃]	in etw. einsteigen	Les élèves ~[1] le car.
le Palais Rohan [ləpalɛʀoɑ̃]	*Gebäude aus dem 18. Jh., das heute drei Museen beherbergt.*	
la ville [lavil]	die Stadt	Strasbourg est une ~ en Alsace.
commencer [kɔmɑ̃se] **! nous commençons**	beginnen ▶ *Verbes, p. 174*	Les vacances ~[2] bientôt.
passer par qc [pasepaʀ]	*hier:* durch etw. fahren *auch:* durch etw. gehen	Mathieu ~[3] un parc et arrive à la maison.
le quartier [ləkaʀtje]	das Viertel	La Meinau est un ~ de Strasbourg.
la Petite France [lapətitfʀɑ̃s]	*historisches Viertel in Straßburg* ▶ *Civilisation, Strasbourg, p. 171*	
le Moyen-Âge [ləmwajɛnɑʒ]	das Mittelalter	
le pont [ləpɔ̃]	die Brücke	Le bateau passe sous le ~.
assez [ase]	ziemlich	J'habite ~ près de mon école.
touristique [tuʀistik] *m./f. adj.*	touristisch	Paris est une ville très ~.
le Musée d'Art moderne [ləmyzedaʀmɔdɛʀn]	das Museum für moderne Kunst	
à côté de qc [akotedə]	neben	~[4] lit, il y a une lampe.
le skate-board [ləskɛtbɔʀd]	das Skateboard	
le Quartier allemand [ləkaʀtjealmɑ̃]	*historisches Viertel in Straßburg* ▶ *Civilisation, Strasbourg, p. 171*	
la place [laplas]	der Platz	La ~ des Vosges est un endroit touristique à Paris.
Arte [aʀte]	*Fernsehsender* ▶ *Civilisation, Strasbourg, p. 171*	
la télévision franco-allemande [latelevizjɔ̃fʀɑ̃koalmɑ̃d]	der deutsch-französische Fernsehsender	La ~ s'appelle Arte.

le Parlement européen [ləpaʀləmɑ̃øʀɔpeɛ̃]	das Europäische Parlament	
le Conseil de l'Europe [ləkɔ̃sɛjdəløʀɔp]	der Europarat	
retourner à [ʀətuʀnea] to return → le retour	zurückkehren zu	Théo et Lukas veulent ~ la Montagne des singes.

1 montent dans 2 commencent 3 passe par 4 À côté du

Unité 6 | Volet 2

avoir faim [avwaʀfɛ̃]	Hunger haben	Après l'école, Yasmine et Karim ~[1].
le Français / la Française [ləfʀɑ̃sɛ/lafʀɑ̃sɛz] → la France	der Franzose, die Französin	Les élèves de Lahr préparent l'arrivée des ~[2].
l'Allemand / l'Allemande [lalmɑ̃/lalmɑ̃d] *m./f.* → l'Allemagne	der/die Deutsche	Un groupe d'~[3] visite Strasbourg.
le menu [ləməny]	das Menü	Le ~ à la cantine est super aujourd'hui!
l'entrée [lɑ̃tʀe] *f.*	die Vorspeise	
le taboulé [lətabule]	das Taboulé	J'adore le ~!

le pâté [ləpɑte]	die Leberpastete	
le plat [ləpla]	das Hauptgericht	Les spaghettis sont mon ~ préféré.
la sauce tomate [lasostɔmat]	die Tomatensoße	J'aime les spaghettis à la ~.
la sauce [lasos]	die Soße	
la tomate [latɔmat]	die Tomate	Tu aimes les ~[4]?

la moutarde [lamutaʀd]	der Senf	Théo et Yasmine prennent le lapin à la ~.
le dessert [lədesɛʀ]	die Nachspeise	– Tu ne manges pas ton ~? – Non.
la banane [labanan]	die Banane	Clara prépare un jus de fruit à la ~.
le gâteau au chocolat [ləgɑtooʃɔkɔla]	der Schokoladenkuchen	Comment est-ce qu'on prépare un ~?
le gâteau / ! les gâteaux [ləgɑto/legɑto]	der Kuchen	Les ~ sont sur la table.
je prends [ʒəpʀɑ̃]	ich nehme *1. Pers. Sg. von* prendre	
prendre qc [pʀɑ̃dʀ]	etw. nehmen ▶ *Verbes, p. 175*	Qu'est-ce que tu vas ~ pour le déjeuner?

prendre un jus de fruits

prendre *le bus*

comme [kɔm]	*hier:* als	– Qu'est-ce que tu prends ~ dessert? – Une banane.
Zut! [zyt] *fam.*	Mist!	~! Où sont les clés?
ne ... plus [nə...ply]	nicht mehr	– Comment est-ce qu'on dit «Kekse» en français? – Je ~ sais ~.
comprendre (qn/qc) [kɔ̃pʀɑ̃dʀ]	jdn/etw. verstehen, *wird wie* prendre *konjugiert* ▶ *Verbes, p. 175*	Je ne ~[5] pas: vous pouvez répéter, s'il vous plaît?
avoir soif [avwaʀswaf]	Durst haben	– Est-ce que tu ~[6]? – Non, ça va, merci.
Tu me passes ...? [tyməpas]	Reichst du mir ...?	

Simon **passe** ses vacances à la montagne.
(= verbringen)

On **passe** chez toi à 10 heures.
(= vorbeikommen)

Le bateau **passe** par la Petite France.
(= durch etw. fahren/gehen)

Jean, tu me **passes** l'eau, s'il te plaît?
(= jdm etw. reichen)

l'eau [lo] *f.*	das Wasser	
Bon appétit! [bɔ̃napeti]	Guten Appetit!	
le pain [ləpɛ̃]	das Brot	Le ~ est sur la table.
C'est bon. [sɛbɔ̃]	Das schmeckt gut.	
trop bon [tʀobɔ̃] *fam.*	voll lecker	
trop [tʀo]	*umgangssprachlich für* voll, total	

1 ont faim 2 Français 3 Allemands 4 tomates 5 comprends 6 as soif

Unité 6 | Volet 3

la place Kléber [laplasklebɛʀ]	*Platz in Straßburg* ▶ *Civilisation, Strasbourg, p. 171*	
l'interview [lɛ̃tɛʀvju] *f.*	das Interview	Les élèves font des ~[1] dans les rues de Strasbourg.
parler à qn [paʀlea]	mit jdm sprechen	Le surveillant ~[2] prof.
la dame [ladam]	die Frau	La ~, là, c'est la mère de Nicolas.
grand/grande [gʀɑ̃/gʀɑ̃d] *adj.*	groß	Ma chambre est ~[3].
beaucoup de [bokudə]	viele	Dans la cour, il y a ~[4] élèves.
la chose [laʃoz]	die Sache	Yasmine et Zohra ont beaucoup de ~[5] dans leur chambre.
à pied [apje]	zu Fuß	Je vais à l'école ~.

à pied | à vélo | en car | en *bus* | en bateau | en *métro* | en *voiture*

un peu [ɛ̃pø]	ein bisschen	On habite ~ trop loin de l'école.
comme [kɔm]	*hier:* wie	Zohra parle ~ sa sœur.
le village [ləvilaʒ] 🇬🇧 village	das Dorf	Mes grands-parents habitent dans un ~ des Vosges.
la cathédrale [lakatedʀal]	der Dom, die Kathedrale *in Straßburg:* das Straßburger Münster	
le parc de l'Orangerie [ləpaʀkdəlɔʀɑ̃ʒʀi]	*Park in Straßburg* ▶ *Civilisation, Strasbourg, p. 171*	

en face de [ɑ̃fasdə]	gegenüber	Le musée est ~ la cathédrale.
drôle [dʀol] *m./f. adj.*	lustig, spaßig *hier:* angenehm	
trop de [tʀodə]	zu viel	On a ~ devoirs!
le/la touriste [lə/latuʀist] → touristique	der/die Tourist/in	Les ~[6] font la visite de Strasbourg en bateau.
quand même [kɑ̃mɛm]	trotzdem, dennoch	Mon frère m'énerve, mais je l'aime ~.
le/la jeune [lə/laʒœn]	der/die Jugendliche	Les ~[7] font du skate dans le parc.
le ciné [ləsine] *fam.*	das Kino le ciné *ist die Abkürzung für:* le cinéma	J'adore aller au ~ avec mes copains.
le centre commercial [ləsɑ̃tʀkɔmɛʀsjal]	das Einkaufszentrum	Le ~ est fermé le dimanche.
ne ... pas de [nə ... padə]	kein	Clara ~ mange ~ lapin.
assez de [asedə]	genug	Vous avez ~[8] idées maintenant, alors écrivez!
le magasin [ləmagazɛ̃]	das Geschäft	Le dimanche, les ~[9] sont fermés.
depuis des mois [dəpɥidemwa]	seit Monaten	
le mois [ləmwa]	der Monat	Avril est mon ~ préféré.
ne ... plus de [nə ... plydə]	kein ... mehr	Il ~ y a ~[10] eau.

Il n'y a pas de tomates.

Il n'y a pas assez de tomates.

Il y a assez de tomates.

Il y a trop de tomates. / Il y a beaucoup de tomates.

le café [ləkafe]	das Café	Sur la place Kléber, il y a beaucoup de ~[11].
le supermarché [ləsypɛʀmaʀʃe]	der Supermarkt	Le ~ est ouvert jusqu'à 21 heures.
la boulangerie [labulɑ̃ʒʀi]	die Bäckerei	Près de l'école, il y a une ~.
loin de [lwɛ̃də] ≠ près de	weit entfernt von	Les Vosges ne sont pas ~ Strasbourg.
le centre [ləsɑ̃tʀ]	das Zentrum	J'habite au ~.
petit/petite [pəti/pətit] *adj.* ≠ grand/e	klein	Ma chambre est trop ~[12].
la piscine [lapisin]	das Schwimmbad	On va à la ~ ensemble?

le stade [ləstad]	das Stadion	Ils jouent au foot dans le ~.

Das kennst du schon: **Dans ma ville / mon quartier il y a:** ► *Banques de mots, p. 179*

un centre commercial avec des magasins

une piscine

un collège

une cathédrale

un bar à jus de fruits

un théâtre

un supermarché

une boulangerie

un musée

une place

un café

un parc

un cinéma

un stade

1 interviews 2 parle au 3 grande 4 beaucoup d' 5 choses 6 touristes 7 jeunes 8 assez d' 9 magasins 10 n'y a plus d' 11 cafés 12 petite

Unité 7 | Volet 1

la fête [lafɛt]	die Feier	C'est quand la ~ des mères?
l'anniversaire [laniversɛʀ] *m.*	der Geburtstag	Qu'est-ce que tu veux pour ton ~?
janvier [ʒɑ̃vje]	Januar	

janvier [ʒɑ̃vje]	Januar	juillet [ʒɥijɛ]	Juli
février [fevʀije]	Februar	août [ut]	August
mars [maʀs]	März	septembre [sɛptɑ̃bʀ]	September
avril [avʀil]	April	octobre [ɔktɔbʀ]	Oktober
mai [mɛ]	Mai	novembre [nɔvɑ̃bʀ]	November
juin [ʒɥɛ̃]	Juni	décembre [desɑ̃bʀ]	Dezember

le 12 mars [ləduzmaʀs]
le 1er mars [ləpʀəmjemaʀs]

Les mois

premier/première [pʀəmje/pʀəmjɛʀ]	erster/erste/erstes	En France, le ~[1] avril, les enfants font des «poissons d'avril».

inviter qn à qc [ɛ̃vite] (UK) to invite	jdn zu etw. einladen	Théo ~[2] ses amis ~ son anniversaire.
cent [sɑ̃]	hundert	Mon arrière-grand-mère a ~ ans.

Die Zahlen bis 100 findest du auf S. 173.

le tram [lətʀam]	die Straßenbahn *hier:* die Straßenbahnhaltestelle	Le ~ passe près de chez Théo.
le portable [ləpɔʀtabl]	das Handy	Le ~ c'est pratique, mais c'est pénible aussi.
Je compte sur toi. [ʒəkɔ̃tsyʀtwa]	Ich zähle auf dich.	
l'invitation [lɛ̃vitasjɔ̃] *f.* → inviter qn	die Einladung	J'adore ta carte d'~.
le manga [ləmɑ̃ga]	das Manga *japanischer Comic*	Maya a une collection de ~[3].
Sans blague! [sɑ̃blag]	Kein Scherz?	– Je vais habiter chez mon frère à Genève. – ~!
sans [sɑ̃]	ohne	Je prends le menu ~ entrée.
la blague [lablag]	der Scherz	Karim aime faire des ~[4].
en [ɑ̃]	im *zeitlich*	~ février, on va aller faire du ski dans les Vosges.

1 premier 2 invite … à 3 mangas 4 blagues

Unité 7 | Volet 2

le cadeau / ! les cadeaux [ləkado/lekado]	das Geschenk	Théo aime ses ~[1] d'anniversaire.
parler de qc [paʀledə]	über etw. sprechen	Les jeunes ~[2] leurs activités.
acheter qc [aʃ(ə)te]	etw. kaufen ▶ *Verbes, p. 174*	Clara ~[3] un livre sur le théâtre.
collectionner qc [kɔlɛksjɔne] → la collection	etw. sammeln	Théo ~[4] les figurines de B. D.
faire une surprise à qn [fɛʀynsyʀpʀiza]	jdn überraschen	Les enfants veulent ~ leurs parents.
la surprise [lasyʀpʀiz] (UK) surprise	die Überraschung	– Qu'est-ce que c'est? – C'est une ~!
trouver qc [tʀuve] ≠ chercher qc	etw. finden	Noah ne ~[5] pas son livre de français.

apporter qc [apɔʀte]	etw. mitbringen	Est-ce que tu peux ~ des CD?
Omar et Fred [omaʀefʀɛd]	*französisches Komikerduo* ▶ *Civilisation, p. 170*	
le sketch / ! les sketches [ləskɛtʃ/leskɛtʃ]	der Sketch	Les enfants préparent des ~[6] pour la journée portes-ouvertes.
composer qc [kɔ̃poze]	komponieren	Yasmine aime chanter, Noah préfère ~.
la chanson [laʃɑ̃sɔ̃] → chanter, le chanteur / la chanteuse	das Lied	En cours de musique, les élèves écoutent une ~ sur Paris.
bien sûr [bjɛ̃syʀ]	aber sicher	– Tu aimes les spaghettis? – ~!
Qui fait quoi? [kifɛkwa]	Wer macht was?	
coûter [kute]	kosten	
combien [kɔ̃bjɛ̃]	wie viel	Le CD coûte ~?
cher/chère [ʃɛʀ] *adj.*	teuer	Le cinéma est très ~[7] le week-end.
l'argent [laʀʒɑ̃] *m.*	das Geld	Je n'ai pas assez d'~.
la librairie [libʀɛʀi]	die Buchhandlung	La ~ organise des journées de lecture pour les enfants.
à ... euro(s) [a ... øro]	für ... Euro	La librairie a aussi des livres ~ deux ~[8].
l'euro [løʀo] *m.*	der Euro	Le CD coûte 15 ~[9].
aider qn [ede]	jdm helfen	Tu peux m'~ s'il te plaît?
accompagner qn [akɔ̃paɲe]	jdn begleiten	Yasmine ~[10] Clara au théâtre.
ici [isi]	hier	– Tu es où? – ~, dans la salle de bains!
faire les courses [fɛʀlekuʀs]	einkaufen	Noah ~[11] avec sa mère au supermarché.
les courses [lekuʀs] *f. pl.*	die Einkäufe	Les ~ sont sur la table, dans la cuisine.

le cours

la cour

les courses

Attends! [atɑ̃]	Warte! *Imperativ, 2. Pers. Sg. von* attendre ▶ *Verbes, p. 175*	~! Il va arriver.
la recette [laʀəsɛt]	das (Koch-)Rezept	Voilà une ~ de lapin aux tomates.

la liste [lalist]	die Liste	Le professeur a la ~ des élèves de sixième A.
La voilà. [lavwala]	Da ist sie.	Où est la clé de l'appartement? Ah, ~.
le kilo [ləkilo]	das Kilo	Un ~ de tomates coûte 3,25 euros.
la farine [lafaʀin]	das Mehl	Est-ce qu'il y a encore assez de ~?
le paquet [ləpakɛ]	die Packung	Tu veux bien acheter un ~ de spaghettis, s'il te plaît?
le sucre [ləsykʀ]	der Zucker	Le ~ est dans l'armoire, à côté des biscuits.
le beurre [ləbœʀ]	die Butter	Le ~ est sur la table.
la bouteille [labutɛj]	die Flasche	Tu me passes la ~ d'eau, s'il te plaît?
le lait [ləlɛ]	die Milch	Le chat de Clara aussi aime le ~.
l'œuf / les œufs ! [lœf/lezø] *m.*	das Ei	Je prends trois ~[12] pour mon gâteau.
la tablette de chocolat [latablɛtdəʃɔkɔla]	die Tafel Schokolade	Au Musée du Chocolat, on peut bien sûr acheter des ~[13].
noir/noire [nwaʀ] *adj.*	schwarz	Le chat de Julie est ~[14].

1 cadeaux 2 parlent de 3 achète 4 collectionne 5 trouve 6 sketches 7 cher 8 à deux euros 9 euros 10 accompagne 11 fait les courses 12 œufs 13 tablettes de chocolat 14 noir

Unité 7 | Volet 3

Joyeux anniversaire! [ʒwajøzanivɛʀsɛʀ]	Herzlichen Glückwunsch zum Geburtstag!	
le buffet [ləbyfɛ]	das Buffet	Un ~ pour une fête, c'est pratique.
prêt/prête [pʀɛ/pʀɛt] *adj.*	fertig	Tu es ~[1], Théo? Alors, on y va! La table est ~[2]. On peut manger.
les chips [leʃips] *f. pl.*	die Kartoffelchips	Je n'aime pas les ~.
le bretzel [ləbʀɛtzɛl]	die Brezel	Dans les boulangeries en Alsace, on trouve des ~[3].
le bonbon [ləbɔ̃bɔ̃]	das Bonbon	Il y a trop de sucre dans les ~[4].
la salade de fruits [lasaladəfʀɥi]	der Obstsalat	La ~ est mon dessert préféré.
la salade [lasalad]	der Salat	Je prépare une ~ de tomates.
la pomme [lapɔm]	der Apfel	Le jus de ~[5], c'est très bon!
la poire [lapwaʀ]	die Birne	Jade prépare une recette de ~[6] au chocolat.

la fraise [lafʀɛz]	die Erdbeere	Juin est le mois des ~[7].
le cocktail [ləkɔktɛl]	der Cocktail	Théo prépare des ~[8] avec des fruits.
l'orange [lɔʀɑ̃ʒ] *f.*	die Orange	Les ~[9] ont beaucoup de vitamine C.
l'ananas [lanana(s)] *m.*	die Ananas	

Diese Lebensmittel kennst du schon:

il attend [ilatɑ̃]	er wartet *3. Pers. Sg. von attendre*	Karim ~ sa sœur.
attendre qn/qc [atɑ̃dʀ]	auf jdn/etw. warten ▶ *Verbes, p. 175*	Les élèves ~[10] le surveillant devant la salle de permanence.
en retard [ɑ̃ʀətaʀ]	zu spät, mit Verspätung	Yasmine est ~.
à l'heure [alœʀ] ≠ en retard	pünktlich	Le cours commence ~.

! Merke:
être en retard = zu spät sein
être à l'heure = pünktlich sein

content/contente [kɔ̃tɑ̃/kɔ̃tɑ̃t] *adj.*	zufrieden, glücklich	Clara a un mail de sa copine Victoria. Elle est ~[11].

ensuite [ɑ̃sɥit]	dann	Jade cherche un livre sur Internet, ~ elle l'achète à la librairie.
le jeu vidéo [ləʒøvideo]	das Videospiel	
le jeu / ! les jeux [ləʒø/leʒø]	das Spiel	Théo prépare des ~[12] pour son anniversaire.
le moment [ləmɔmɑ̃]	der Moment, der Augenblick	
danser [dɑ̃se] → la danse	tanzen	Yasmine et Zohra ~[13] dans leur chambre.
Stromae [stʀomaj]	*belgischer Sänger und Komponist* ▶ *Civilisation, p. 170*	
l'ambiance [lɑ̃bjɑ̃s] *f.*	die Stimmung	Tout le monde chante, l'~ est sympa.
j'entends [ʒɑ̃tɑ̃]	ich höre *1. Pers. Sg. von* entendre	
entendre qn/qc [ɑ̃tɑ̃dʀ]	jdn/etw. hören *wird wie* attendre *konjugiert* ▶ *Verbes, p. 175*	On ~[14] les enfants dans la cour de récréation.

Il écoute mais il n'entend pas.

il dit que [ildikə]	er sagt, dass	~ Clara danse bien.
puis [pɥi]	dann	Marine passe chez sa copine ~ elles vont ensemble à la piscine.
le jour [ləʒuʀ] → la journée	der Tag	Mercredi est le ~ préféré de Clara.

! Unterscheide: le jour der Tag als Zähleinheit
▸ Il y a sept jours dans une semaine.

la journée der Tag in seinem Ablauf
▸ Lukas et Théo passent la journée ensemble.

souffler qc [sufle]	*hier:* etw. ausblasen	
la bougie [labuʒi]	die Kerze	Théo souffle ses ~[15] d'anniversaire.
Vive la vie! [vivlavi]	Es lebe das Leben!	
la vie [lavi]	das Leben	SVT veut dire: «sciences de la ~ et de la Terre».
Vive ... [viv]	Es lebe ... / Es leben ...	~ les vacances!

1 prêt 2 prête 3 bretzels 4 bonbons 5 pommes 6 poires 7 fraises 8 cocktails 9 oranges 10 attendent 11 contente 12 jeux 13 dansent 14 entend 15 bougies

Unité 8 | Volet 1

Marseille [maʀsɛj]	*französische Stadt am Mittelmeer* ▶ *Civilisation p. 171*	
la plage [laplaʒ]	der Strand	Yasmine adore aller à la ~.
Levallois [ləvalwa]	*Levallois-Perret: Vorort von Paris* ▶ *Civilisation p. 170*	
le Tour de France [ləturdəfʀɑ̃s]	*berühmtes dreiwöchiges Radrennen durch Frankreich, das jährlich im Juli stattfindet und in Paris endet*	
Paris Plages [paʀiplaʒ]	*sommerliche Pariser Veranstaltung (von Ende Juli bis Ende August): u. a. künstlicher Sandstrand an der Seine*	
les Pyrénées [lepiʀene] *f. pl.*	die Pyrenäen *französisch-spanisches Grenzgebirge* ▶ *Civilisation p. 171*	
la randonnée [laʀɑ̃dɔne]	die Wanderung	Dimanche, Théo et sa famille vont faire une ~ dans les Vosges.
en montagne [ɑ̃mɔ̃taɲ]	in den Bergen	J'adore faire des randonnées ~.
faire du camping [fɛʀdykɑ̃piŋ]	zelten	Je n'aime pas ~. Je préfère mon lit!
le camping [ləkɑ̃piŋ]	das Zelten *auch:* der Zeltplatz, der Campingplatz	
Quelle chance! [kɛlʃɑ̃s]	Was für ein Glück!	
rester [ʀɛste]	bleiben	Je ne peux pas ~. Je dois rentrer à la maison.
la Volerie des Aigles [lavɔlʀidezɛgl]	*Adlerpark in den Vogesen*	
la Suisse [lasɥis]	die Schweiz	
au bord du lac [obɔʀdylak]	am See (-ufer)	On peut manger ~.
le lac [ləlak] lake	der See	Près de Berlin, il y a beaucoup de ~[1].
le lac Léman [ləlaklemɑ̃]	der Genfer See *See in der Schweiz* ▶ *Civilisation, p. 170*	

1 lacs

Unité 8 | Volet 2

le souvenir [ləsuvəniʀ]	die Erinnerung	J'ai beaucoup de ~[1] de mes vacances chez mes grands-parents.
l'été [lete] *m.* ≠ l'hiver	der Sommer	J'adore l'~ parce que ça veut dire: vacances!
Ça y est! [sajɛ] *fam.*	Geschafft!	~, je suis prête!
le soleil [ləsɔlɛj]	die Sonne	Le matin, il y a beaucoup de ~ dans ma chambre.
un tas de [ɛ̃tadə]	eine Menge, ein Haufen	Mes amis ont ~[2] idées.
quand [kɑ̃]	wenn, immer wenn	~ l'été arrive, tout le monde est content.
Il fait chaud. [ilfɛʃo]	Es ist warm/heiß.	Quand ~, les amis vont à la piscine.
nager [naʒe]	schwimmen, *wird wie* manger *konjugiert* ▶ *Verbes, p. 174*	Charlotte va souvent à la piscine parce qu'elle adore ~.
la calanque [lakalɑ̃k]	die Felsbucht	Près de Marseille, il y a des ~[3].
la mer [lamɛʀ]	das Meer, die See	J'aime nager dans la ~.
le Vieux Port [ləvjøpɔʀ]	Stadtviertel von Marseille	Le ~ est mon quartier préféré à Marseille.
où [u]	wo *(Relativpronomen)*	Près de chez moi, il y a un parc ~ je retrouve les copains le week-end.
beaucoup de monde [bokudəmɔ̃d]	viele Leute	Il y a ~ sur la Place Kléber.
le feu d'artifice [ləfødaʀtifis]	das Feuerwerk	Il y a un ~ sur le lac.
Je t'embrasse. [ʒətɑ̃bʀas]	Liebe Grüße *Schlussformel in einem an eine/n Freund/in gerichteten Brief*	

Le SMS de Jade:
Bonjour, ça va? C'est super ici! Je nage dans le lac. Je t'appelle quand j'arrive chez ma tante. À plus, Jade.

la carte [lakaʀt]	die Postkarte la carte *ist die Kurzform von* la carte postale	Écris une ~ à ta grand-mère!
Il fait beau. [ilfɛbo]	Es ist schönes Wetter.	~! On va faire une balade?
le château / ! les châteaux [ləʃɑto/leʃɑto]	das Schloss, die Burg	On peut visiter le ~ de mai à octobre.
le château du Haut-Kœnigsbourg [ləʃɑtodyokøniksbuʀ]	die Hohkönigsburg *Burg im Elsass* ▶ *Civilisation, p. 170*	

fêter qc [fete]	etw. feiern	Ma sœur ~[4] son anniversaire à l'école.
la princesse d'un jour [lapʀɛ̃sɛsdɛ̃ʒuʀ]	Prinzessin für einen Tag	
le lac Blanc [ləlakblɑ̃]	der Weiße See *Bergsee in den Vogesen*	
le stage [ləstaʒ]	der Ferienkurs	Clara fait un ~ de théâtre pendant les vacances.
le VTT (= le vélo tout-terrain) [ləvetete]	das Mountainbike	On peut faire du ~ dans les Vosges.
le cheval / ! les chevaux [ləʃəval/leʃəvo]	das Pferd	Pauline collectionne les posters de ~[5].
Gavarnie [gavaʀni]	*Dorf in den Pyrenäen*	
le temps [lətɑ̃]	das Wetter	Comment est le ~ chez vous?

! le temps = die Zeit / das Wetter

génial/géniale [ʒenjal] *adj. fam.* ≠ nul/nulle	toll, genial, super	C'est ~[6], on n'a pas cours demain!
Il pleut. [ilplø]	Es regnet.	Je reste à la maison ce week-end parce qu'~.
la nuit [lanɥi] ≠ le jour	die Nacht, nachts	– La ~, je rêve beaucoup, et toi? – Moi, je rêve aussi pendant la journée!
Il fait froid. [ilfɛfʀwa] ≠ Il fait chaud.	Es ist kalt.	En montagne, souvent, ~.
la tente [latɑ̃t] 🇬🇧 tent	das Zelt	Il fait chaud sous la ~.
observer qn/qc [ɔpsɛʀve] 🇬🇧 to observe	jdn/etw. beobachten	Dans le parc de la Montagne des singes, tu peux ~ des singes en liberté.
les jumelles [leʒymɛl] *f. pl.*	das Fernglas	Avoir des ~ en montagne, c'est pratique.
prendre en photo qc [pʀɑ̃dʀɑ̃fɔto]	etw. fotografieren	Les touristes ~[7] la cathédrale de Strasbourg.
À bientôt! [abjɛ̃to]	Bis bald!	Au revoir et ~!

Mademoiselle/Mlle [madmwazɛl] Fräulein *Anrede, wenn man sich an eine junge Frau wendet.*

Le temps:

il fait beau

il pleut

il neige [ilnɛʒ]

il y a du vent [iljadyvɑ̃]

il fait chaud

il fait froid

Les saisons:

le printemps [ləpʀɛ̃tɑ̃]
au printemps

l'été *m.*
en été

l'automne [lotɔn] *m.*
en automne

l'hiver *m.*
en hiver

1 souvenirs **2** un tas d' **3** calanques **4** fête **5** chevaux **6** génial **7** prennent en photo

LISTE ALPHABÉTIQUE FRANÇAIS-ALLEMAND

Die Zahl hinter dem Pfeil zeigt dir an, in welcher *Unité*/welchem *Volet* das Wort zum ersten Mal vorkommt: 3/1 heißt z. B. *Unité 3, Volet 1*; *FEC 2* steht z. B. für *Le français en classe (2)*.
Verben mit unregelmäßiger oder besonderer Konjugation sind rot hervorgehoben. Die Konjugation dieser Verben findest du auf der angegebenen Seite.

A

à [a] in → 1/3
À bientôt! [abjɛ̃to] Bis bald! → 8/2
à côté de qc [akotedə] neben → 6/1
À demain! [adəmɛ̃] Bis morgen! → 1/1
à droite [adʀwat] rechts → 2/2
à ... euro(s) [a ... øro] für... Euro → 7/2
à gauche [agoʃ] links → 2/2
à ... heure(s) [a ... œʀ] um ... Uhr → 5/2
à la maison [alamɛzɔ̃] zu Hause → 2/1
à l'heure [alœʀ] pünktlich → 7/3
à midi [amidi] mittags, um 12 Uhr → 5/2
à pied [apje] zu Fuß → 6/3
À plus! [aplys] *fam.* Bis später → 1/1
À quelle heure? [akɛlœʀ] Um wie viel Uhr? → 4/3
accompagner qn [akɔ̃paɲe] jdn begleiten → 7/2
acheter qc [aʃ(ə)te] etw. kaufen → 7/2 *Konjugation S. 174*
l' **activité** [laktivite] *f.* die Freizeitaktivität → 4/1
adorable [adɔʀabl] *adj.* süß, niedlich → 3/4
adorer qc/qn/+ inf. [adɔʀe] etw./jdn (sehr) lieben, es lieben, etw. zu tun → 4/2
l' **âge** [lɑʒ] *m.* das Alter → 3/4; **avoir l'âge de qn/qc** [avwaʀlɑʒdə] so alt sein wie jdn/etw. → 3/4; **Il/Elle a quel âge?** [il/ɛlakɛlɑʒ] Wie alt ist er/sie? → 3/4
aider qn [ede] jdm helfen → 7/2
aimer qn/qc/+ inf. [eme] jdn/etw. mögen, es lieben, etw. zu tun → 4/2
aimer bien qn/qc/+ inf. [emebjɛ̃] jdn/etw. gern mögen; es mögen, etw. zu tun → 4/2
l' **Allemagne** [lalmaɲ] *f.* Deutschland → 3/2
l' **allemand** [lalmɑ̃] *m.* Deutsch → 4/2
l' **Allemand** / l'**Allemande** [lalmɑ̃/lalmɑ̃d] *m./f.* der/die Deutsche → 6/2
aller [ale] gehen → 5/2 *Konjugation S. 175*
l' **allergie** [lalɛʀʒi] *f.* die Allergie → 3/4
Allô! [alo] Ja, bitte?, Hallo? → 4/3
alors [alɔʀ] also → 1/2
l' **ambiance** [lɑ̃bjɑ̃s] *f.* die Stimmung → 7/3
l' **ami** / l'**amie** [lami] *m./f.* der/die Freund/in → 1/3
l' **an** [ɑ̃] *m.* das Jahr → 3/3
l' **ananas** [lanana(s)] *m.* die Ananas → 7/3
l' **anglais** [lɑ̃glɛ] *m.* Englisch → 5/2
l' **animal** / ! **les animaux** [lanimal/lezanimo] *m.* das Tier → 3/4
l' **anniversaire** [lanivɛʀsɛʀ] *m.* der Geburtstag → 7/1
l' **appartement** [lapaʀtəmɑ̃] *m.* die Wohnung → 2/2
appeler qn [apəle] jdn anrufen → 4/3 *Konjugation S. 174*
apporter qc [apɔʀte] etw. mitbringen → 7/2
après [apʀɛ] nach → 2/3, danach → 5/2
l' **après-midi** [lapʀɛmidi] *m./f.* der Nachmittag, am Nachmittag → 5/2
l' **argent** [laʀʒɑ̃] *m.* das Geld → 7/2
l' **armoire** [laʀmwaʀ] *f.* der Schrank → 2/1
l' **arrière-grand-mère** [laʀjɛʀgʀɑ̃mɛʀ] *f.* die Urgroßmutter → 3/1
l' **arrivée** [laʀive] *f.* die Ankunft → 5/3
arriver [aʀive] ankommen → 5/3
assez [ase] ziemlich → 6/1
assez de [asedə] genug → 6/3
l' **atelier** [latəlje] *m.* der Workshop → 5/3
l' **athlétisme** [latletism] *m.* die Leichtathletik → 4/1
attendre qn/qc [atɑ̃dʀ] auf jdn/etw. warten → 7/3 *Konjugation S. 175*
au bord du lac [obɔʀdylak] am See (-ufer) → 8/1
au chômage [oʃomaʒ] arbeitslos → 3/3
Au revoir! [ɔʀəvwaʀ] Auf Wiedersehen! → 1/1
aujourd'hui [oʒuʀdɥi] heute → FEC 3
aussi [osi] auch → 1/3
avant [avɑ̃] vor *zeitlich* → 5/3
avec [avɛk] mit → 1/2
l' **avenue** [lavəny] *f.* die Allee → 3/2
l' **aviron** [laviʀɔ̃] *m.* das Rudern → 4/2
avoir [avwaʀ] haben → 3/3 *Konjugation S. 174*
avoir faim [avwaʀfɛ̃] Hunger haben → 6/2
avoir soif [avwaʀswaf] Durst haben → 6/2
avril [avʀil] April → 6/1

B

la **balade** [labalad] der Ausflug → 4/3; la **balade en bateau** [labaladɑ̃bato] die Bootsfahrt → 5/3
la **banane** [labanan] die Banane → 6/2
le **bar** [ləbaʀ] die Bar → 3/2; le **bar à jus de fruits** [ləbaʀaʒydəfʀɥi] die Saftbar → 3/2
le **bateau** / ! **les bateaux** [ləbato/lebato] das Schiff, Boot → 5/3
bavard/bavarde [bavaʀ/bavaʀd] *adj.* geschwätzig → 3/4
beaucoup [boku] viel → 3/3
beaucoup de [bokudə] viele → 6/3
beaucoup de monde [bokudəmɔ̃d] viele Leute → 8/2
le **beau-père** [ləbopɛʀ] der Stiefvater → 3/3
la **bédé/B.D.** / ! les **B.D.** [labede/lebede] der Comic → 2/1
la **belle-mère** [labɛlmɛʀ] die Stiefmutter → 3/3

ben [bɛ̃] *Füllwort am Satzanfang* naja, äh → 3/2
bête [bɛt] *m./f. adj.* dumm, blöd → 3/4
le **beurre** [ləbœʀ] die Butter → 7/2
bien [bjɛ̃] gut → 1/2
bien sûr [bjɛ̃syʀ] aber sicher → 7/2
bientôt [bjɛ̃to] bald → 4/3
le **biscuit** [ləbiskɥi] der Keks → 2/2
la **bise** [labiz] der Kuss → 5/2
la **blague** [lablag] der Scherz → 7/1
bof [bɔf] *fam.* na ja, Es geht so. → 1/1
bon/bonne [bɔ̃/bɔn] *adj.* gut → 5/2
C'est bon. [sɛbɔ̃] Das schmeckt gut. → 6/2
Bon appétit! [bɔ̃napeti] Guten Appetit! → 6/2
Bonne idée! [bɔnide] Gute Idee! → 4/3
le **bonbon** [ləbɔ̃bɔ̃] das Bonbon → 7/3
Bonjour! [bɔ̃ʒuʀ] Guten Tag!, Guten Morgen! → 1/1
la **bougie** [labuʒi] die Kerze → 7/3
la **boulangerie** [labulɑ̃ʒʀi] die Bäckerei → 6/3
la **bouteille** [labutɛj] die Flasche → 7/2
le **bretzel** [ləbʀɛtzɛl] die Brezel → 7/3
le **buffet** [ləbyfɛ] das Buffet → 7/3
le **bureau** / ! **les bureaux** [ləbyʀo/ lebyʀo] der Schreibtisch, das Büro → 3/4

C

Ça dépend. [sadepɑ̃] Es kommt darauf an. → 5/1
Ça marche. [samaʀʃ] *fam.* Geht klar. → 4/3
Ça va? [sava] Wie geht's?, Geht's dir gut? → 1/1, In Ordnung? → 4/3
Ça va. [sava] Es geht (mir) gut. → 1/1
Ça veut dire... [savødiʀ] Das bedeutet ... → FEC 3
Ça y est. [sajɛ] *fam.* Geschafft! → 8/2
le **cadeau** / ! **les cadeaux** [ləkado/ lekado] das Geschenk → 7/2
le **café** [ləkafe] das Café → 6/3
le **cahier** [ləkaje] das Heft → FEC 1
la **calanque** [lakalɑ̃k] die Felsbucht → 8/2
le **camping** [ləkɑ̃piŋ] das Zelten → 8/1
la **cantine** [lakɑ̃tin] die Kantine, der Speisesaal → 5/1
le **car** [ləkaʀ] der Reisebus → 5/3; **en car** [ɑ̃kaʀ] mit dem Reisebus → 5/3
la **carte** [lakaʀt] die (Spiel-)Karte → 2/3, die Postkarte → 8/2
la **cathédrale** [lakatedʀal] der Dom, die Kathedrale → 6/3
le **CD** [ləsede] die CD → 2/1
le **CDI (= le Centre de Documentation et d'Information)** [ləsedei] die Schulbibliothek → 5/1
Ce n'est pas mon truc. [sənɛpamɔ̃tʀyk] *fam.* Das ist nicht mein Ding. → 4/2
cent [sɑ̃] hundert → 7/1
le **centre** [ləsɑ̃tʀ] das Zentrum → 6/3; le **centre commercial** [ləsɑ̃tʀkɔmɛʀsjal] das Einkaufszentrum → 6/3
le **centre-ville** [ləsɑ̃tʀvil] das Stadtzentrum → 5/3
c'est [sɛ] das ist → 1/2
C'est l'horreur! [sɛlɔʀœʀ] Das ist der Horror! → 3/3
C'est moi. [sɛmwa] Ich bin's., Das bin ich. → 1/2
C'est qui? [sɛki] Wer ist das? → 1/3
C'est tout. [sɛtu] Das ist alles. → 3/3
C'est trop cool! [sɛtʀokul] *fam.* Das ist klasse!, Das ist super! → 1/3
cet après-midi [sɛtapʀɛmidi] heute Nachmittag → 5/2
la **chaise** [laʃɛz] der Stuhl → 2/1
la **chambre** [laʃɑ̃bʀ] das Schlafzimmer → 2/1
la **chanson** [laʃɑ̃sɔ̃] das Lied → 7/2; **danser sur la chanson** [dɑ̃sesyʀlaʃɑ̃sɔ̃] zu dem Lied tanzen → 7/3
chanter [ʃɑ̃te] singen → FEC 2, → 2/3
le **chanteur** / la **chanteuse** [ləʃɑ̃tœʀ/ laʃɑ̃tøz] der/die Sänger/in → 4/2
le **chat** [ləʃa] die Katze → 3/4
le **château** / ! **les châteaux** [ləʃɑto/ leʃɑto] das Schloss, die Burg → 8/2
chatter [tʃate] chatten → 2/3
cher/chère [ʃɛʀ] *adj.* liebe/r → 5/2, teuer → 7/2
chercher [ʃɛʀʃe] suchen → 2/3
le **cheval** / ! **les chevaux** [ləʃəval/ leʃəvo] das Pferd → 8/2
chez [ʃe] bei → 2/1
chez moi [ʃemwa] bei mir → 2/1
le **chien** [ləʃjɛ̃] der Hund → 3/4; **avoir un caractère de chien** [avwaʀɛ̃kaʀaktɛʀdəʃjɛ̃] *fam.* einen fiesen Charakter haben → 3/4
les **chips** [leʃips] *f. pl.* die Kartoffelchips → 7/3
le **chocolat** [ləʃɔkɔla] die Schokolade → 5/3
la **chose** [laʃoz] die Sache → 6/3
le **cinéma** [ləsinema] das Kino → 4/2; le **ciné** [ləsine] *fam.* das Kino → 6/3
la **cinquième** [lasɛ̃kjɛm] die siebte Klasse → 1/3; **en cinquième** [ɑ̃sɛ̃kjɛm] in der siebten Klasse → 1/3
la **classe** [laklɑs] die Klasse → 1/2
le **classeur** [ləklasœʀ] der Ordner → FEC 1
la **clé** [lakle] der Schlüssel → 2/2
le **cochon d'Inde** [ləkɔʃɔ̃dɛ̃d] das Meerschweinchen → 3/4
le **cocktail** [ləkɔktɛl] der Cocktail → 7/3
le **coin** [ləkwɛ̃] die Ecke → 2/1
le **coin musique** [ləkwɛ̃myzik] die Musikecke → 2/1
la **collection** [lakɔlɛksjɔ̃] die Sammlung → 2/1
collectionner qc [kɔlɛksjɔne] etw. sammeln → 7/2
le **collège** [ləkɔlɛʒ] die Sekundarstufe 1 → 5/1
combien [kɔ̃bjɛ̃] wie viel → 7/2
comme [kɔm] als → 6/2, wie → 6/3
commencer [kɔmɑ̃se] beginnen → 6/1 *Konjugation S. 174*;
Qui commence? [kikɔmɑ̃s] Wer fängt an?, Wer beginnt? → FEC 3
comment [kɔmɑ̃] wie → 1/3
Comment ça va? [kɔmɑ̃sava] Wie geht's?, Wie läuft es? → 3/3
Comment est-ce qu'on dit ...? [kɔmɑ̃eskɔ̃di] Wie sagt man ...? → FEC 1
Comment est-ce qu'on écrit ...? [kɔmɑ̃eskɔ̃nekʀi] Wie schreibt man ...? → FEC 1
composer qc [kɔ̃poze] komponieren → 7/2
comprendre qn/qc [kɔ̃pʀɑ̃dʀ] jdn/ etw. verstehen → 6/2 *wie* prendre, *Konjugation S. 175*
le **concours** [ləkɔ̃kuʀ] der Wettbewerb → 3/4
content/contente [kɔ̃tɑ̃/kɔ̃tɑ̃t] *adj.* zufrieden, glücklich → 7/3
continuer (qc) [kɔ̃tinɥe] (etw.) weiter machen → FEC 2

cool [kul] *adj. fam.* cool → 1/3
le **copain** / la **copine** [ləkɔpɛ̃ / lakɔpin] der/die Freund/in → 2/3
le **correspondant** / la **correspondante** [ləkɔʀɛspɔ̃dɑ̃ / lakɔʀɛspɔ̃dɑ̃t]; le/la **corres** [lə/lakɔʀɛs] *fam.* der/die Austauschpartner/in → 5/3
le **couloir** [ləkulwaʀ] der Flur → 2/2
la **cour** [lakuʀ] der Schulhof → 1/3
le **cours** [ləkuʀ] der Unterricht → 5/2; **Je n'ai pas cours.** [ʒənɛpakuʀ] Ich habe keinen Unterricht. → 5/2
les **courses** [lekuʀs] *f. pl.* die Einkäufe → 7/2
le **cousin** / la **cousine** [ləkuzɛ̃ / lakuzin] der/die Cousin/e → 3/1
coûter [kute] kosten → 7/2
le/la **CPE (= le/la Conseiller/-ère principal/e d'Éducation)** [lə/lasepeø] der/die Schulbetreuer/in → 5/1
le **crayon** [ləkʀɛjɔ̃] der Bleistift → FEC 1
le **crayon de couleur** [ləkʀɛjɔ̃dəkulœʀ] der Buntstift → FEC 1
crier [kʀije] schreien → 3/3
la **cuisine** [lakɥizin] die Küche → 2/2

D

d'abord [dabɔʀ] zuerst → 5/3
d'accord [dakɔʀ] einverstanden → 2/3, einverstanden → FEC 3; **être d'accord sur qc** [ɛtʀdakɔʀsyʀ] sich über etw. einig sein → 5/3
la **dame** [ladam] die Frau → 6/3
dans [dɑ̃] in → 1/3
la **danse** [ladɑ̃s] der Tanz, das Tanzen → 4/1
danser [dɑ̃se] tanzen → 7/3;
de [də] aus → 1/2, von → 1/3
de … à … [də … a …] von … bis … → 5/2
le **déjeuner** [lədeʒœne] das Mittagessen → 5/3
demain [dəmɛ̃] morgen → 5/2
demander (qc) à qn [dəmɑ̃dea] jdn (nach etw.) fragen → 4/3
demi/demie [dəmi] *adj.* halb → 5/2
le **départ** [lədepaʀ] die Abfahrt → 5/3
depuis des mois [dəpɥidemwa] seit Monaten → 6/3
derrière [dɛʀjɛʀ] hinter → 2/2
le **dessert** [lədesɛʀ] die Nachspeise → 6/2
le **dessin** [lədesɛ̃] die Zeichnung, das Zeichnen → 4/2
détester qc/qn/+ inf. [detɛste] etw./jdn hassen → 4/2
devant [dəvɑ̃] vor → 2/2
les **devoirs** [ledəvwaʀ] *m. pl.* die Hausaufgaben → 2/3
le/la **documentaliste** [lə/ladɔkymɑ̃talist] der/die Dokumentalist/in → 5/1
drôle [dʀol] *m./f. adj.* lustig, spaßig → 6/3
le **DVD** / ❗ les **DVD** [lədevede/ledevede] die DVD → 4/2

E

l' **eau** [lo] *f.* das Wasser → 6/2
l' **école** [lekɔl] *f.* die Schule → 1/3
écouter qn/qc [ekute] jdm zuhören, auf jdn hören, etw. anhören → 2/3
l' **effaceur** [lefasœʀ] *m.* der Tintenkiller → FEC 1
l' **élève** [lelɛv] *m./f.* der/die Schüler/in → 1/3
l' **emploi du temps** [lɑ̃plwadytɑ̃] *m.* der Stundenplan → 5/2
emprunter qc [ɑ̃pʀɛ̃te] etw. ausleihen → 5/1
en [ɑ̃] in → 3/2, im → 7/1
en ce moment [ɑ̃səmɔmɑ̃] zurzeit, im Moment → 5/3; **en cinquième** [ɑ̃sɛ̃kjɛm] in der siebten Klasse → 1/3; **en liberté** [ɑ̃libɛʀte] in Freiheit → 4/3; **en montagne** [ɑ̃mɔ̃taɲ] in den Bergen → 8/1;
en permanence [ɑ̃pɛʀmanɑ̃s] im Aufenthaltsraum → 5/1
en car [ɑ̃kaʀ] mit dem Bus → 5/3
en face de [ɑ̃fasdə] gegenüber→ 6/3
en français / en allemand [ɑ̃fʀɑ̃sɛ / ɑ̃nalmɑ̃] auf Französisch / auf Deutsch → FEC 1
en plus [ɑ̃plys] außerdem → 5/3
en retard [ɑ̃ʀətaʀ] zu spät, mit Verspätung → 7/3
encore [ɑ̃kɔʀ] noch → 2/1; **encore une fois** [ɑ̃kɔʀynfwa] noch einmal → FEC 2
l' **endroit** [lɑ̃dʀwa] *m.* der Ort → 5/1
l' **enfant** [lɑ̃fɑ̃] *m./f.* das Kind → 3/3
ensemble [ɑ̃sɑ̃bl] zusammen → 1/3
ensuite [ɑ̃sɥit] dann → 7/3
entendre qn/qc [ɑ̃tɑ̃dʀ] jdn/etw. hören → 7/3 *wie* attendre *Konjugation S. 175*
entre [ɑ̃tʀ] zwischen → 2/2
l' **entrée** [lɑ̃tʀe] *f.* die Vorspeise → 6/2
l' **EPS (= l'Éducation physique et sportive)** [løpeɛs] *f.* der Sportunterricht → 5/1
est-ce que [ɛskə] *wird nicht übersetzt; zeigt dir an, dass es sich um eine Frage handelt* → 4/3
Est-ce que je peux + inf. [ɛskəʒəpø] Darf ich …? → FEC 3
et [e] und → 1/1
et puis [epɥi] außerdem → 4/3
l' **étagère** [letaʒɛʀ] *f.* das Regal → 2/1
l' **été** [lete] *m.* der Sommer → 8/2
être [ɛtʀ] sein → 1/2 *Konjugation S. 174*
être bon / bonne en [ɛtʀbɔ̃ɑ̃/ɛtʀbɔnɑ̃] in etw. gut sein → 5/2
être contre (qn/qc) [ɛtʀkɔ̃tʀ] gegen jdn/etw. sein, dagegen sein → 3/4
être fan de (qn/qc) [ɛtʀfandə] ein Fan von jdm/etw. sein → 4/2
être pour (qn/qc) [ɛtʀpuʀ] für jdm/etw. sein, dafür sein → 3/4
être séparé [ɛtʀsepaʀe] getrennt sein → 3/3
euh [ø] äh → 1/2
l' **euro** [løʀo] *m.* der Euro → 7/2
l' **exercice** [legzɛʀsis] *m.* die Übung → FEC 3

F

faire qc [fɛʀ] etw. machen, tun → 4/1 *Konjugation S. 175*
faire de la guitare [fɛʀdəlagitaʀ] Gitarre spielen → 4/1
faire de la musique [fɛʀdəlamyzik] musizieren → 4/1
faire de l'aviron [fɛʀdəlaviʀɔ̃] rudern → 4/2
faire des percussions [fɛʀdepɛʀkysjɔ̃] trommeln, Schlagzeug spielen → 4/1
faire du camping [fɛʀdykɑ̃piŋ] zelten → 8/1
faire du foot [fɛʀdyfut] Fußball spielen → 4/1
faire les courses [fɛʀlekuʀs] einkaufen → 7/2
faire une surprise à qn [fɛʀynsyʀpʀiza] jdn überraschen → 7/2

la **famille** [lafamij] die Familie → 3/1
le/la **fan** [lə/lafan] der Fan → 4/2
la **farine** [lafaʀin] das Mehl → 7/2
la **femme** [lafam] die Frau, die Ehefrau → 3/3
la **fenêtre** [lafənɛtʀ] das Fenster → FEC 2
fermé /fermée [fɛʀme] *adj.* geschlossen → 5/3
fermer (qc) [fɛʀme] (etw.) schließen, zumachen → FEC 2
la **fête** [lafɛt] die Feier → 7/1
fêter qc [fete] etw. feiern → 8/2
le **feu d'artifice** [ləfødaʀtifis] das Feuerwerk → 8/2
la **figurine** [lafigyʀin] die Figur → 2/1
la **fille** [lafij] das Mädchen → 1/3, die Tochter → 3/1
le **fils** [ləfis] der Sohn → 3/1
la **flûte** [laflyt] die Flöte → 4/1
le **foot(ball)** [ləfut(bol)] der Fußball, das Fußballspielen → 4/1
le **fossile** [ləfosil] das Fossil → 5/3
la **fraise** [lafʀɛz] die Erdbeere → 7/3
le **français** [ləfʀɑ̃sɛ] Französisch → 1/2
le **Français** / la **Française** [ləfʀɑ̃sɛ/lafʀɑ̃sɛz] der Franzose, die Französin → 6/2
le **frère** [ləfʀɛʀ] der Bruder → 3/1
les **frères et sœurs** [lefʀɛʀesœʀ] *m. pl.* die Geschwister → 3/3
le **fruit** [ləfʀɥi] die Frucht, das Obst → 3/2

G

le **garçon** [ləgaʀsɔ̃] der Junge → 1/3
garder qn [gaʀde] auf jdn aufpassen → 3/2
le **gâteau** / ! **les gâteaux** [ləgɑto/legɑto] der Kuchen → 6/2
le **gâteau au chocolat** [ləgɑtooʃɔkɔla] der Schokoladenkuchen → 6/2
génial/géniale [ʒenjal] *adj. fam.* toll, genial, super → 8/2
la **géo** [laʒeo] *fam.* die Geographie → 2/1
le **globe** [ləglɔb] der Globus → 2/1
grand/grande [gʀɑ̃/gʀɑ̃d] *adj.* groß → 6/3
la **grand-mère** [lagʀɑ̃mɛʀ] die Großmutter → 3/1
le **grand-père** [ləgʀɑ̃pɛʀ] der Großvater → 3/1
les **grands-parents** [legʀɑ̃paʀɑ̃] *m. pl.* die Großeltern → 3/1
grosses bises [gʀosbiz] *f.pl.* liebe Grüße → 5/2
le **groupe** [ləgʀup] die Band, die Gruppe → 4/2
la **guitare** [lagitaʀ] die Gitarre → 2/1
le **gymnase** [ləʒimnaz] die Turnhalle → 5/1

H

habiter [abite] wohnen → 3/2
le **hamac** [ləamak] die Hängematte → 2/1
le **hamster** [ləamstɛʀ] der Hamster → 3/3
l' **heure** [lœʀ] *f.* die Stunde, Uhr → 4/3; **à l'heure** [alœʀ] pünktlich → 7/3; **À quelle heure?** [akɛlœʀ] Um wie viel Uhr? → 4/3
l' **hiver** [livɛʀ] *m.* der Winter → 4/1
le **hobby** [ləobi] das Hobby → 4/2

I

ici [isi] hier → 7/2
l' **idée** [lide] *f.* die Idee → 4/3
il dit que [ildikə] er sagt, dass → 7/3
Il fait beau. [ilfɛbo] Es ist schönes Wetter. → 8/2
Il fait chaud. [ilfɛʃo] Es ist warm/heiß. → 8/2
Il fait froid. [ilfɛfʀwa] Es ist kalt. → 8/2
Il pleut. [ilplø] Es regnet. → 8/2
il y a [ilja] es gibt → 2/1
Il/Elle a quel âge? [il/ɛlakɛlaʒ] Wie alt ist er/sie?→ 3/4
il/elle s'appelle [il/ɛlsapɛl] er/sie heißt → 1/3
l' **infirmerie** [lɛ̃fiʀməʀi] *f.* die Krankenstation → 5/1
l' **infirmier** / **l'infirmière** [lɛ̃fiʀmje/lɛ̃fiʀmjɛʀ] *m./f.* der/die Krankenpfleger/in → 5/1
l' **information** [lɛ̃fɔʀmasjɔ̃] *f.* die Information → 2/3
intelligent/intelligente [ɛ̃teliʒɑ̃/ɛ̃teliʒɑ̃t] *adj.* intelligent → 3/4
intéressant/intéressante [ɛ̃teʀɛsɑ̃/ɛ̃teʀɛsɑ̃t] *adj.* interessant → 5/2
Internet [ɛ̃tɛʀnɛt] *m.* das Internet → 2/3; **surfer sur Internet** [sœʀfesyʀɛ̃tɛʀnɛt] im Internet surfen → 3/4
l' **interro** [lɛ̃teʀɔ] *f. fam.* der Test → 5/2
l' **interview** [lɛ̃tɛʀvju] *f.* das Interview → 6/3
l' **invitation** [lɛ̃vitasjɔ̃] *f.* die Einladung → 7/1
inviter qn [ɛ̃vite] jdn einladen → 4/3
inviter qn à qc [ɛ̃vite] jdn zu etw. einladen → 7/1

J

janvier [ʒɑ̃vje] *m.* Januar → 7/1
Je compte sur toi. [ʒəkɔ̃tsyʀtwa] Ich zähle auf dich. → 7/1
je m'appelle [ʒəmapɛl] ich heiße → 1/2
Je ne sais pas. [ʒənəsɛpa] Ich weiß es nicht. → FEC 1, → 1/3
Je t'embrasse. [ʒətɑ̃bʀas] Liebe Grüße → 8/2
Je t'invite [ʒətɛ̃vit] Ich lade dich ein. → 4/3
je voudrais [ʒəvudʀɛ] ich möchte gern, ich hätte gern → 3/4
le **jeu** / ! **les jeux** [ləʒø/leʒø] das Spiel → 7/3
le **jeu vidéo** [ləʒøvideo] das Videospiel → 7/3
le/la **jeune** [lə/laʒœn] der/die Jugendliche → 6/3
joli/jolie [ʒɔli] *adj.* hübsch → 3/4
jouer (avec qn) [ʒwe] (mit jdm) spielen → 2/3
le **jour** [ləʒuʀ] der Tag → 7/3
la **journée** [laʒuʀne] der Tag *(in seinem Ablauf)* → 5/1
la **journée portes ouvertes** [laʒuʀnepɔʀtzuvɛʀt] der Tag der offenen Tür → 5/1
Joyeux anniversaire! [ʒwajøzanivɛʀsɛʀ] Herzlichen Glückwunsch zum Geburtstag! → 7/3
les **jumelles** [leʒymɛl] *f. pl.* das Fernglas → 8/2
le **jus de fruits** [ləʒydəfʀɥi] der Fruchtsaft → 3/2
jusqu'à [ʒyska] bis → 5/2
C'est juste? [sɛʒyst] Ist das richtig?, Stimmt das? → FEC 3

K

le **kilo** [ləkilo] das Kilo → 7/2

L

là [la] da/hier → 1/2
là-bas [laba] dort → 5/3
le lac [ləlak] der See → 8/1
le lait [ləlɛ] die Milch → 7/2
la lampe [lalɑ̃p] die Lampe → 2/1
le lapin [ləlapɛ̃] das Kaninchen → 3/4
la lecture [lalɛktyʀ] die Lektüre, das Lesen → 4/2
la liberté [libɛʀte] die Freiheit → 4/3; en liberté [ɑ̃libɛʀte] in Freiheit → 4/3
la librairie [lalibʀɛʀi] die Buchhandlung → 7/2
la liste [lalist] die Liste → 7/2
le lit [ləli] das Bett → 2/1
le livre [ləlivʀ] das Buch → FEC 2, → 2/1
loin [lwɛ̃] weit (weg) → 3/2
loin de [lwɛ̃də] *adv.* weit entfernt von → 6/3
lundi [lɛ̃di] *m.* Montag, am Montag → FEC 3

M

Madame/Mme [madam] Frau (Anrede) → 1/1
Mademoiselle/Mlle [madmwazɛl] Fräulein (Anrede) → 8/2
le magasin [ləmagazɛ̃] das Geschäft → 6/3
le mail [ləmɛl] die Mail → 5/2
maintenant [mɛ̃tənɑ̃] jetzt → 2/3
mais [mɛ] aber → 3/2
la maison [lamɛzɔ̃] das Haus → 2/1
maman [mamɑ̃] *f.* Mama → 2/2
mamie [mami] *f.* Oma → 5/2
le manga [ləmɑ̃ga] das Manga → 7/1
manger [mɑ̃ʒe] essen → 5/2 *Konjugation S. 174*
les maths [lemat] *f. pl. fam.* Mathe → 5/2
la matière [lamatjɛʀ] das Schulfach → 5/2
le matin [ləmatɛ̃] der Morgen, morgens → 5/2
le menu [ləməny] das Menü → 6/2
la mer [lamɛʀ] das Meer, die See → 8/2
merci [mɛʀsi] danke → 2/3
la mère [lamɛʀ] die Mutter → 3/1
la minichaîne [laminiʃɛn] die Mini-Stereoanlage → 2/1
moche [mɔʃ] *adj.* hässlich → 3/4
moi [mwa] ich → 1/2
Moi non plus. [mwanɔ̃ply] Ich auch nicht. → 4/2
Moi si. [mwasi] Doch, ich schon. → 4/2
moins le quart [mwɛ̃l(ə)kaʀ] Viertel vor → 5/2
le mois [ləmwa] der Monat → 6/3
le moment [ləmɔmɑ̃] der Augenblick, der Moment → 7/3
Monsieur/M. [məsjø] Herr (Anrede) → 1/1
la montagne [lamɔ̃taɲ] der Berg → 4/3; en montagne [ɑ̃mɔ̃taɲ] in den Bergen → 8/1
monter dans qc [mɔ̃tedɑ̃] in etw. einsteigen → 6/1
le mot [ləmo] das Wort → FEC 2
la moutarde [lamutaʀd] der Senf → 6/2
le Moyen-Âge [ləmwajɛnaʒ] das Mittelalter → 6/1
le musée [ləmyze] das Museum → 5/3
la musique [lamyzik] die Musik → 2/1
la musique classique [lamyziklasik] klassische Musik → 4/2

N

nager [naʒe] schwimmen → 8/2 *wie* manger, *Konjugation S. 174*
la nature [lanatyʀ] die Natur → 4/2
ne ... pas [nə ... pa] nicht → 4/2
ne ... pas de [nə ... padə] kein → 6/3
ne ... pas trop [nə ... patʀo] nicht so (sehr, gern) → 4/3
ne ... plus [nə ... ply] nicht mehr → 6/2
ne ... plus de [nə ... plydə] kein ... mehr → 6/3
noir/noire [nwaʀ] *adj.* schwarz → 7/2
non [nɔ̃] nein → 1/2;
Non? [nɔ̃] *fam.* Nicht wahr? → 1/2
noter (qc) [nɔte] (etw.) aufschreiben, notieren → 5/3; Qui note? [kinɔt] Wer schreibt (das auf)? → FEC 3
nouveau/nouvelle [nuvo/nuvɛl] *adj.* neu → 1/3
la nuit [lanɥi] die Nacht, nachts → 8/2
nul/nulle [nyl] *adj.* (sehr) schlecht, mies → 5/2; être nul / nulle en [ɛtʀnylɑ̃] in etw. schlecht sein / eine Niete sein → 5/2

O

observer qn/qc [ɔpsɛʀve] jdn/etw. beobachten → 8/2
l' œuf / les œufs ! [lœf/lezø] *m.* das Ei → 7/2
On dit ... [ɔ̃di] Man sagt ... → FEC 1
On écrit ... [ɔ̃nekʀi] Man schreibt ... → FEC 1
On y va! [ɔ̃niva] Los geht's! → FEC 2
l' oncle [lɔ̃kl] *m.* der Onkel → 3/1
l' orange [lɔʀɑ̃ʒ] *f.* die Orange → 7/3
l' ordinateur [lɔʀdinatœʀ] *m.* der Computer → 2/1
ou [u] oder → 1/3
où [u] wo → 2/2, wo *(Relativpronomen)* → 8/2; où est-ce que [uɛskə] wo, wohin → 5/3
oui [wi] ja → 1/2
ouvert/ouverte [uvɛʀ/uvɛʀt] *adj.* offen → 5/1

P

le pain [ləpɛ̃] das Brot → 6/2
papa [papa] *m.* Papa → 2/2
papi [papi] *m.* Opa → 5/2
le papier [ləpapje] das Papier → FEC 1
le paquet [ləpakɛ] die Packung → 7/2
le parc [ləpaʀk] der Park → 4/3
parce que [paʀs(ə)kə] weil → 5/2
pardon [paʀdɔ̃] Verzeihung → 1/2
les parents [lepaʀɑ̃] *m. pl.* die Eltern → 3/1
parler [paʀle] sprechen → FEC 2; parler à qn [paʀlea] mit jdm sprechen → 6/3; parler de qc [paʀledə] über etw. sprechen → 7/2
la partie de cartes [lapaʀtidəkaʀt] eine Runde Karten → 2/3
partout [paʀtu] überall → 2/1
Pas maintenant. [pamɛ̃tənɑ̃] Nicht jetzt. → 2/3
pas mal [pamal] nicht schlecht → 1/3
passer [pase] verbringen → 3/3; passer (chez qn) [paseʃe] (bei jdm) vorbeikommen → 4/3; passer par qc [pasepaʀ] hier: durch etw. fahren → 6/1; Tu me passes ...? [tymәpas] Reichst du mir ...? → 6/2
le pâté [ləpɑte] die Leberpastete → 6/2
pendant [pɑ̃dɑ̃] während → 3/2
pénible [penibl] *adj.* lästig → 3/2

les **percussions** [lepɛʀkysjɔ̃] *f. pl.* das Schlagzeug, das Trommeln → 4/1
le **père** [ləpɛʀ] der Vater → 3/1
la **permanence** [lapɛʀmanɑ̃s] der Aufenthaltsraum → 5/1
la **perruche** [lapeʀyʃ] der Wellensittich → 3/4
petit/petite [pəti/pətit] *adj.* klein → 6/3
la **photo** [lafɔto] das Foto/Bild → 2/1
la **phrase** [lafʀaz] der Satz → FEC 2
la **pierre** [lapjɛʀ] der Stein → 2/1
la **piscine** [lapisin] das Schwimmbad → 6/3
le **placard** [ləplakaʀ] der Wandschrank → 2/2
la **place** [laplas] der Platz → 6/1
la **plage** [laplaʒ] der Strand → 8/1
le **plat** [ləpla] das Hauptgericht → 6/2
la **poire** [lapwaʀ] die Birne → 7/3
le **poisson** [ləpwasɔ̃] der Fisch → 3/4
la **pomme** [lapɔm] der Apfel → 7/3
le **pont** [ləpɔ̃] die Brücke → 6/1
le **portable** [ləpɔʀtabl] das Handy → 7/1
la **porte** [lapɔʀt] die Tür → FEC 2
le **poster** [lepɔstɛʀ] das Poster → 2/1
pour [puʀ] für → 3/3
pourquoi [puʀkwa] warum → 5/2
pouvoir + inf. [puvwaʀ] etw. tun können/dürfen → 4/3 *Konjugation, S. 175*
pratique [pʀatik] *adj.* praktisch → 3/2
préféré/préférée [pʀefeʀe] *adj.* Lieblings- → 4/2
préférer qn/qc /+ inf. [pʀefeʀe] etw. bevorzugen, etw. lieber mögen → 4/2 *Konjugation S. 174*
premier/première [pʀəmje/ pʀəmjɛʀ] erster/erste/erstes → 7/1
prendre qc [pʀɑ̃dʀ] etw. nehmen → 6/2 *Konjugation S. 175*
prendre en photo qc [pʀɑ̃dʀɑ̃fɔto] etw. fotografieren → 8/2
préparer qc [pʀepaʀe] etw. vorbereiten → 4/2
près de [pʀɛdə] bei / in der Nähe (von) → 3/2
présenter qn/qc [pʀezɑ̃te] jdn/etw. vorstellen → 5/1
prêt/prête [pʀɛ/pʀɛt] *adj.* fertig → 7/3
la **princesse d'un jour** [lapʀɛ̃sɛsdɛ̃ʒuʀ] Prinzessin für einen Tag → 8/2
le **problème** [ləpʀɔblɛm] das Problem → 3/3
le/la **professeur** [lə/lapʀɔfesœʀ], le/la **prof** [lə/lapʀɔf] *fam.* der/die Lehrer/in → 1/2, → 4/2
le/la **professeur de français** [lə/lapʀɔfesœʀdəfʀɑ̃sɛ] der/die Französischlehrer/in → 1/2
le **programme** [ləpʀɔgʀam] das Programm → 5/3
puis [pɥi] dann → 7/3

Q

quand [kɑ̃] wenn, immer wenn → 8/2
quand est-ce que [kɑ̃tɛskə] wann → 5/3
quand même [kɑ̃mɛm] trotzdem, dennoch → 6/3
le **quart** [ləkaʀ] die Viertelstunde → 5/2; **et quart** [ekaʀ] Viertel nach → 5/2
le **quartier** [ləkaʀtje] das Viertel → 6/1
Quelle chance! [kɛlʃɑ̃s] Was für ein Glück! → 8/1
Qu'est-ce que ça veut dire? [kɛskəsavødiʀ] Was bedeutet das? → FEC 3
Qu'est-ce qu'il y a? [kɛskilja] Was gibt es? → 2/1
Qu'est-ce que ...? [kɛskə] Was ...? → 2/1
Qu'est-ce que tu fais? [kɛskətyfɛ] Was machst du? → 2/3
Qu'est-ce qu'il y a? [kɛskilja] Was ist los? → 2/3
Qu'est-ce qu'ils font? [kɛskilfɔ̃] Was machen sie? → 4/1
la **question** [lakɛstjɔ̃] die Frage → FEC 3
qui [ki] wer → 3/4
Qui fait quoi? [kifɛkwa] Wer macht was? → 7/2

R

le **rallye** [ləʀali] die Rallye → 5/3
la **randonnée** [laʀɑ̃dɔne] die Wanderung → 8/1
le **rap** [ləʀap] der Rap → FEC 2
la **recette** [laʀəsɛt] das (Koch-)Rezept → 7/2
la **récréation** [laʀekʀeasjɔ̃] die Pause → 1/3
regarder qn/qc [ʀəgaʀde] jdn/etw. ansehen → 1/3 *Konjugation S. 174*
la **règle** [laʀɛgl] das Lineal → FEC 1
la **rencontre** [laʀɑ̃kɔ̃tʀ] das Treffen → 4/2
la **rentrée** [laʀɑ̃tʀe] der Schuljahresbeginn → 1/1
rentrer (à la maison) [ʀɑ̃tʀe] nach Hause gehen → 2/3
répéter (qc) [ʀepete] (etw.) wiederholen, nachsprechen → FEC 2 *wie* préférer, *Konjugation S. 174*
rester [ʀeste] bleiben → 8/1
le **retour** [ləʀətuʀ] die Rückkehr → 5/3
retourner à [ʀətuʀnea] zurückkehren zu → 6/1
retrouver qn [ʀətʀuve] jdn treffen → 5/2
rêver [ʀɛve] träumen → 2/3
rigoler [ʀigɔle] lachen, Spaß haben/machen → 3/2
le **rock** [ləʀɔk] die Rockmusik → 4/2
la **rue** [laʀy] die Straße → 3/2

S

la **salade** [lasalad] der Salat → 7/3
la **salade de fruits** [lasaladəfʀɥi] der Obstsalat → 7/3
la **salle de bains** [lasaldəbɛ̃] das Badezimmer → 2/2
la **salle de classe** [lasaldəklas] der Klassenraum → 5/1
la **salle de permanence** [lasaldəpɛʀmanɑ̃s] der Aufenthaltsraum → 5/1
la **salle de séjour** [lasaldəseʒuʀ] das Wohnzimmer → 2/2
la **salle des profs** [lasaldepʀɔf] das Lehrerzimmer → 5/1
Salut! [saly] *fam.* Hallo! *auch:* Tschüss! → 1/1
sans [sɑ̃] ohne → 7/1
Sans blague! [sɑ̃blag] Kein Scherz? → 7/1
la **sauce** [lasos] die Soße → 6/2; la **sauce tomate** [lasostɔmat] die Tomatensoße → 6/2
le **secrétariat** [ləsəkʀetaʀja] das Sekretariat → 5/1
la **semaine** [lasəmɛn] die Woche →3/2
le **shampoing** [ləʃɑ̃pwɛ̃] das Shampoo → 2/2
si ça te dit [sisatədi] wenn du Lust hast→ FEC 3
s'il te plaît [siltəplɛ] bitte → 2/3

s'il vous plaît [silvuplɛ] bitte → FEC 2
le **singe** [ləsɛ̃ʒ] der Affe → 4/3
la **sixième** [lasizjɛm] die erste Jahrgangsstufe nach Beendigung der fünfjährigen Grundschule → 1/2
le **skate(-board)** [ləskɛt(bɔʀd)] das Skateboard → 6/1
le **sketch** / ! **les sketches** [ləskɛtʃ / leskɛtʃ] der Sketch → 7/2
le **ski** [ləski] der Ski, das Skifahren → 4/1
la **sœur** [lasœʀ] die Schwester → 3/1
le **soir** [ləswaʀ] der Abend, abends → 5/2
le **soleil** [ləsɔlɛj] die Sonne → 8/2
souffler qc [sufle] etw. ausblasen → 7/3
sous [su] unter → 2/2
le **souvenir** [ləsuvəniʀ] die Erinnerung → 8/2
souvent [suvɑ̃] oft → 5/2
les **spaghettis** [lespageti] *m. pl.* die Spaghetti → 5/2
le **sport** [ləspɔʀ] der Sport → 4/1
le **stade** [ləstad] das Stadion → 6/3
le **stage** [ləstaʒ] der Ferienkurs → 8/2
le **stylo** [ləstilo] der Kugelschreiber → FEC 1
le **sucre** [ləsykʀ] der Zucker → 7/2
la **Suisse** [lasɥis] die Schweiz → 8/1
super [sypɛʀ] *fam.* super, toll → 1/1
le **supermarché** [ləsypɛʀmaʀʃe] der Supermarkt → 6/3
sur [syʀ] auf → 2/2; über → 5/3
surfer sur Internet [sœʀfesyʀɛ̃tɛʀnɛt] im Internet surfen → 3/4
la **surprise** [lasyʀpʀiz] die Überraschung → 7/2; **faire une surprise à qn** [fɛʀynsyʀpʀiza] jdn überraschen → 7/2
le **surveillant** / la **surveillante** [ləsyʀvɛjɑ̃/lasyʀvɛjɑ̃t] die Aufsichtsperson → 1/3
les **SVT (= les sciences de la vie et de la Terre)** [leɛsvete] *f. pl.* Biologie *Schulfach* → 5/2
sympa [sɛ̃pa] *fam.* nett, sympathisch → 3/3

T

la **table** [latabl] der Tisch → 2/1
le **tableau** / ! **les tableaux** [lətablo / letablo] die (Schul-)Tafel → FEC 2
la **tablette de chocolat** [latablɛtdəʃɔkɔla] die Tafel Schokolade → 7/2
le **taboulé** [lətabule] das Taboulé → 6/2
la **tante** [latɑ̃t] die Tante → 3/1
tard [taʀ] spät → 3/2
la **télé** [latele] *fam.* der Fernseher → 2/2
la **télécommande** [latelekɔmɑ̃d] die Fernbedienung → 2/2
téléphoner [telefɔne] telefonieren → 2/3
la **télévision franco-allemande** [latelevizjɔ̃fʀɑ̃koalmɑ̃d] *adj.* der deutsch-französische Fernsehsender → 6/1
le **temps** [lətɑ̃] das Wetter → 8/2, die Zeit → FEC 3; **Tu as le temps aujourd'hui?** [tyalətɑ̃oʒuʀdɥi] Hast du heute Zeit? → FEC 3
le **tennis** [lətenis] das Tennis, das Tennisspielen → 4/1
la **tente** [latɑ̃t] das Zelt → 8/2
le **texte** [lətɛkst] der Text → FEC 2
le **théâtre** [ləteɑtʀ] das Theater → 4/1
les **toilettes** [letwalɛt] *f. pl.* die Toilette → 5/1
la **tomate** [latɔmat] die Tomate → 6/2
la **tortue** [latɔʀty] die Schildkröte → 3/4
tôt [to] früh → 3/2
toujours [tuʒuʀ] immer → 2/3
le/la **touriste** [lə/latuʀist] der/die Tourist/in → 6/3
touristique [tuʀistik] *adj.* touristisch → 6/1
tout [tu] alles → 3/3
tout le monde [tulmɔ̃d] alle → FEC 2
tout près [tupʀɛ] ganz nah, ganz in der Nähe → 3/2
le **tram** [lətʀam] die Straßenbahn → 7/1
tranquille [tʀɑ̃kil] *adj.* ruhig → 4/3
le **travail** [lətʀavaj] die Arbeit → 3/3
travailler [tʀavaje] arbeiten, lernen → 2/3; **On travaille ensemble?** [ɔ̃tʀavajɑ̃sɑ̃bl] Wollen wir zusammen arbeiten? → FEC 3
très [tʀɛ] sehr → 1/2
trop [tʀo] zu, zu sehr, zu viel → FEC 2
trop bon [tʀobɔ̃] *fam.* voll lecker → 6/2
trop de [tʀodə] zu viel → 6/3
trouver qc [tʀuve] etw. finden → 7/2
le **truc** [lətʀyk] das Ding → 4/2
Tu m'énerves. [tymenɛʀv] Du nervst. → 2/3
Tu me passes ...? [tyməpas] Reichst du mir ...? → 6/2
tu t'appelles [tytapɛl] du heißt → 1/2

U

un peu [ɛ̃pø] ein bisschen → 6/3
un tas de [ɛ̃tadə] eine Menge, ein Haufen → 8/2

V

les **vacances** [levakɑ̃s] *f. pl.* die Ferien → 3/3
le **vélo** [ləvelo] das Fahrrad → 4/2
vers [vɛʀ] gegen *zeitlich* → 5/3
la **vie** [lavi] das Leben → 7/3
le **village** [ləvilaʒ] das Dorf → 6/3
la **ville** [lavil] die Stadt → 6/1
la **visite** [lavizit] die Besichtigung → 5/3
visiter qc [vizite] etw. besichtigen → 5/3
la **vitamine** [lavitamin] das Vitamin → 3/2
vite [vit] schnell → FEC 2
Vive la vie! [vivlavi] Es lebe das Leben! → 7/3; **Vive ...** [viv] Es lebe ... / Es leben ... → 7/3
voilà [vwala] das ist → 1/2; **La voilà.** [lavwala] Da ist sie. → 7/2
vouloir qc/+ inf. [vulwaʀ] etw. wollen → 4/3 *Konjugation, S. 175*
je voudrais [ʒəvudʀɛ] ich möchte gern, ich hätte gern → 3/4
le **VTT (= le vélo tout-terrain)** [ləvetete/ləvelotuteʀɛ̃] das Mountainbike → 8/2

W

le **week-end** [ləwikɛnd] das Wochenende, am Wochenende → 3/2

Z

Zut! [zyt] *fam.* Mist! → 6/2

Hier findest du alle Wörter, die du in *À plus! 1* lernst.
Denke daran, bei den französischen Nomen das richtige Geschlecht zu verwenden.
Die Angabe hinter dem Pfeil verweist dich auf die *Unité* und das *Volet*, in der die Vokabel neu eingeführt wird.
Falls du nicht mehr sicher bist, wie man das Wort verwendet, lies den Beispielsatz in der Wortliste der jeweiligen *Unité*.

A

Abend, abends le soir → 5/2
aber mais → 3/2
aber sicher bien sûr → 7/2
Abfahrt le départ → 5/3
abholen: Wir holen ihn ab. On passe le chercher. → 4/3
Ach doch! Oh si! → 5/3
Affe le singe → 4/3
äh euh → 1/2, ben → 3/2
alle tout le monde → FEC 2
Allee l'avenue *f.* → 3/2
Allergie l'allergie *f.* → 3/4
alles tout → 3/3; **Das ist alles.** C'est tout. → 3/3
als comme → 6/2
also alors → 1/2
alt: so ~ sein wie jd avoir l'âge de qn → 3/4
Alter l'âge *m.* → 3/4
am See (-ufer) au bord du lac → 8/1
an diesem Wochenende ce week-end → 4/3
Ananas l'ananas *m.* → 7/3
anhören (jdn/etw.) écouter qn/qc → 2/3
ankommen arriver → 5/3
Ankunft l'arrivée *f.* → 5/3
anrufen (jdn) appeler qn → 4/3
ansehen (jdn/etw.) regarder qn/qc → 1/3
Apfel la pomme → 7/3
April avril → 6/1
Arbeit le travail → 3/3
arbeiten travailler → 2/3; **Wollen wir zusammen arbeiten?** On travaille ensemble? → FEC 3
arbeitslos au chômage → 3/3
auch aussi → 1/3
auf sur → 2/2; **auf Französich / auf Deutsch** en français / en allemand → FEC 1
zählen (auf jdn) compter sur qn → 7/1
Auf Wiedersehen! Au revoir! → 1/1
Aufenthaltsraum la (salle de) permanence → 5/1; **im Aufenthaltsraum** en permanence → 5/1
aufpassen (auf jdn) garder qn → 3/2
aufschreiben (etw.) noter (qc) → 5/3; **Wer schreibt (das auf)?** Qui note? → FEC 3
Aufsichtsperson le surveillant / la surveillante → 1/3
Augenblick le moment → 7/3
aus de → 1/2
ausblasen (etw.) souffler qc → 7/3
Ausflug la balade → 4/3
ausleihen (etw.) emprunter qc → 5/1
außerdem et puis → 4/3, en plus → 5/3
Austauschpartner/in le correspondant / la correspondante, le/la corres *fam.* → 5/3

B

Bäckerei la boulangerie → 6/3
Badezimmer la salle de bains → 2/2
bald bientôt → 4/3
Banane la banane → 6/2
Band le groupe → 4/2
Bar le bar → 3/2
beginnen commencer → 6/1
begleiten (jdn) accompagner qn → 7/2
bei chez → 2/1, près de → 3/2
bei mir (zu Hause) chez moi → 2/1
beobachten (jdn/etw.) observer qn/qc → 8/2
Berg la montagne → 4/3; **in den Bergen** en montagne → 8/1
besichtigen (etw.) visiter qc → 5/3
Besichtigung la visite → 5/3
Bett le lit → 2/1
bevorzugen (jdn/etw./+Inf.) préférer qn/qc /+ inf. → 4/2
Bild la photo → 2/1
Biologie les SVT (= les sciences de la vie et de la Terre) *f. pl.* → 5/2
Birne la poire → 7/3
bis jusqu'à → 5/2; **Bis bald!** À bientôt! → 8/2; **Bis morgen!** À demain! → 1/1; **Bis später!** À plus! *fam.* → 1/1
bitte s'il te plaît → 2/3, s'il vous plaît → FEC 2
Bitte (schön) Voilà! → 6/2
bleiben rester → 8/1
Bleistift le crayon → FEC 1
blöd bête *adj.* → 3/4
Bonbon le bonbon → 7/3
Boot le bateau / ! les bateaux → 5/3;
Bootsfahrt la balade en bateau → 5/3
Brezel le bretzel → 7/3
Brot le pain → 6/2
Brücke le pont → 6/1
Bruder le frère → 3/1
Buch le livre → FEC 2, → 2/1
Buchhandlung la librairie → 7/2
Buffet le buffet → 7/3
Buntstift le crayon de couleur → FEC 1
Büro le bureau / ! les bureaux → 3/4
Butter le beurre → 7/2

C

Café le café → 6/3
CD le CD / ! les CD → 2/1
Charakter: einen fiesen Charakter haben avoir un caractère de chien *fam.* → 3/4
chatten chatter → 2/3
Cocktail le cocktail → 7/3
Comic la bédé / B.D. / ! les B.D. → 2/1
Computer l'ordinateur *m.* → 2/1
cool cool *adj. fam.* → 1/3
Cousin/e le cousin / la cousine → 3/1

D

da là → 1/2; **Da ist sie.** La voilà. → 7/2
dafür sein être pour → 3/4
dagegen sein être contre (qc) → 3/4
danach après → 5/2
danke merci → 2/3

dann ensuite, puis → 7/3
Darf ich ...? Est-ce que je peux + inf. → FEC 3
Das bedeutet ... Ça veut dire → FEC 3
Das bin ich. C'est moi. → 1/2
das ist c'est → 1/2; voilà → 1/2
Das ist der Horror! C'est l'horreur! → 3/3
Das ist klasse! C'est trop cool! *fam.* → 1/3
Das ist nicht mein Ding. Ce n'est pas mon truc. *fam.* → 4/2
das sind ce sont → 3/1
dennoch quand même → 6/3
Deutsch l'allemand *m.* → 4/2
Deutscher/Deutsche l'Allemand / l'Allemande *m./f.* → 6/2
Deutschland l'Allemagne *f.* → 3/2
Ding le truc → 4/2
Dokumentalist/in le/la documentaliste → 5/1
Dom la cathédrale → 6/3
Dorf le village → 6/3
dort là-bas → 5/3
Du nervst. Tu m'énerves. → 2/3
dumm bête *m./f. adj.* → 3/4
dürfen: etw. tun ~ pouvoir + inf. → 4/3
Durst haben avoir soif → 6/2
DVD le DVD / ! les DVD → 4/2

E

Ecke le coin → 2/1
Ei l'œuf *m.* → 7/2
ein bisschen un peu → 6/3
Einkäufe les courses *f. pl.* → 7/2
einkaufen faire les courses → 7/2
Einkaufszentrum le centre commercial → 6/3
einladen inviter qn → 4/3; **einladen (jdn zu etw.)** inviter qn à qc → 7/1
Einladung l'invitation *f.* → 7/1
einsteigen (in etw.) monter dans qc → 6/1
einverstanden d'accord → FEC 3, d'accord → 2/3; **sich über etw. einig sein** être d'accord sur qc → 5/3
Eltern les parents *m. pl.* → 3/1
Englisch l'anglais *m.* → 5/2
er sagt, dass il dit, que → 7/3
Erdbeere la fraise → 7/3
Erinnerung le souvenir → 8/2
erster/erste/erstes premier/première → 7/1
es gibt il y a → 2/1
Es ist kalt. Il fait froid. → 8/2
Es ist warm/heiß. Il fait chaud. → 8/2
Es kommt darauf an. Ça dépend. → 5/1
Es lebe das Leben! Vive la vie! → 7/3
es lebe ... vive ... → 7/3
Es regnet. Il pleut. → 8/2
essen manger → 5/2
Euro l'euro *m.* → 7/2

F

fahren (durch etw.) passer par qc → 6/1
Fahrrad le vélo → 4/2
Familie la famille → 3/1
Fan le/la fan → 4/2; **ein Fan von jdm/etw. sein** être fan de qn/qc → 4/2
Feier la fête → 7/1
feiern (etw.) fêter qc → 8/2
Felsbucht la calanque → 8/2
Fenster la fenêtre → FEC 2
Ferien les vacances *f. pl.* → 3/3
Ferienkurs le stage → 8/2
Fernbedienung la télécommande → 2/2
Fernglas les jumelles *f. pl.* → 8/2
Fernseher la télé *fam.* → 2/2
Fernsehsender: der deutsch-französische ~ la télévision franco-allemande → 6/1
fertig prêt/prête *adj.* → 7/3
Feuerwerk le feu d'artifice → 8/2
Figur la figurine → 2/1
finden (etw.) trouver qc → 7/2
Fisch le poisson → 3/4
Flasche la bouteille → 7/2
Flöte la flûte → 4/1
Flöte spielen faire de la flûte → 4/1
Flur le couloir → 2/2
Fossil le fossile → 5/3
Foto la photo → 2/1
fotografieren (etw.) prendre en photo qc → 8/2
Frage la question → FEC 3
fragen (jdn nach etw.) demander (qc) à qn → 4/3
Franzose/Französin le Français / la Française → 6/2
Französisch le français → 1/2
Französischlehrer/in le/la professeur de français → 1/2
Frau Madame/Mme → 1/1, la femme → 3/3, la dame → 6/3
Fräulein Mademoiselle/Mlle → 8/2
Freiheit la liberté → 4/3; **in Freiheit** en liberté → 4/3
Freizeitaktivität l'acivité *f.* → 4/1
Freund/in l'ami / l'amie *m./f.* → 1/3, le copain / la copine → 2/3
Frucht le fruit → 3/2
Fruchtsaft le jus de fruits → 3/2
früh tôt → 3/2
für pour → 3/3; **für jdn/etw. sein** être pour qn/qc → 3/4; **für ... Euro** à ... euro(s) → 7/2
Fußball le foot(ball) → 4/1; **Fußball spielen** faire du foot → 4/1

G

Geburtstag l'anniversaire *m.* → 7/1; **Herzlichen Glückwunsch zum Geburtstag!** Joyeux anniversaire! → 7/3
gegen *zeitlich* vers → 5/3; **gegen jdn/etw. sein** être contre qn/qc → 3/4
gegenüber en face de → 6/3
gehen aller → 5/2; **Es geht (mir) gut.** Ça va. → 1/1; **Geht klar.** Ça marche. *fam.* → 4/3; **Wie geht's?** Ça va? → 1/1
Geld l'argent *m.* → 7/2
genial génial/géniale *adj. fam.* → 8/2
genug assez de → 6/3
Geographie la géo *fam.* → 2/1
Geschafft! Ça y est! *fam.* → 8/2
Geschäft le magasin → 6/3
Geschenk le cadeau / ! les cadeaux → 7/2
geschlossen fermé/fermée *adj.* → 5/3
geschwätzig bavard/bavarde *adj.* → 3/4
Geschwister les frères et sœurs *m. pl.* → 3/3; **Ich habe keine Geschwister.** Je n'ai pas de frères et sœurs. → 3/3
getrennt sein être séparé → 3/3
Gibst du mir ...? Tu me passes ...? → 6/2
Gitarre la guitare → 2/1; **Gitarre spielen** faire de la guitare → 4/1
Globus le globe → 2/1
glücklich content/contente *adj.* → 7/3
groß grand/grande *adj.* → 6/3
Großeltern les grands-parents *m. pl.* → 3/1
Großmutter la grand-mère → 3/1
Großvater le grand-père → 3/1
Gruppe le groupe → 4/2
gut bien → 1/2; bon/bonne *adj.* → 1/3; **gut in etw. sein** être bon/bonne en → 5/2
Gute Idee! Bonne idée! → 4/3

Guten Appetit! Bon appétit! → 6/2
Guten Morgen! Bonjour! → 1/1
Guten Tag! Bonjour! → 1/1

H

haben avoir → 3/3
halb demi/demie *adj.* → 5/2
Hallo? Allô! → 4/3
Hallo! Salut! *fam.* → 1/1
Hamster le hamster → 3/3
Handy le portable → 7/1
Hängematte le hamac → 2/1
hassen (etw./jdn) / es hassen, etw. zu tun détester qc/qn/+ inf. → 4/2
hässlich moche *adj.* → 3/4
Haufen un tas de → 8/2
Hauptgericht le plat → 6/2
Haus la maison → 2/1
Hausaufgaben les devoirs *m. pl.* → 2/3; **Ich habe meine Hausaufgaben nicht dabei.** Je n'ai pas mes devoirs. → FEC 3
Heft le cahier → FEC 1
heißen: ich heiße je m'appelle → 1/2; **du heißt** tu t'appelles → 1/2; **er/sie heißt** il/elle s'appelle → 1/3
helfen (jdm) aider qn → 7/2
Herr Monsieur/M. → 1/1
heute aujourd'hui → FEC 3
heute Nachmittag cet après-midi → 5/2
hier là → 1/2, ici → 7/2
hinter derrière → 2/2
Hobby le hobby → 4/2
hören (jdn/etw.) entendre qn/qc → 7/3
hübsch joli/jolie *adj.* → 3/4
Hund le chien → 3/4
hundert cent → 7/1
Hunger haben avoir faim → 6/2

I

ich moi → 1/2; **Doch, ich schon.** Moi si. → 4/2; **Ich auch nicht.** Moi non plus. → 4/2
Ich bin's. C'est moi. → 1/2
Ich lade dich ein. Je t'invite. → 4/3
Ich verstehe (es) nicht. Je ne comprends pas. → FEC 2
Ich weiß es nicht. Je ne sais pas. → FEC 1, → 1/3
Ich zähle auf dich. Je compte sur toi. → 4/3
Idee l'idée *f.* → 4/3
im en → 7/1; **im Winter** en hiver → 4/1
immer toujours → 2/3
in à, dans → 1/3, en → 3/2
in der Nähe tout près → 3/2; **in der Nähe (von)** près de → 3/2
In Ordnung? Ça va? → 4/3
Information l'information *f.* → 2/3
intelligent intelligent/intelligente *adj.* → 3/4
interessant intéressant/intéressante *adj.* → 5/2
Internet Internet *m.* → 2/3; **im Internet surfen** surfer sur Internet → 3/4
Interview l'interview *f.* → 6/3

J

ja oui → 1/2
Ja, bitte? Allô! → 4/3
Jahr l'an *m.* → 3/3
Januar janvier → 7/1
jetzt maintenant → 2/3
Jugendliche le/la jeune → 6/3
Junge le garçon → 1/3

K

Kaninchen le lapin → 3/4
Kantine la cantine → 5/1
Karte la carte → 2/3
Kartoffelchips les chips *f. pl.* → 7/3
Kathedrale la cathédrale → 6/3
Katze le chat → 3/4
kaufen (etw.) acheter qc → 7/2
kein ne … pas de → 6/3
kein … mehr ne … plus de → 6/3
Kein Scherz? Sans blague! → 7/1
Keks le biscuit → 2/2
Kerze la bougie → 7/3
Kilo le kilo → 7/2
Kind l'enfant *m./f.* → 3/3
Kino le cinéma → 4/2, le ciné *fam.* → 6/3
Klasse la classe → 1/2; **in der siebten Klasse** en cinquième → 1/3; **siebte Klasse** la cinquième → 1/3
Klassenraum la salle de classe → 5/1
klein petit/petite *adj.* → 6/3
Kochrezept la recette → 7/2
komponieren (etw.) composer qc → 7/2
können (etw. tun ~) pouvoir + inf. → 4/3
kosten coûter → 7/2
Krankenpfleger/in l'infirmier/l'infirmière *m./f.* → 5/1
Krankenstation l'infirmerie *f.* → 5/1
Küche la cuisine → 2/2
Kuchen le gâteau / ! les gâteaux → 6/2
Kugelschreiber le stylo → FEC 1
Kuss, Küsschen la bise → 5/2

L

lachen rigoler → 3/2
Lampe la lampe → 2/1
lästig pénible *adj.* → 3/2
Leben la vie → 7/3
Leberpastete la pâté → 6/2
Lehrer/in le/la professeur → 1/2, le/la prof *fam.* → 4/2
Lehrerzimmer la salle des profs → 5/1
Leichtathletik l'athlétisme *m.* → 4/1; **Leichtathletik treiben** faire de l'athlétisme → 4/1
lernen travailler (= apprendre qc) → 2/3
Lektüre la lecture → 4/2
liebe Grüße grosses bises *f. pl.* → 5/2, Je t'embrasse. → 8/2
liebe/r cher/chère *adj.* → 5/2
lieben (sehr) / es lieben, etw. zu tun adorer qc/qn/+ inf. → 4/2
lieber mögen (jdn/etw./+Inf.) préférer qn/qc /+ inf. → 4/2
Lieblings- préféré/préférée *adj.* → 4/2
Lied la chanson → 7/2; **zu dem Lied tanzen** danser sur la chanson → 7/3
Lineal la règle → FEC 1
links à gauche → 2/2
Liste la liste → 7/2
Los geht's! On y va! → FEC 2
lustig drôle *f./m. adj.* → 6/3

M

machen (etw. weiter ~) continuer (qc) → FEC 2; **machen (etw.)** faire qc → 4/1
Mädchen la fille → 1/3
Mail le mail → 5/2
Mama maman *f.* → 2/2
Man sagt … On dit … → FEC 1
Man schreibt … On écrit … → FEC 1
Manga le manga → 7/1
Mathe les maths *f. pl. fam.* → 5/2
Meer la mer → 8/2
Meerschweinchen le cochon d'Inde → 3/4
Mehl la farine → 7/2
Menge un tas de → 8/2
Menü le menu → 6/2
mies nul/nulle *adj.* → 5/2
Milch le lait → 7/2
Mini-Stereoanlage la minichaîne → 2/1
Mist! Zut! *fam.* → 6/2

mit avec → 1/2; **mit dem Reisebus** en car → 5/3; **mit Verspätung** en retard → 7/3
mitbringen (etw.) apporter qc → 7/2
Mittagessen le déjeuner → 5/3
mittags à midi → 5/2
Mittelalter le Moyen-Âge → 6/1
mögen (jdn/etw.) aimer qn/qc → 4/2; **gern mögen (jdn/etw.), es mögen, etw. zu tun** aimer bien qn/qc/+ inf. → 4/2; **ich möchte gern** je voudrais → 3/4
Moment le moment → 7/3; **im Moment** en ce moment → 5/3
Monat le mois → 6/3
Montag lundi *m.* → FEC 3
morgen demain → 5/2
Morgen, morgens le matin → 5/2
Mountainbike le VTT → 8/2
Museum le musée → 5/3
Musik la musique → 2/1; **klassische Musik** la musique classique → 4/2
Musikecke le coin musique → 2/1
musizieren faire de la musique → 4/1
Mutter la mère → 3/1

N

na ja bof *fam.* → 1/1, ben → 3/2
nach après → 2/3
nach Hause gehen rentrer (à la maison) → 2/3
Nachmittag, am Nachmittag l'après-midi *m.* → 5/2
Nachspeise le dessert → 6/2
nachsprechen (etw.) répéter (qc) → FEC 2
Nacht, nachts la nuit → 8/2
Natur la nature → 4/2
neben à côté de qc → 6/1
nehmen (etw.) prendre qc → 6/2
nein non → 1/2;
nerven: er/sie nervt il/elle m'énerve → 3/2; **sie nerven** ils/elles m'énervent → 3/3
nett sympa *fam.* → 3/3
neu nouveau/nouvelle *adj.* → 1/3
nicht ne ... pas → 4/2; **Nicht jetzt.** Pas maintenant. → 2/3; **nicht mehr** ne ... plus → 6/2; **nicht schlecht** pas mal → 1/3; **nicht so (sehr/gern)** ne ... pas trop → 4/3; **Nicht wahr?** Non? *fam.* → 1/2
niedlich adorable *adj.* → 3/4
Niete: eine ~ sein in être nul/nulle en → 5/2

noch encore → 2/1; **noch einmal** encore une fois → FEC 2
notieren (etw.) noter (qc) → 5/3

O

Obst le fruit → 3/2
Obstsalat la salade de fruits → 7/3
oder ou → 1/3
offen ouvert/ouverte *adj.* → 5/1
oft souvent → 5/2
ohne sans → 7/1
Oma mamie *f.* → 5/2
Onkel l'oncle *m.* → 3/1
Opa papi *m.* → 5/2
Orange l'orange *f.* → 7/3
Ordner le classeur → FEC 1
Ort l'endroit *m.* → 5/1

P

Packung le paquet → 7/2
Papa papa *m.* → 2/2
Papier le papier → FEC 1
Park le parc → 4/3
Pause la récréation → 1/3
Pferd le cheval / ! les chevaux → 8/2
Platz la place → 6/1
Poster le poster → 2/1
Postkarte la carte → 8/2
praktisch pratique *adj.* → 3/2
Prinzessin für einen Tag la princesse d'un jour → 8/2
Problem le problème → 3/3
Programm le programme → 5/3
pünktlich à l'heure → 7/3

R

Rad fahren faire du vélo → 4/2
Rallye le rallye → 5/3
Rap le rap → FEC 2
rechts à droite → 2/2
Regal l'étagère *f.* → 2/1
Reichst du mir ...? Tu me passes ...? → 6/2
Reisebus le car → 5/3
richtig: Ist das ~? C'est juste? → FEC 3
Rockmusik le rock → 4/2
Rückkehr le retour → 5/3
Rudern l'aviron *m.* → 4/2
rudern faire de l'aviron → 4/2
ruhig tranquille *adj.* → 4/3
Runde Karten la partie de cartes → 2/3

S

Sache la chose → 6/3
Saftbar le bar à jus de fruits → 3/2
Salat la salade → 7/3
sammeln (etw.) collectionner qc → 7/2
Sammlung la collection → 2/1
Sänger/in le chanteur / la chanteuse → 4/2
Satz la phrase → FEC 2
Scherz la blague → 7/1
Schiff le bateau / ! les bateaux → 5/3
Schildkröte la tortue → 3/4
Schlafzimmer la chambre → 2/1
Schlagzeug les percussions *f. pl.* → 4/1; **Schlagzeug spielen** faire des percussions → 4/1
schlecht nul/nulle *adj.* → 5/2; **schlecht (in etw.) sein** être nul/nulle en → 5/2
schließen (etw.) fermer (qc) → FEC 2
Schloss le château / ! les châteaux → 8/2
Schlüssel la clé → 2/2
schmecken: Das schmeckt gut. C'est bon. → 6/2
schnell vite → FEC 2, → 3/2
Schokolade le chocolat → 5/3
Schokoladenkuchen le gâteau au chocolat → 6/2
Schrank l'armoire *f.* → 2/1
Schreibtisch le bureau / ! les bureaux → 3/4
schreien crier → 3/3
Schulbetreuer/in le/la CPE → 5/1
Schulbibliothek le CDI → 5/1
Schule l'école *f.* → 1/3
Schüler/in l'élève *m./f.* → 1/3
Schulfach la matière → 5/2
Schulhof la cour → 1/3
schwarz noir/noire *adj.* → 7/2
Schweiz la Suisse → 8/1
Schwester la sœur → 3/1
Schwimmbad la piscine → 6/3
schwimmen nager → 8/2
Sechste (Klasse) la sixième → 1/2
See la mer → 8/2, le lac → 8/1
sehr très → 1/2
sein être → 1/2
seit Monaten depuis des mois → 6/3
Sekretariat le secrétariat → 5/1
Sekundarstufe 1 le collège → 5/1
Senf la moutarde → 6/2
Shampoo le shampoing → 2/2

singen chanter → FEC 2, → 2/3
Skateboard le skate(-board) → 6/1
Sketch le sketch / **!** les sketches → 7/2
Ski le ski → 4/1; **Ski fahren** faire du ski → 4/1
Sohn le fils → 3/1
Sommer l'été *m.* → 8/2
Sonne le soleil → 8/2
Soße la sauce → 6/2
Spaghetti les spaghettis *m. pl.* → 5/2
Spaß haben rigoler → 3/2
spaßig drôle *f./m. adj.* → 6/3
spät tard → 3/2; **zu spät** en retard → 7/3
Spaziergang la balade → 4/3
Speisesaal la cantine → 5/1
Spiel le jeu / **!** les jeux → 7/3
spielen (mit jdm) jouer (avec qn) → 2/3
Sport le sport → 4/1; **Sport treiben** faire du sport → 4/1
Sportunterricht l'EPS *f.* → 5/1
sprechen parler → FEC 2; **sprechen (mit jdm)** parler à qn → 6/3; **sprechen (über etw.)** parler de qc → 7/2; **Sprich lauter!** Parle plus fort! → FEC 3
Stadion le stade → 6/3
Stadt la ville → 6/1
Stadtzentrum le centre-ville → 5/3
Stein la pierre → 2/1
Stiefmutter la belle-mère → 3/3
Stiefvater le beau-père → 3/3
Stimmt das? C'est juste? → FEC 3
Stimmung l'ambiance *f.* → 7/3
Strand la plage → 8/1
Straße la rue → 3/2
Straßenbahn le tram → 7/1
Stuhl la chaise → 2/1
Stunde l'heure *f.* → 4/3
Stundenplan l'emploi du temps *m.* → 5/2
suchen chercher → 2/3
super super *fam.* → 1/1
Supermarkt le supermarché → 6/3
surfen surfer sur Internet → 3/4
süß adorable *adj.* → 3/4
sympathisch sympa *adj. fam.* → 3/3

T

Taboulé le taboulé → 6/2
Tafel le tableau / **!** les tableaux → FEC 2
Tafel Schokolade la tablette de chocolat → 7/2
Tag le jour → 7/3, la journée → 5/1; **Tag der offenen Tür** la journée portes ouvertes → 5/1
Tante la tante → 3/1
Tanz la danse → 4/1
tanzen danser → 7/3, faire de la danse → 4/1;
telefonieren téléphoner → 2/3
Tennis le tennis → 4/1; **Tennis spielen** faire du tennis → 4/1
Test l'interro *f. fam.* → 5/2
teuer cher/chère *adj.* → 7/2
Text le texte → FEC 2
Theater le théâtre → 4/1; **Theater spielen** faire du théâtre → 4/1
Tier l'animal / **!** les animaux *m.* → 3/4
Tintenkiller l'effaceur *m.* → FEC 1
Tisch la table → 2/1
Tochter la fille → 3/1
Toilette les toilettes *f. pl.* → 5/1
toll super *fam.* → 1/1, génial/géniale *adj. fam.* → 8/2
Tomate la tomate → 6/2
Tomatensoße la sauce tomate → 6/2
Tourist/in le/la touriste → 6/3
touristisch touristique *adj.* → 6/1
träumen rêver → 2/3
Treffen la rencontre → 4/2
treffen (jdn) retrouver qn → 5/2
trommeln faire des percussions → 4/1
trotzdem quand même → 6/3
Hallo! Salut! *fam.* → 1/1
tun (etw.) faire qc → 4/1
Tür la porte → FEC 2
Turnhalle le gymnase → 5/1

U

über sur →5/3
überall partout → 2/1
überraschen (jdn) faire une surprise à qn → 7/2
Überraschung la surprise → 7/2
Übung l'exercice *m.* → FEC 3
Um wie viel Uhr? À quelle heure? → 4/3; **um ... Uhr** à ... heure(s) → 5/2
umarmen (jdn) embrasser qn → 8/2
und et → 1/1
unter sous → 2/2
Unterricht le cours → 5/2; **Ich habe keinen Unterricht.** Je n'ai pas cours. → 5/2
Urgroßmutter l'arrière-grand-mère *f.* → 3/1

V

Vater le père → 3/1
verbringen passer → 3/3
verstehen (jdn/etw.) comprendre (qn/qc) → 6/2
Verzeihung pardon → 1/2
Videospiel le jeu vidéo → 7/3
viel beaucoup → 3/3
viele beaucoup de → 6/3
viele Leute beaucoup de monde → 8/2
Viertel le quartier → 6/1
Viertelstunde le quart → 5/2; **Viertel nach** et quart → 5/2; **Viertel vor** moins le quart → 5/2
Vitamin la vitamine → 3/2
voll lecker trop bon *fam.* → 6/2
von de → 1/2
von ... bis ... de ... à ... → 5/2
vor devant → 2/2, **vor** *zeitlich* avant → 5/3
vorbeikommen (bei jdm) passer (chez qn) → 4/3
vorbereiten (etw.) préparer qc → 4/2
Vorspeise l'entrée *f.* → 6/2
vorstellen (jdn/etw.) présenter qn/qc → 5/1

W

während pendant → 3/2
Wanderung la randonnée → 8/1
Wandschrank le placard → 2/2
wann quand est-ce que → 5/3
Warte! Attends! → 7/2
warten (auf jdn/etw.) attendre qn/qc → 7/3
warum pourquoi → 5/2
Was bedeutet das? Qu'est-ce que ça veut dire? → FEC 3; **Was gibt es?** Qu'est-ce qu'il y a? → 2/1; **Was ist los?** Qu'est-ce qu'il y a? → 2/3
Wer macht was? Qui fait quoi? → 7/2
Was ...? Qu'est-ce que ...? → 2/1
Was für ein Glück! Quelle chance! → 8/1
Was machen sie? Qu'est-ce qu'ils font? → 4/1
Wasser l'eau *f.* → 6/2
weil parce que → 5/2
weit (weg) loin → 3/2; **weit entfernt von** loin de → 6/3
Wellensittich la perruche → 3/4
wenn, immer wenn quand → 8/2
Wer fängt an? Qui commence? → FEC 3;
Wer macht was? Qui fait quoi? → 7/2

wer qui → 3/4
Wettbewerb le concours → 3/4
Wetter le temps → 8/2; **Es ist schönes Wetter.** Il fait beau. → 8/2
wie comme → 6/3, comment → 1/3
Wie alt ist er/sie? Il/Elle a quel âge? → 3/4
Wie geht's? Comment ça va? → 3/3
Wie sagt man …? Comment est-ce qu'on dit …? → FEC 1
Wie schreibt man …? Comment est-ce qu'on écrit …? → FEC 1
wie viel combien → 7/2
wiederholen (etw.) répéter (qc) → FEC 2
Winter l'hiver *m.* → 4/1
wo où → 2/2; *(Relativpronomen)* → 8/2
Woche la semaine → 3/2
Wochenende, am Wochenende le week-end → 3/2
wohin où est-ce que → 5/3
wohnen habiter → 3/2
Wohnung l'appartement *m.* → 2/2
Wohnzimmer la salle de séjour → 2/2
wenn du Lust hast si ça te dit → FEC 3;
wollen (etw.) / etw. tun wollen vouloir qc/+ inf. → 4/3
Workshop l'atelier *m.* → 5/3
Wort le mot → FEC 2

Z

Zeichnen le dessin → 4/2
Zeichnung le dessin → 4/2
Zeit le temps → FEC 3; **Hast du heute Zeit?** Tu as le temps aujourd'hui?, Tu es libre aujourd'hui? → FEC 3
Zelt la tente → 8/2
Zelten le camping → 8/1
zelten faire du camping → 8/1
Zentrum le centre → 6/3
ziemlich assez → 6/1
zu / zu sehr / zu viel trop → FEC 2
zu Fuß à pied → 6/3
zu Hause à la maison → 2/1
zu viel trop de → 6/3
Zucker le sucre → 7/2
zuerst d'abord → 5/3
zufrieden content/contente *adj.* → 7/3
zuhören (jdm/etw.) écouter qn/qc → 2/3
zumachen (etw.) fermer (qc) → FEC 2
zurückkehren (zu/nach) retourner à → 6/1
zurzeit en ce moment → 5/3
zusammen ensemble → 1/3
zwischen entre → 2/2

Glossaire | Glossar – Übungsanweisungen

Diese Anweisungen kommen immer wieder im Buch vor. Du kannst sie wie Vokabeln lernen, dann findest du dich in den Übungen schnell zurecht.

À toi! / À vous!	Du bist dran! / Ihr seid dran!
Choisissez (un des dialogues).	Wählt (einen der Dialoge) aus.
A/B commence.	A/B fängt an.
Compare (avec ton/ta partenaire).	Vergleiche (mit deinem Partner / deiner Partnerin).
Complète (les phrases / par les formes du verbe ...).	Ergänze (die Sätze / mit den Verbformen von ...).
Corrige (tes réponses).	Korrigiere (deine Antworten).
Décris (le dessin).	Beschreibe (das Bild).
Écoute (le dialogue).	Hör zu. / Hör dir (den Dialog) an.
Écris (les phrases / dans ton cahier).	Schreibe (die Sätze / in dein Heft).
Explique.	Erkläre.
Fais un associogramme.	Erstelle ein Vokabelnetz.
Fais un tableau.	Zeichne eine Tabelle.
Faites des devinettes.	Macht ein Ratespiel.
Faites le tour de la classe.	Geht durch euren Klassenraum.
Forme des phrases.	Bilde Sätze.
Il y a plusieurs possibilités.	Es gibt mehrere Möglichkeiten.
Imagine.	Denk dir etwas aus.
Interrogez (vos camarades).	Befragt (eure Mitschüler).
Jouez.	Spielt.
Lis (le texte).	Lies (den Text).
Note (les mots dans la bonne colonne).	Notiere (die Wörter in der richtigen Spalte).
Pose des questions (à ton/ta partenaire).	Stell (deinem Partner / deiner Partnerin) Fragen.
Prépare (des questions).	Bereite (Fragen) vor.
Présente (ta famille / tes résultats).	Stell (deine Familie / deine Ergebnisse) vor.
Quels mots est-ce que tu comprends?	Welche Wörter verstehst du?
Qu'est-ce qui va ensemble?	Was passt zusammen?
Raconte.	Erzähle.
Regarde (la séquence / le dessin).	Schau dir (die Filmsequenz / das Bild) an.
Répète.	Sprich nach. / Wiederhole.
Réponds (aux questions).	Antworte. / Beantworte (die Fragen).
Retrouve (l'ordre des phrases).	Finde (die Reihenfolge der Sätze) wieder.
Travaillez à deux.	Arbeitet zu zweit.
Trouve (le mot-clé / les différences / d'autres mots / l'intrus).	Finde (das Schlüsselwort / die Unterschiede / andere Wörter / den „Eindringling“).
Utilise ...	Verwende ...
Vrai ou faux?	Richtig oder falsch?

Bildquellen:

© 123RF, S. 54 (unten links), S. 66 (A) – © Alamy, S. 21 (Mitte) – © Cornelsen, Denimal/Uzel, S. 10 (oben), S. 11, S. 12, S. 14 (oben), S. 16, S. 17, S. 18, S. 20), S. 28, S. 29 (unten), S. 35, S. 45, S. 46 (Paul, Clara, Alexandre, Franck), S. 48, S. 52, S. 53, S. 55, S. 65, S. 68, S. 69, S. 83, S. 84, S. 85, S. 88, S. 91, S. 92, S. 97, S. 104 (1), S. 104 (2), S. 104 (3), S. 105 (8), S. 107, S. 113, S. 118 (oben), S. 119, S. 120, S. 123, S. 125 (B), S. 127, S. 134, S. 137, S. 138 (Portraits), S. 148 (Portraits), S. 154 – © Cornelsen, Evans, S. 39 (oben) – © Cornelsen, Hantschel, S. 24 (cahier, crayons, stylo, l'effaceur), S. 38 (rechts) – © Cornelsen, Hellberg, S. 114 – © Cornelsen, Kilic, S. 130, S. 135 – © Cornelsen, Lucentum Digital, S. 46 (Camille, Manon, Louise) – © Cornelsen, Ortiz, S. 116 (oben rechts), S. 46 (Valérie) – © Cornelsen, Petter, S. 46 (Monique) – © Cornelsen, Schulz, S. 14 (unten), S. 21 (oben), S. 25, S. 49, S. 118 (unten) – © Cornelsen, Schrader, S. 31 – © Cornelsen, Verlagsarchiv, S. 24 (règle, classeur), S. 38 (crayons), S. 38 (ciseaux), S. 38 (règle) – © digitalstock, S. 116 (Mitte links) – © Fotolia, S. 148 (rechts), S. 171 (oben links), S. 170 (unten rechts), U2 (oben Mitte, rechts, unten links, rechts), S. 54 (oben rechts), S. 54 (unten rechts), S. 76, S. 100 (rechts), S. 101 (rechts), S. 103, S. 46 (Muriel), S. 24 (Mitte) – © iStockphoto, S. 46 (Elise), S. 54 (2. v. oben links), S. 116 (unten Mitte), S. 131, S. 138 (C), S. 138 (D), S. 148 (links), S. 210, S. 46 (David, Phillipe, Isabelle, Frédéric), S. 66 (T), S. 66 (T), S. 66 (I), S. 66 (E), S. 66 (V), S. 82 (1), S. 100 (Hintergrund), S. 100 (Laub), S. 38 (feuille), S. 38 (links), S. 10 (unten rechts) – © panthermedia, S. 54 (oben links), S. 116 (unten rechts), S. 166 – © pitopia, S. 54 (2. v. oben rechts) – © shotshop.com, S. 21 (unten) – © shutterstock, U2 (unten Mitte), S. 54 (2. v. unten links), S. 54 (2. v. unten rechts), S. 101 (links).

© action press/Sehrsam, S. 170 (unten links) – © action press/Visual, S. 147 – © Corbis/Almasy, S. 240 (Mitte oben) – © Corbis/Barrentine, S. 145 (links) – © Corbis/Blondeau, S. 67 (3. v. rechts) – © Corbis/Morsch, S. 144 (rechts) – © Corbis/Pearson, S. 138 (A), S. 141 (unten) – © Corbis/Sheil, S. 171 (rechts) – © CTRB, U2 (oben links) – © Denis/REA/laif, S. 10 (Mitte) – © Fotofinder/Rose, S. 82 (2) – © Fremdenverkehrsamt Frankreich, S. 171 (unten links), U3 (links) – © Fremdenverkehrsamt Strasbourg, S. 105 (7) – © Getty Images, S. 144 (links) – © Getty Images/AFP, S. 125 (D), S. 75 (oben) – © Getty Images/Rayman, S. 66 (C) – © Jahreszeiten Verlag/Ahrens, S. 39 (unten) – © Mariko Omura, S. 67 (2. v. rechts) – © Mauritius images/Fischer, S. 125 (A) – © mauritius images/imagebroker, S. 240 (unten rechts), U3 (Mitte) – © mauritius images/Mattes, S. 240 (oben) – © mauritius images/photolibrary, S. 240 (unten links) – © mauritius images/Photononstop, S. 10 (unten links) – © mauritius images/Seba, S. 141 (oben) – © Montagne des singes, S. 29 (oben), S. 57, S. 72 – © Pascal Sittler/REA/laif, S. 27 – © Photo Parlement européen, S. 104 (6) – © picture alliance/abaca, S. 140 – © picture alliance/ANP, U3 (rechts) – © picture alliance/bildagentur online, S. 138 (B) – © picture alliance/dpa, S. 145 (rechts) – © picture alliance/Lerch, S. 170 (oben rechts) – © picture alliance/Maeyaert, S. 104 (5) – © picture alliance/maxppp, S. 104 (4), S. 138 (E) – © picture alliance/Pedersen, S. 170 (Mitte links) – © plainpicture/Leisinger, S. 66 (I) – © shutterstock/Sandler, S. 67 (links) – © Sipa Press/Durand, S. 125 (C) – © Sipa Press/Motor, S. 116 (Mitte rechts) – © Sipa Press/Sichov, S. 75 (unten) – © Stockfood/Gerlach, S. 116 (oben Mitte) – © Stockfood/Leser, S. 116 (oben links) – © Ullstein Bild/Sipa Press, S. 67 (2 .v. links), S. 67 (3. v. links), S. 67 (rechts).

Illustrationen:

© Fluide Glacial/Éditions Audie, S. 64 (rechts) – © Fleurus Éditions, S. 64 (links) – Éditions Bayard Jeunesse, S. 75.

Texte:

© Anne-Marie Chapouton, S. 100 (L'automne) – © Jean-Luc Moreau, S. 100 (Le canon des flocons) – © Catherine Jorißen, S. 100 (Pendant l'année), S. 127.

Strasbourg et sa région